DEUTSCHE WEINE & WINZER

DLG-WEINGUIDE 2020

SOCIETÄTS VERLAG

DLG

Weine, Winzer, Vinotheken

Wein direkt beim Winzer zu genießen, wird für immer mehr Weinfreunde zur abwechslungsreichen Tour in die nähere oder fernere Umgebung, um inmitten der Reben, Fässer und Probierstuben unverfälschte Weinkultur zu erleben. Vorbei die Zeiten, in denen die edlen Tropfen in dunklen Stuben verkostet wurden. Moderne Vinotheken in spektakulären Lagen, begleitet von immer anspruchsvolleren kulinarischen Angeboten erwarten ihre Gäste in den deutschen Weinbaugebieten.

Claudia Schweikard und Sina Listmann stellen Ihnen die Gewinner und Empfehlungen der aktuellen Bundesweinprämierung der DLG vor, um Sie punktgenau zu den besten deutschen Winzern und Weinen zu entführen. Wie immer flankiert von empfehlenswerten Rezepten, die eine erstaunliche Bandbreite in der kreativen Kombination von Speisen und Weinen zeigen.

Der Verlag
im Februar 2020

INFO

Alle in diesem Guide empfohlenen Weine und Sekte wurden von den Experten der DLG im Rahmen der Bundesweinprämierung in umfangreichen Tests bewertet. Nur die besten Erzeugnisse erhielten eine der renommierten DLG-Medaillen in Gold, Silber oder DLG-prämiert.

Auszeichnungen der DLG-Bundesweinprämierung, des traditionsreichen Qualitätswettbewerbs für deutsche Weine und Sekte

Den Abend genießen
wein.de
Denn hier bekomme ich
die besten Weine direkt
vom Winzer.
Ausgewählte Weine direkt vom Winzer auf wein

Inhalt

Satz: Petra Sarow
Umschlaggestaltung: Bruno Dorn, Societäts-Verlag
Druck und Verarbeitung: CPI books GmbH, Leck
Printed in Germany 2020

ISBN 978-3-95542-369-8

FSC www.fsc.org MIX Papier aus verantwortungsvollen Quellen FSC® C083411

Trends, News & Infos

INFO

DLG-Bundesweinprämierung: So testen die Wein-Experten

Die Bundesweinprämierung der DLG (Deutsche Landwirtschafts-Gesellschaft) ist der führende Qualitätswettbewerb für deutsche Weine und Sekte. Insgesamt wurden bei der DLG-Bundesweinprämierung 2019 an vier Prüfterminen über 4.000 Weine und Sekte aus allen deutschen Anbaugebieten geprüft. Für die Qualitätsprüfungen steht ein Team von rund 150 Weinexperten zur Verfügung. Sie alle sind zertifizierte Prüfer und verfügen über langjährige Praxiserfahrung.

Im traditionsreichen Qualitätswettbewerb werden alle Weine und Sekte von den Prüfern in einer Blindverkostung nach dem DLG-5-Punkte-Schema® hinsichtlich der sensorischen Kriterien Farbe, Aussehen, Geruch, Geschmack und Typizität bewertet.

Bundesweinprämierung zu Gast in Sachsen

Die DLG-Bundesweinprämierung war 2019 zum ersten Mal mit der Verkostung zu Gast im Anbaugebiet Sachsen. Es war ein Ansporn für viele Winzer, sich in den östlichen Weinanbaugebieten Sachsen und Saale-Unstrut an der Prüfung mit ihren Produkten und ihrem sensorischen Können als Prüfer zu beteiligen. Der Anteil der angestellten Weine und Sekte verdoppelte sich fast in diesen beiden kleineren Anbaugebieten von 3,7 auf 6,4 % im Vergleich zum Vorjahr. In Anbetracht des Flächenanteils mit 1,3 % bestockter Rebfläche an der gesamten deutschen Rebfläche, ist dies ein großer Zuwachs und zeigt das Qualitätsstreben.

Alle geprüften Weine sind über die jeweiligen Gebietsweinprämierungen der 13 deutschen Weinanbaugebiete oder das deutsche Weinsiegel vorprämiert. Auf Bundesebene konnten davon 89 % eine Prämierung der DLG erhalten, darunter 22 % in Gold, 2 % in Gold Extra und 43 % in Silber.

Alle Weine finden Sie hier: **www.dlg-bwp.de/preistraeger**

Auf einer Liste werden zu den jeweiligen Weinen Angaben zu Jahrgang, Rebsorte, Qualitätsstufe, Weinart und Geschmacksrichtung gemacht, damit die Prüfung den typischen Qualitätsanforderungen an die Weinstilistik entspricht. Die Prüfer erhalten jedoch keinen Hinweis auf die Herkunft der Weine (Anbaugebiet), da die regionaltypischen Charakteristika im Rahmen der Vorprüfungen (Landesweinprämierungen) bereits bewertet wurden. Die Bundesweinprämierung ist damit der einzige nationale Weinwettbewerb, bei dem eine erfolgreiche regionale Vorprüfung im Rahmen der Landesweinprämierungen Voraussetzung für eine Teilnahme ist.

Alle Weine und Sekte, die die sehr strengen Qualitätsanforderungen erfüllen, erhalten je nach erzielter Punktzahl eine DLG-Medaille in Gold, Silber oder Prämiert.

Weitere Informationen unter: www.dlg-bwp.de

Spezielle Anforderungen: der Jahrgang 2018

Gesunde Trauben in Hülle und Fülle brachte das durch Hitze und Trockenheit geprägte Weinjahr 2018 hervor. Auf den ersten Blick ein Traum jeden Winzers, doch auch hier zeigte sich, wer sein Handwerk versteht und die richtigen Vorbereitungen in den Weinbergen und den richtigen Lesezeitpunkt getroffen hat sowie im Keller die passende Verarbeitung vorgenommen hat. Was für den Rotwein besonders gute klimatische Bedingungen sind, kann für den filigranen Weißwein mit gewünschter spritziger Säure zur Schwierigkeit für das Aushängeschild der deutschen Weinerzeuger werden. Die Kombination aus hohen Erträgen, tiefen Säure- und hohen Alkoholwerten war für viele eine Herausforderung, die die Winzer der Bundesweinprämierung gekonnt in den Griff bekommen haben.

„Die Ergebnisse der DLG-Bundesweinprämierung verdeutlichen, dass die deutschen Spitzenwinzer auch mit den teilweise schwierigen Bedingungen des trockenen Jahres 2018 umgehen konnten. Im Weißweinbereich wurden frische, fruchtige Weine erzeugt, die nicht, wie oft befürchtet, von zu hohen Alkoholgehalten oder zu niedrigen Säurewerten geprägt sind. Vielmehr haben die Verkostungsergebnisse der diesjährigen Bundesweinprämierung gezeigt, dass aus dem gesunden Lesegut harmonische Sekte und Weine von hervorragender Qualität und Balance hergestellt werden konnten. Die Rotweine des aktuellen Jahrgangs lagern überwiegend noch in den Kellern deutscher Weingüter. Ich bin von der außerordentlichen Qualität des Jahrgangs 2018 im Rotweinbereich überzeugt und unsere fachkundigen Prüfer der Bundesweinprämierung freuen sich auf die Verkostung und Bewertung dieser Proben in den kommenden Prämierungsveranstaltungen“, betont der wissenschaftliche Leiter der Bundesweinprämierung Prof. Dr. Rainer Jung (Hochschule Geisenheim).

Trendscout

Einen Schwerpunkt der diesjährigen Bundesweinprämierung bilden die Weißweine des Jahrgangs 2018, insbesondere die klassischen Rebsorten wie Riesling (21 %) und die Burgundersorten (31%) wie Weiß- und Grauburgunder. Aber auch die aromatischen Rebsorten wie Gewürztraminer, Scheurebe und Muskateller werden verstärkt im Premiumbereich präsentiert und finden großen Anklang bei den Weinkonsumenten. Hier stechen die deutschen Winzer mit intensiver rebsortentypischer Aromaausprägung im internationalen Vergleich besonders hervor. Im Rotwein-Segment ist der Spätburgunder als Mitglied der Burgunderfamilie traditionell sehr häufig vertreten. Aber auch internationale Rotweinsorten wie Cabernet Sauvignon, Merlot und sogar Tempranillo finden durch die klimatischen Veränderungen immer mehr Platz in den deutschen Weinlagen.

Ein zunehmender Trend sind zudem Cuvées, sowohl im Weiß- als auch im Rotweinbereich. In diesen Weinen zeigt sich besonders die Handschrift des Kellermeisters und unter phantasievollen Namen lassen sich sensorisch äußerst harmonische Kreationen vermarkten, die denen aus unseren Nachbarländern in nichts nachstehen.

Bundesweinprämierung auf den Punkt gebracht

- 65 % (2/3) aus dem Weinjahrgang 2018
- 59 % Weißwein
- 15 % im Barrique/Fass ausgebaut (10 % Rotwein und 5 % Weißwein)
- 8 % Sekt (Thema des DWI Sonderpreises, mehr Sektanstellungen als in den Vorjahren)
- 62% trocken
- überwiegend aus den Anbaugebieten Pfalz und Baden gefolgt von Rheinhessen
- 13 % Aromatische Rebsorten wie Gewürztraminer, Muskateller, Sauvignon blanc oder Muskat-Trollinger
- 18 % Riesling, 19 % weiße Burgundersorten (Chardonnay, weißer und grauer Burgunder), 14 % Spätburgunder
- Anstellung neuer Sorten wegen Trend zur Nachhaltigkeit
- frische fruchtige Weißweine
- kräftige Rotweine aus den vorherigen Jahrgängen, die im internationalen Vergleich in nichts nachstehen
- durch die klimatischen Veränderungen immer mehr internationale Sorten und teilweise höhere Alkoholgehalte

Die Trends im Fokus

- Cuvées liegen weiterhin im Trend mit 5,5 % Anteil bei der Bundesweinprämierung.

- Zunehmende Bedeutung erhalten Nachhaltigkeitsgedanken der Winzer: Das betrifft die Reduktion von Spritzmitteleinsatz und immer mehr neue Rebsortenzüchtungen, die weniger Einsatz erfordern, wie z. B. Muscaris, Sauvignac oder Sauvignon Cita. Die Namen lassen bewusst an bekannte Rebsorten wie Muskateller und Sauvignon Blanc mit ähnlicher Aromatik erinnern. Die Sorten sind aktuell aufgrund der Unbekanntheit eher Nischen und landen häufig in Cuvées.

- Internationale Rebsorten: Viele Weintrinker greifen zu international bekannten Rebsorten wie Merlot, Shiraz, Tempranillo, Cabernet Sauvignon, Sauvignon Blanc, Chardonnay, Pinot grigio oder Pinot blanc. Diese Sorten finden sich mit einem zunehmenden Anteil von 26,5 % auch von deutschen Winzern bei der Bundesweinprämierung wieder. Insbesondere bei den Rotweinen bevorzugen viele Konsumenten südliche Länder und haben Vorurteile gegenüber den deutschen Rotweinen. Die Zeiten von säurebetonten und „dünnen" deutschen Rotweinen sind jedoch lange vorüber. Unter optimalen An- und Ausbaubedingungen unterscheiden sich diese Rebsorten der Deutschen Winzer kaum in der Aromatik von den internationalen Erzeugern. Der Klimawandel begünstigt das Wachstum der eher südlich beheimateten Sorten und durch qualitätssteigernde Maßnahmen entstehen aromatische, komplexe und körperreiche Rotweine mit harmonischer Tanninstruktur. *(Anika Schramm, Projektleiterin, DLG TestService GmbH)*

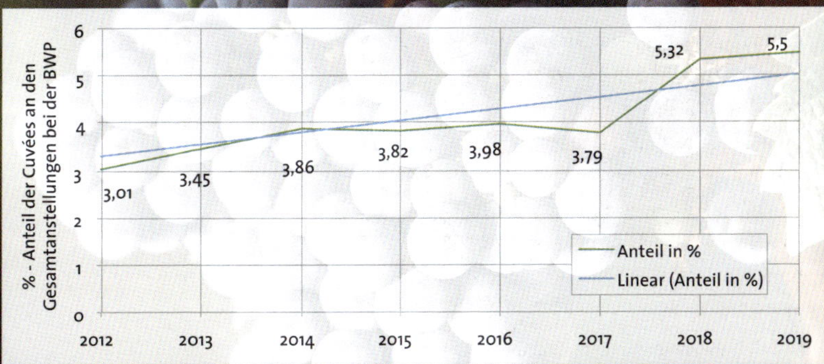

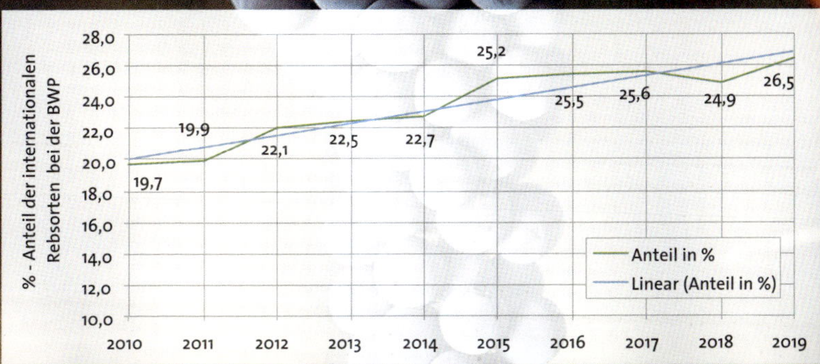

Das aktuelle Ranking TOP 100 & TOP 10

Die TOP 100-Liste der besten Weinerzeuger, die die DLG seit dem Jahr 1961 erstellt, ist durch den langjährigen Vergleich der Ergebnisse einer systematischen und konsequenten Blindverkostung von jährlich über 4.000 Weinen durch eine unabhängige Fachjury ein bundesweit einzigartiges Instrumentarium. Damit und mit ihrer TOP 10-Liste der besten Sekterzeuger ermöglicht die DLG nicht nur einen wertvollen Überblick über die deutsche Weinlandschaft. Sie stellt nachhaltige Qualitätsarbeit in den Mittelpunkt und gibt wein- und sektproduzierenden Betrieben die Gelegenheit, die eigene Leistung im landesweiten Durchschnitt bewertet zu finden. Teilnahmeberechtigt sind alle deutschen wein- und sektproduzierenden Betriebe, die sich mit ihren Qualitätsweinen durch eine Vorprämierung qualifiziert haben.

TOP 100 UND TOP 10

Zusätzlich zur Leistung im aktuellen Jahrgang zeichnet die DLG mit den Bestenlisten die nachhaltige und konstante Qualitätsarbeit der Weinproduzenten aus. Die Position eines Betriebes in diesem Ranking errechnet sich aus der Platzierung des vergangenen Jahres und der im aktuellen Wettbewerb erreichten durchschnittlichen Qualitätszahl aller vorgestellten Weine.
Weingüter, die erstmals am Wettbewerb der Bundesweinprämierung teilnehmen, haben eine Chance, in die Rangliste aufgenommen zu werden, wenn die Gesamtergebnisse entsprechend gut sind.

TOP 100 DER BESTEN WEINERZEUGER

Platz	Vorjahr	Erzeuger	Ort	Internet	Anbaugebiet
1	1	**Weingut August Ziegler**	Maikammer	www.august-ziegler.de	Pfalz
2	2	**Vier Jahreszeiten Winzer eG**	Bad Dürkheim	www.vj-wein.de	Pfalz
3	3	**Weingut Manz · Erich & Eric Manz GbR**	Weinolsheim	www.manz-weinolsheim.de	Rheinhessen
4	5	**Weingut Albert Kallfelz**	Zell-Merl	www.kallfelz.de	Mosel
5	6	**Weingut Darting · Helmut Darting**	Bad Dürkheim	www.darting.de	Pfalz
6	7	**Lauffener Weingärtner eG**	Lauffen	www.lauffener-wein.de	Württemberg
7	8	**Weingut Familie Erbeldinger · Stefan Erbeldinger**	Bechtheim-West	www.weingut-erbeldinger.de	Rheinhessen
8	9	**Weingut Heinrich Männle**	Durbach	www.weingutmaennle.de	Baden
9	10	**Weingut Andreas Laible**	Durbach	www.andreas-laible.com	Baden
10	13	**Durbacher Winzergenossenschaft eG**	Durbach	www.durbacher.de	Baden
11	11	**Heuchelberg Weingärtner eG**	Schwaigern	www.heuchelberg.de	Württemberg
12	14	**Weingut Ökonomierat Johann Geil I. Erben**	Bechtheim	www.geil-weine.de	Rheinhessen
13	15	**Badischer Winzerkeller eG**	Breisach	www.badischer-winzerkeller.de	Baden
14	16	**Winzergenossenschaft Achkarren im Kaiserstuhl eG**	Vogtsburg-Achkarren	www.achkarrer-wein.com	Baden
15	17	**Oberkircher Winzer eG**	Oberkirch	www.oberkircher-winzer.de	Baden
16	18	**Weingut „Am Lump" · Albrecht Sauer**	Volkach-Escherndorf	www.weingut-am-lump.de	Franken
17	19	**Alde Gott Winzer Schwarzwald eG**	Sasbachwalden	www.aldegott.de	Baden
18	20	**Weingut Leopold Schätzle**	Endingen	www.schaetzle-weingut.de	Baden
19	21	**Affentaler Winzer eG**	Bühl	www.affentaler.de	Baden
20	22	**Weinkonvent Dürrenzimmern eG**	Brackenheim-Dürrenzimmern	www.weinkonvent-duerrenzimmern.de	Württemberg
21	23	**Weingut Bärenhof · Helmut Bähr & Sohn**	Bad Dürkheim-Ungstein	www.baerenhof.de	Pfalz
22	24	**Waldulmer Winzergenossenschaft eG**	Kappelrodeck-Waldulm	www.waldulmer.de	Baden
23	25	**Weingut Schwörer · Josef Rohrer**	Durbach	www.weingut-schwoerer.de	Baden
24	26	**Privatkellerei Rolf Willy GmbH**	Nordheim	www.rolf-willy.de	Württemberg
25	29	**Wein- und Sektkellerei Gebrüder Anselmann GmbH**	Edesheim	www.weingut-anselmann.de	Pfalz

TOP 100 DER BESTEN WEINERZEUGER

Platz	Vorjahr	Erzeuger	Ort	Internet	Anbaugebiet
26	27	**Weinmanufaktur Gengenbach-Offenburg eG**	Gengenbach	www.weinmanufaktur-gengenbach.de	Baden
27	31	**Vinification Ludwigshöhe**	Edenkoben	www.cuvee.de	Pfalz
28	30	**Weingut Ernst Bretz**	Bechtolsheim	www.weingutbretz.de	Rheinhessen
29	33	**Weingut Karl Pfaffmann**	Walsheim	www.karl-pfaffmann.de	Pfalz
30	32	**Weingut Karl Busch · Markus Busch**	Bretzfeld-Dimbach	www.karl-busch.com	Württemberg
31	34	**Weingut Bungert-Mauer**	Ockenheim	www.bungert-mauer.de	Rheinhessen
32	36	**Winzer eG Herrenberg-Honigsäckel**	Bad Dürkheim-Ungstein	www.wg-ungstein.de	Pfalz
33	35	**Weingut Pfleger-Karr**	Weisenheim am Berg	www.pfleger-karr.de	Pfalz
34	37	**Felsengartenkellerei Besigheim eG**	Hessigheim	www.felsengartenkellerei.de	Württemberg
35	39	**Wachtenburg Winzer eG**	Wachenheim	www.wachtenburg-winzer.de	Pfalz
36	40	**Forster Winzerverein eG**	Forst	www.forster-winzer.de	Pfalz
37	43	**Weingut Fleischmann**	Gau-Algesheim	www.fleischmann-weine.de	Rheinhessen
38	42	**Weingut Werner Anselmann**	Edesheim	www.weingut-anselmann.de	Pfalz
39	41	**Winzergenossenschaft Rammersweier eG**	Offenburg	www.wg-rammersweier.de	Baden
40	44	**Weingut Toni Müller**	Koblenz-Güls	www.weingut-toni-mueller.de	Mosel
41	47	**Weingut Walter Strub · Gunther Strub**	Engelstadt	www.weingut-strub.de	Rheinhessen
42	53	**Weingut Geiger & Söhne**	Thüngersheim	www.geigerundsoehne.de	Franken
43	49	**Kaiserstühler Winzerverein Oberrotweil eG**	Vogtsburg-Oberrotweil	www.winzerverein-oberrotweil.de	Baden
44	46	**Winzergenossenschaft Herxheim am Berg eG**	Herxheim am Berg	www.wg-herxheim.de	Pfalz
45	50	**Weingut Zehnthof**	Sommerach	www.zehnthof-weickert.de	Franken
46	51	**Winzergenossenschaft Britzingen Markgräflerland eG**	Müllheim	www.britzinger-wein.de	Baden
47	66	**Weingut Sonnenhof**	Vaihingen-Gündelbach	www.weingutsonnenhof.de	Württemberg
48	57	**Weingut Simon-Bürkle**	Zwingenberg	www.simon-buerkle.de	Hessische Bergstraße
49	52	**Weingut Enk**	Dorsheim	www.weingut-theo-enk.de	Nahe
50	54	**Herrengut St. Martin**	St. Martin	www.herrengut.de	Pfalz

TOP 100 DER BESTEN WEINERZEUGER

Platz	Vorjahr	Erzeuger	Ort	Internet	Anbaugebiet
51	56	**„Altes Schlößchen“ · Ludwig Schneider GmbH**	St. Martin	www.altes-schloesschen.com	Pfalz
52	61	**Weingut Zehe-Clauß · Birgit Zehe-Clauß & Marcus Clauß**	Mainz-Hechtsheim	www.zehe-clauss.de	Rheinhessen
53	55	**Weingut Bimmerle**	Renchen-Erlach	www.wein-bimmerle.de	Baden
54	60	**Weingut Oberhofer · Stefan Oberhofer**	Edesheim	www.weingutoberhofer.de	Pfalz
55	58	**Hambacher Schloß Kellerei eG**	Neustadt an der Weinstraße	www.hskeg.de	Pfalz
56	69	**Weingut Bös**	Malsch	www.weingut-boes.de	Baden
57	59	**Winzergenossenschaft Kallstadt eG**	Kallstadt	www.wg-kallstadt.de	Pfalz
58	62	**Weingut Kastanienhof · Karl-Heinz und Knut Fader**	Rhodt	www.weingut-fader.de	Pfalz
59	67	**Weingut Gerold Spies · Inhaber Tobias Leib**	Dittelsheim-Heßloch	www.weingut-spies.com	Rheinhessen
60	65	**Weingut Alfons Ziegler**	St. Martin	www.weingut-ziegler.de	Pfalz
61	64	**Weinkellerei Wangler**	Abstatt	www.wangler-abstatt.de	Württemberg
62	70	**Weingut Schulze GmbH**	Döschwitz	www.weingut-schulze.de	Saale-Unstrut
63	74	**Sasbacher Winzerkeller eG**	Sasbach	www.sasbacher.de	Baden
64	90	**Weingut Weirich Weine**	Starkenburg über der Mosel	www.weirich-weine.de	Mosel
65	63	**Weinbiet Manufaktur eG**	Neustadt an der Weinstraße	www.weinbiet.de	Pfalz
66	68	**Wein- und Sektgut Wilhelmshof**	Siebeldingen	www.wilhelmshof.de	Pfalz
67	76	**Weingut Andreas Braun · G. Rappert**	Volkach	www.franken-weingut-braun.de	Franken
68	73	**Weingut von Schleinitz-Reufels OHG · Konrad Hähn**	Kobern-Gondorf	www.vonschleinitz.com	Mosel
69	79	**Remstalkellerei eG**	Weinstadt	www.remstalkellerei.de	Württemberg
70	78	**Weingut Gebr. Geiger jun.**	Thüngersheim	www.weingut-gebr-geiger-jun.de	Franken
71	88	**Weingut Emmerich-Koebernik**	Waldböckelheim	www.emmerich-koebernik.de	Nahe
72	72	**Familienweingut Braun · Heike und Thomas Braun**	Volkach-Fahr	www.weingut-braun.de	Franken
73	85	**Weinkontor Edenkoben eG**	Edenkoben	www.weinkontor-edenkoben.de	Pfalz
74	81	**Weingut Knöll & Vogel**	Bad Bergzabern	www.knoell-vogel.de	Pfalz

TOP 100 DER BESTEN WEINERZEUGER

Platz	Vorjahr	Erzeuger	Ort	Internet	Anbaugebiet
75	87	**Wein- & Sektgut Nikolaushof · Klaus Hattemer**	Gau-Algesheim	www.weingut-nikolaushof.de	Rheinhessen
76	82	**Weingut Georg Müller Stiftung · Peter Winter**	Hattenheim	www.georg-mueller-stiftung.de	Rheingau
77	86	**Weingut Friedauer · Andreas Friedauer**	Bad Friedrichs-hall	www.friedauer.de	Württemberg
78	89	**Weingut Schmidt GbR**	Obermoschel	www.weingut-schmidt.info	Nahe
79	91	**Staatsweingut Karlsruhe-Durlach**	Karlsruhe	www.turmbergwein.de	Baden
80	84	**Weingut Offenstein Erben · Familie Thomas Schumacher**	Eltville am Rhein	www.offenstein-erben.de	Rheingau
81	94	**Weingut Hans-Norbert Mack**	Hallgarten	www.weingut-mack-hallgarten.de	Rheingau
82	80	**Winzergenossenschaft Oberbergen im Kaiserstuhl eG**	Vogtsburg	www.wg-oberbergen.com	Baden
83	96	**Klosterweingut Jakobsberg · Missionsbenediktiner der Erzabtei St. Ottilien**	Ockenheim	www.klosterweingut.de	Rheinhessen
84	-	**Weingut Graf von Weyher**	Weyher	www.graf-von-weyher.de	Pfalz
85	83	**Weingut Hubert Müller**	Maikammer	www.mueller-maikammer.de	Pfalz
86	92	**Schwarzwaldweingut Andreas Männle · Alfred & Thomas Männle**	Durbach	www.schwarzwaldweingut.de	Baden
87	77	**Cisterzienser Weingut Michel · Ulrich Michel**	Dittelsheim-Heßloch	www.cisterzienser-weingut.de	Rheinhessen
88	93	**Winzervereinigung Freyburg-Unstrut eG**	Freyburg	www.winzervereinigung-freyburg.de	Saale-Unstrut
89	97	**Vinum Autmundis · Die Odenwälder Winzer-genossenschaft eG**	Groß-Umstadt	www.vinum-autmundis.de	Hessische Bergstraße
90	–	**Weingut Schumacher**	Bahlingen am Kaiserstuhl	www.weingut-schumacher.de	Baden
91	–	**Weingut Hirn · Im Weinparadies**	Untereisen-heim	www.weingut-hirn.de	Franken
92	–	**Schloss Wackerbarth**	Radebeul	www.schloss-wackerbarth.de	Sachsen
93	–	**Winzerverein Hagnau eG**	Hagnau	www.hagnauer.de	Baden
94	–	**Weingut Katzer**	Sachsenheim-Hohenhaslach	www.weingut-katzer.de	Württemberg
95	–	**Weingut Kohl · Wolfgang Kohl**	Bockenheim an der Weinstraße	www.weingut-kohl-bockenheim.de	Pfalz

TOP 100 DER BESTEN WEINERZEUGER

Platz	Vorjahr	Erzeuger	Ort	Internet	Anbaugebiet
96	–	**Sächsische Winzergenossenschaft Meißen eG**	Meißen	www.winzer-meissen.de	Sachsen
97	–	**Weingut Weisensee**	Sommerach	www.weingut-weisensee.de	Franken
98	–	**Weingut Kuhnle**	Weinstadt-Strümpfelbach	www.weingut-kuhnle.de	Württemberg
99	99	**Weingut Birkert GbR**	Bretzfeld	www.weingut-birkert.com	Württemberg
100	–	**Bergsträßer Winzer eG**	Heppenheim	www.bergstraesserwinzer.de	Hessische Bergstraße

TOP 10 DER BESTEN SEKTERZEUGER

Platz	Vorjahr	Erzeuger	Ort	Internet	Anbaugebiet
1	1	**St. Laurentius Sekt GmbH**	Leiwen	www.st-laurentius-sekt.de	Mosel
2	2	**Wein- und Sektgut Wilhelmshof**	Siebeldingen	www.wilhelmshof.de	Pfalz
3	3	**Weingut Acker · Martinushof Thilo Acker**	Bodenheim	www.weingut-acker.de	Rheinhessen
4	4	**Sekt- und Weinmanufaktur Stengel**	Weinsberg-Gellmersbach	www.wein-und-sektkellerei-stengel.de	Württemberg
5	6	**Weingut Alfons Ziegler**	St. Martin	www.weingut-ziegler.de	Pfalz
6	–	**Lauffener Weingärtner eG**	Lauffen	www.wg-lauffen.de	Württemberg
7	–	**Winzervereinigung Freyburg eG**	Freyburg	www.winzervereinigung-freyburg.de	Saale-Unstrut
8	–	**Privatkellerei Klaus Keicher GmbH**	Erlenbach	www.klaus-keicher.de	Württemberg
9	–	**Wein- & Sektgut Nikolaushof**	Gau-Algesheim	www.weingut-nikolaushof.de	Rheinhessen
10	–	**Winzer eG Herrenberg-Honigsäckel**	Bad Dürkheim-Ungstein	www.wg-ungstein.de	Pfalz

Im Porträt: Die besten Winzer des Jahres

INFO

- Teilnahmeberechtigt an den Prüfungen zur Bundesweinprämierung sind alle deutschen wein- und sektproduzierenden Betriebe, die sich mit ihren Qualitätsweinen durch eine Vorprämierung qualifiziert haben.
- Die besten Betriebe aus der Bundesweinprämierung werden jährlich auf Empfehlung der DLG für ihre herausragende Gesamtleistung durch das Bundesministerium für Ernährung und Landwirtschaft ausgezeichnet.
- Nur wer eine hohe fachliche Qualifikation belegen kann, genießt den Ruf einer möglichst objektiven Beurteilungsfähigkeit. Diese Voraussetzungen erfüllt die DLG mit einem professionellen Verkosterteam. Alle Weine werden blind verkostet.
- Für ihre nachhaltige Leistung über viele Jahre werden die Spitzenbetriebe in das Ranking der TOP 100 aufgenommen.
- Im Jahr 2019 testete die DLG in vier Prüfrunden mehr als 4.000 Weine und Sekte aus den deutschen Anbaugebieten.

Ein Blick in Keller, Vinothek & Weinberg:

Rendezvous mit dem Wein – Treffen Sie die besten Winzer, Sekterzeuger & Jungwinzer des Jahres 2019

Im Porträt:

- Die besten deutschen Wein- und Sekterzeuger persönlich
- Jungwinzer des Jahres: Wein als Schöpfung der Natur
- TOP 100 der Besten – kurz & prägnant

Auf den folgenden Seiten finden Sie Porträts der Bundesehrenpreisträger für Wein und Sekt, die TOP 100 der besten Weinerzeuger und die TOP 10 der besten Sekthersteller Deutschlands in alphabetischer Reihenfolge nach Anbaugebieten.

INFO

DLG-Bundesweinprämierung

Die DLG-Bundesweinprämierung ist der führende Qualitätswettbewerb für deutsche Weine und Sekte. Eine besondere Herausforderung: Alle Weine müssen sich im Vorfeld durch Erfolge bei der amtlichen Qualitätsweinprüfung und der jeweiligen Gebietsweinprämierung für die Teilnahme an der Bundesweinprämierung qualifizieren. Die DLG testet in vier Prüfrunden jährlich rund 4.000 Weine und Sekte aus allen deutschen Anbaugebieten.

Testergebnisse und weitere Informationen unter: **www.dlg-bwp.de**

WINZER DES JAHRES 2019 – Bundesehrenpreis in Gold

Weinkonvent Dürrenzimmern eG

Ausgezeichnet mit dem Bundesehrenpreis in Gold 2019

Meimsheimer Straße 11
74336 Brackenheim-Dürrenzimmern
Telefon: 07135/95150
www.weinkonvent-duerrenzimmern.de

INFO: Das Ambiente der weitläufigen und modern gestalteten Vinothek steht in Analogie zu den außergewöhnlichen Weinqualitäten der Weingärtnerkooperation im Zabergäu, einer typischen Rotweinregion in Württemberg. Die betriebseigene Qualitätspyramide des Weinkonvents Dürrenzimmern sieht in ihrer Premiumlinie Divinus die „kompromisslose Erzeugung absoluter Spitzenweine", für die nur die besten, alten Lagen infrage kommen. Nach einer Mengenreduzierung auf zirka 35 bis 45 Liter pro Ar erfolgt die selektive Lese mit großer Sorgfalt.
Die Linie Cellarius wird ebenfalls aus ausgewählten Rebflächen und nach Ertragsreduzierung erzeugt und steht für die Prädikats- und Exklusivweine. Mit der Klosterhof-Linie fasst man Weine aus fast allen Rebsorten zusammen, die trocken bis lieblich sind. Unverzichtbar in jedem Weinsortiment sind schließlich die süffigen, württembergischen Klassiker in der Literflasche, die gerne als Viertele genossen werden. Verantwortlich für die Kellerarbeit ist Kurt Freudenthaler.
Der heutige Betrieb des Weinkonvents Dürrenzimmern hat 328 Mitglieder und eine Rebfläche von 204 Hektar.

WEINTIPP: **2015 Cabernet Sauvignon „Divinus"**

AUSZEICHNUNGEN: DLG:
- Bundesehrenpreis in Gold 2019 + Winzer des Jahres
- Beste Kollektion Barrique 2017 und 2018
- 4 x Goldener Preis Extra 2018
- 3 x Goldener Preis Extra 2019

Deutscher Weingutspreis 2018
Sieger „Deutscher Rotweinpreis" Vinum
Vielfach ausgezeichnet bei AWC Vienna, Berliner Wein Trophy und Meininger

◄ *Erster Kellermeister Kurt Freudenthaler*

Bundesehrenpreis in Silber

Weingut Bärenhof · Helmut Bähr & Sohn

Weinstraße 4
67098 Bad Dürkheim-Ungstein
Telefon: 06322/4137
www.baerenhof.de

Ausgezeichnet mit dem Bundesehrenpreis in Silber 2019

INFO: Bis in das Jahr 1590 kann die Pfälzer Winzerfamilie Bähr ihre weinbaulich geprägte Geschichte in Ungstein zurückverfolgen. Heute leben vier Generationen auf dem vielbesuchten Hof, auf dem weinbegeisterte Genießer an sieben Tagen in der Woche von der Familie in der Weinauswahl beraten werden. Bei dem großen und durchweg prämierten Sortiment, das der Weinbautechniker Jürgen Bähr seinen Gästen bietet, entdeckt selbst der erfahrene Weinfreund immer mal wieder eine Besonderheit wie eine Saphira Spätlese, einen Auxerrois Sekt oder einen Wein aus Lagrein.

Auf inzwischen 35 Hektar Weinbergen rund um Ungstein bewirtschaftet der Winzer vor allem Riesling, der etwa 40 Prozent der Rebfläche einnimmt.

Während sich Jürgen um den Aus- und Anbau der Weine kümmert, findet man seine Schwester Heike im steten Kontakt mit den Weinkunden. Genuss und Freude am Wein stehen im Vordergrund sowie das Bemühen, für jeden Weinfreund den Lieblingswein zu finden.

WEINTIPP: **2018 Gewürztraminer Spätlese**

AUSZEICHNUNGEN: Bundesehrenpreis 2009, 2010, 2014, 2017, 2018, Bundesehrenpreis in Silber 2019, DLG-Top 100-Liste, Staatsehrenpreise jährlich seit 2008, AWC Vienna 3 Sterne, Weingut des Jahres der Weinzeitschrift Selection

◀ *Günter Bähr (3. v. l.) mit Tochter Heike, Sohn Jürgen und seiner Frau Margit*

Schwarzwaldweingut Andreas Männle · Alfred und Thomas Männle

Ausgezeichnet mit dem Bundesehrenpreis in Bronze 2019

Heimbach 12
77770 Durbach
Telefon: 0781/41486
www.schwarzwaldweingut.de

INFO: Der im Jahr 1919 im badischen Durbach gegründete Betrieb wird heute von Alfred Männle und seinem Sohn Thomas in dritter und vierter Generation geführt. Das Weingut gehört zu den ältesten im badischen Schwarzwald. Passend zum 100-jährigen Jubiläum erhielten die Männles nun die Auszeichnung DLG-Bundesehrenpreis.

Ein Großteil der traditionellen, badischen Reben des Familienweinguts wächst im „Bienengarten". Aus dieser Paradelage stammt auch die mit Gold Extra preisgekrönte 2016 Spätburgunder Auslese Durbacher Bienengarten, die sich in dunklem Karminrot präsentiert und durch elegante Aromen von dunklen Beeren und Mokkanoten bei voluminösem Gesamteindruck besticht. Die Rotweine der Männles stammen ausschließlich aus der Spätburgunderrebe. Der steinig-felsige Granitboden speichert die Wärme im Bienengarten und ist das Fundament eines intakten Lebensraums für viele Pflanzen und Tiere. Neben Wein erzeugt man auch feine Obst- und Weindestillate. Nicht nur die Erzeugnisse des Weinguts wurden mehrfach ausgezeichnet. Auch die moderne Vinothek konnte im Wettbewerb um die „50 schönsten Vinotheken Deutschlands" des Deutschen Weininstituts (DWI) im Jahr 2016 reüssieren.

WEINTIPP: **2016 Gewürztraminer Durbacher Bienengarten Spätburgunder Auslese**

AUSZEICHNUNGEN: Bundesehrenpreis 2019, DLG-Top 100-Liste, Feinschmecker, Weinwelt, Selection, AWC Vienna, Eichelmann, Gault Millau, Deutsches Weininstitut: Schönste Vinothek in der Ortenau 2016

◄ *Thomas Männle*

Oberkircher Winzer eG

Renchener Straße 42
77704 Oberkirch
Telefon: 07802/92580
www.oberkircher-winzer.de

Ausgezeichnet mit dem Bundesehrenpreis in Bronze 2019

INFO: Das Qualitätskonzept der Oberkircher Winzer eG hat sich einmal mehr bestätigt. Seit vielen Jahren setzt die genossenschaftlich organisierte Erzeugergemeinschaft von Winzerfamilien auf die fachmännische Beratung vor Ort, die im Weinberg beginnt. Der Qualitätsmanager und Önologe Frank Männle unterstützt die Weinbauer in allen Fragen rund um die Weinerzeugung, die unter anderem eine sorgfältige Traubenselektion und Ertragsbegrenzungen vorsieht. Auch bei der Weiterverarbeitung des Leseguts, die Kellermeister Martin Bäuerle verantwortet, legt man Wert auf die schonende Behandlung und den achtsamen Einsatz von Technik. Die Gärung erfolgt temperaturgesteuert, um die im Traubenmost enthaltenen Aromen zu bewahren und für sortentypische Weine sorgen.

In der Region Ortenau mit ihrer langen Weinbautradition weiß man seit Generationen, welche Böden und Weinlagen mit ihrem speziellen Kleinklima jeweils für eine bestimmte Rebsorte geeignet sind. So entstehen charakteristische, badische Weine, die sich bei den Oberkircher Winzern in die Weinlinien Vinum Nobile, Collection Oberkirch und Royal aufteilen.

WEINTIPP: **2016 Syrah „Vinum Nobile"**

AUSZEICHNUNGEN: DLG-Bundesehrenpreise, Landesweinprämierung, Genossenschafts-Cup, Top-Ten Ortenau, Artvinum, Grauburgunder-Symposium, Mundus Vini

◄ *Von links: Qualitätsmanager Frank Männle, Kellermeister Martin Bäuerle, Vorstandsvorsitzender Franz Männle und Geschäftsführender Vorstand Markus Ell*

GOLD
Riesling
Kabinett
trocken
ZEHNTHOF
FRANKEN
2017

Weingut Zehnthof

Ausgezeichnet mit dem Bundesehrenpreis in Bronze 2019

Tobias Weickert
Hauptstraße 17
97334 Sommerach
Telefon: 09381/2830
www.zehnthof-weickert.de

INFO: Das stattliche Anwesen des Zehnthofs aus dem Jahr 1682 beherbergte einst ein Kloster mit Weingut. Über die damalige Weinstilistik der Mönche ist wenig bekannt. Für den heutigen Inhaber Tobias Weickert hat jedoch die Qualität höchste Priorität. „Lieber besser als viel", sagt er, wenn es um seine Einstellung zum Weinmachen geht. Er wusste schon zeitig, dass er das Weingut von Oma Betty einmal übernehmen würde. In den 1960er Jahren begann die Familie, die lange unterbrochene Tradition des Weinbaus fortzusetzen. Der ausgebildete Weinbautechniker wird unterstützt von seiner Mutter Gertrud und Ehefrau Justina.

Besonders faszinierend sind für den Winzer die Rebsorten Scheurebe und Traminer, „weil die Weine frisch, fruchtig und aromatisch sind und in allen Variationen vom Kabinett bis zur Auslese Spaß machen", lacht Tobias Weickert. Diese Weine genießt er als Solisten, denn auch „ohne Essen sind sie prima aufgrund ihrer Komplexität." Die beiden Bukettreben stehen im Weingut Weickert in den besten Lagen und werden in den Qualitätsstufen Kabinett, Spätlese und Auslese erzeugt. Große Erfolge zeigt der junge Winzer aber auch mit der traditionellen fränkischen Rebsorte Silvaner.

WEINTIPP: **2017 Volkacher Kirchberg Kerner Spätlese trocken**

AUSZEICHNUNGEN: Bundesehrenpreis 2015, 2016, 2017, 2018, 2019, DLG TOP 100-Liste der besten Weingüter, Gault Millau, Falstaff, AWC Vienna, Feinschmecker, Landesweinprämierung, „Best of Gold" 2012, 2013, 2016 und 2017, Bayerischer Staatsehrenpreis 2018, Eichelmann Weinführer

◄ *Tobias Weickert*

Vinum Autmundis · Odenwälder Winzergenossenschaft eG

Riegelgartenweg 1
64823 Groß-Umstadt
Telefon: 06078/2349
www.vinum-autmundis.de

Ausgezeichnet mit dem Bundesehrenpreis in Bronze 2019

INFO:

Der Name „Vinum Autmundis“ geht zurück auf die aus römischer Zeit überlieferte Bezeichnung „autmundisstat“, mit der die Odenwälder Winzerkooperation die Bedeutung der langen Weinbautradition und ihre tiefe Verwurzelung mit der Region betonen möchte. Die Römer nutzten bereits die guten Lagen an den Südhängen des nördlichen Odenwaldes mit ihren Quarzporphyr- und Lössböden, um besondere und charakteristische Weine zu erzeugen.

Heute zeichnen Geschäftsführer Oliver Schröbel, Weinküfermeister Jürgen Kronenberger und das professionelle Mitarbeiterteam für die Weinqualitäten verantwortlich und bringen aus den besten drei Umstädter Lagen Herrnberg, Stachelberg und Steingerück, die eine Rarität in der deutschen Weinlandschaft sind, gehaltvolle Weine ins Glas.

Die „Odenwälder Weininsel“ ist Teil des Weinanbaugebiets Hessische Bergstraße. Hier wurde die Odenwälder Winzergenossenschaft im Jahr 1959 gegründet, die den damals rückläufigen Weinbau der Region wiederbelebte.

Heute ist Vinum Autmundis der größte Weinbaubetrieb des Bereichs Umstadt und bewirtschaftet mit seinen rund 100 Mitgliedern etwa 75 Hektar.

WEINTIPP: **Umstädter Cuveé Noir trocken**

AUSZEICHNUNGEN: Zahlreiche DLG-Bundesehrenpreise, Gault Millau, LWP Staatsehrenpreis

◄ *Kellermeister Jürgen Kronenberger*

Weingut Toni Müller

Familie Müller
Am Mühlbach 96
56072 Koblenz-Güls
Telefon: 0261/408808
www.weingut-toni-mueller.de

Ausgezeichnet mit dem Bundesehrenpreis in Bronze 2019

INFO:

Das kleine, familiengeführte Weingut an der Mosel spielt in der Liga der großen Güter und Genossenschaften. In den „DLG-Top 100" hat es deutschlandweit Platz 40 und im Anbaugebiet Mosel sogar schon Platz 2 erobert. Die Familie betreibt seit 1611 Weinbau an der Terrassenmosel. Im Jahr 2003 übernahm Winzer Thomas Müller als zwölfte Generation das Gut und führte es, gemeinsam mit Vater Helmut, kontinuierlich an die Spitze. Ohne Elitedenken, dafür mit Bescheidenheit, Bodenhaftung und historisch gewachsener Erfahrung.

Die bis zu 60 Jahre alte Reben gedeihen auf steilen Grauwacke- und Schieferverwitterungsböden: in den Gemarkungen Güls mit den Lagen „Bienengarten" und „Königsfels", in Winningen mit den Lagen „Brückstück", „Domgarten" und der bereits um die Jahrhundertwende bekannten Lage „Hamm". Zum Repertoire gehören vor allem Riesling, aber auch Weißburgunder, Spätburgunder, Rivaner, Kerner, Bacchus, Sauvignon Blanc und neue spannende Sorten.

Das Weingut befindet sich in einer alten Mühle aus dem 16. Jahrhundert. Direkt vor den Toren der Stadt Koblenz, im Stadtteil Güls. Die Kunden werden freundlich und kompetent von Juniorchefin Julia und Seniorchefin Maria beraten.

WEINTIPP: **2018 Gülser Bienengarten Riesling Spätlese**

AUSZEICHNUNGEN: Bundesehrenpreise 2012, 2013, 2015, 2017 (Silber), 2018 und 2019, Staatsehrenpreise 2014, 2017 und 2018, Ehrenpreise der Stadt Koblenz 2008, 2011, 2012, 2013, 2015 und 2016

◄ *Julia und Thomas Müller*

Weingut Enk

Weinbergstraße 13
55452 Dorsheim
Telefon: 06721/45470
www.weingut-theo-enk.de

Ausgezeichnet mit dem Bundesehrenpreis in Bronze 2019

INFO: Das Familienweingut in Dorsheim wird heute in dritter Generation von Steffen Enk geführt. Vater Theo bringt seinen Erfahrungsschatz seit der Betriebsübergabe weiterhin in die Arbeiten mit ein und ist nach wie vor im Weingut aktiv und tatkräftig. Im Fokus seines Nachfolgers steht die Qualitätsoptimierung, die im Weinberg beginnt und alle Bereiche der Weinbereitung begleitet.

Ein Hauptaugenmerk des Weinguts Enk gilt neben dem Riesling insbesondere den Burgundersorten. „Der Grauburgunder beispielsweise ist eine tolle Qualitätsweinsorte, die uns an der Nahe Jahr für Jahr Freude bereitet. Trotz der Wetterbedingungen ist er ein zuverlässiger Partner für tolle und ausdrucksstarke Weine. Die Traubensorte spielgelt sehr schön die Handschrift des Winzers wider und kommt gut bei den Kunden an, weil sie auch ein toller Essensbegleiter ist", betont Weinbautechniker Steffen Enk. Rund 40 Prozent der Weinberge sind mit Rieslingreben bestockt, 30 Prozent entfallen auf die Burgundersorten, der Rest verteilt sich – ebenfalls regionaltypisch – auf rote Sorten und Scheurebe, Kerner sowie Silvaner.

WEINTIPP: **2017 Laubenheimer Karthäuser Spätburgunder trocken**

AUSZEICHNUNGEN: DLG TOP 100-Liste, Bundesehrenpreise, Landesweinprämierung, Siegerwein an der Nahe der LWK, Staatsehrenpreis, Gault Millau, Feinschmecker, Vinum, Eichelmann

◀ *Theo Enk (links) mit Sohn Steffen*

Vinification Ludwigshöhe

Villastraße 62
67480 Edenkoben
Telefon: 06323/804615
www.cuvee.de

Ausgezeichnet mit dem Bundesehrenpreis in Bronze 2019

INFO: Die Pfälzer Hotelier- und Winzerfamilie Schneider gründete das Weingut Vinification Ludwigshöhe im Cavaliersbau des Schlosses Villa Ludwigshöhe bei Edenkoben im Jahr 2001. Das Ensemble des Schlosses wurde zwischen 1846 und 1851 von König Ludwig I. von Bayern errichtet.

Im Weingut arbeitet man nach einem besonderen Konzept, das im benachbarten Frankreich weiter verbreitet ist, als in deutschen Weinregionen: Die Herstellung der Weine erfolgt ausschließlich nach dem Prinzip der Assemblage, bei der ausgewählte Rebsortenweine miteinander vermischt werden und so fein abgerundete Geschmackserlebnisse durch komplexere Weine kreiert werden. Der „Weiß No.2" 2018 ist eine dieser Cuvées aus den Rebsorten Weißburgunder und Chardonnay, die für ihre gelungene Komposition die Auszeichnung Gold Extra erzielten. Das vielschichtige Aromenspiel von Vanille, Mango, Pfirsich, würzigen Kräutern und einem Anflug von Honig und Karamell mit einem würzigen und nachhaltigen Finish überzeugte die Jury.

Neben der Vinification Ludwigshöhe gehören auch das Weingut Herrengut St. Martin, in dem man reine Rebsortenweine erzeugt, und das Hotel Consulat des Weins in St. Martin zum Familienbesitz.

WEINTIPP: **2018 Cuvée „Weiß No.2"**

AUSZEICHNUNGEN: DLG TOP 100-Liste, Bundesehrenpreise, Landesweinprämierung, Staatsehrenpreise

◄ *Christian Schneider*

WEINGUT ANSELMANN
WEINGUT ANSELMANN

Wein- und Sektkellerei Gebrüder Anselmann GmbH

Staatsstraße 58-60
67483 Edesheim
Telefon: 06323/94120
www.weingut-anselmann.com

Ausgezeichnet mit dem Bundesehrenpreis in Bronze 2019

INFO:

Die Geschwister Anselmann sind mit ihren Weinen weltweit unterwegs, wenn es darum geht, Filmfestspiele, Preisverleihungen wie Echo oder Bambi oder den Ball des Sports zu besuchen. Seit den Olympischen Spielen in Sydney im Jahr 2000 bestücken sie das „Deutsche Haus“, seit den Spielen 2012 in London als exklusiver Weinlieferant, so auch 2020 in Tokio. Ralf und Ruth Anselmann, die heute für das Weingut verantwortlich sind, exportieren ihre Weine in rund 20 Länder. Dabei können sie sich auf eine lange Tradition berufen.

Seit mehr als 450 Jahren ist die Familie mit dem Weinbau verbunden. Beim naturnahen Anbau stehen die Erzeugung hochwertiger Trauben und die nachhaltige Schonung der Bodenfruchtbarkeit im Fokus.

Die Weine lagern im modern ausgestatteten Edelstahl- oder dem imposanten Barriquekeller und werden direkt im Weingut abgefüllt. Auch die bekannten im klassischen Flaschengärungsverfahren erzeugten Sekte werden komplett in Eigenregie hergestellt.

WEINTIPP: **2018 Dornfelder Qualitätswein**

AUSZEICHNUNGEN: Zahlreiche Bundesehrenpreise, DLG TOP 100-Liste, Vinalies Internationales (Paris), Mondial du Rosé (Cannes), Bacchus (Madrid), Vinandino (Mendoza), VinItaly (Verona), AWC Vienna, Mundus Vini, VinAgora (Budapest), IWSC London, Mondial des Pinots (Siders), Sélections Mondiales des Vins (Québec), Berliner Wein Trophy

◄ *Ralf Anselmann*

Weingut Karl Pfaffmann

Ausgezeichnet mit dem Bundesehrenpreis in Bronze 2019

Allmendstraße 1
76833 Walsheim
Telefon 06341/969130
www.karl-pfaffmann.de

INFO:

Mit dem Önologen Markus Pfaffmann und seiner Frau Marion ist die dritte Generation im Weingut Pfaffmann für den Weinausbau und die Vermarktung verantwortlich, wenngleich die Eltern Helmut und Sigrid Pfaffmann nach 30 erfolgreichen Jahren im Weingut weiterhin aktiv mitarbeiten.

Die Pfaffmanns erzeugen rebsortentypische und kraftvolle Weine, die von einer prägnanten Frucht gekennzeichnet sind. „Wer die Reben stresst, weil er ihnen zu viel abverlangt, kann kein optimales Ergebnis erzielen. Also schneiden wir die Triebe kurz an, so dass der Rebstock viel Substanz in relativ wenige Trauben gibt", sagt Markus Pfaffmann. Die Ergebnisse sprechen für sich.

Zum Weingut der Pfaffmanns gehört auch eine außergewöhnliche Vinothek in herrlicher Lage. Die großzügigen Fensterflächen des Gebäudes geben den Blick frei auf die umliegende Rebenlandschaft und den Pfälzer Wald.

WEINTIPP: **Grauburgunder trocken QbA. Walsheimer Silberberg - Selection -**

AUSZEICHNUNGEN: DLG TOP 100-Liste, Bundesehrenpreise, Gault Millau, Riesling Erzeugerpreis, Decanter, Eichelmann, Feinschmecker

◄ *Markus Pfaffmann*

Weingut Hans-Norbert Mack

Ausgezeichnet mit dem Bundesehrenpreis in Bronze 2019

Taunusstraße 95
65375 Hallgarten
Telefon: 06723/886758
www.weingut-mack-hallgarten.de

INFO: Das Weingut der Familie Hans-Norbert Mack in Hallgarten bietet alles, was ein Ferienweingut benötigt. Hier kann man Weine verkosten, bei schönem Wetter auf der Terrasse den weitläufigen Blick über das Rheintal genießen, bei kühler Witterung in der rustikalen Probierstube verweilen, in modernen Gästezimmern übernachten, großzügig frühstücken und nicht zuletzt alle kulturellen und kulinarischen Angebote der Weinregion Rheingau nutzen. Wandern ist hier ein wirkliches Highlight. Der Einstieg des Rheinsteigs liegt direkt vor der Haustür. In erreichbarer Nähe liegende Ausflugsziele sind Schloss Johannisberg, Schloss Vollrads, das Kloster Eberbach und die Rosenstadt Eltville.

Hans-Norbert Mack erzeugt mit der Hauptrebsorte des Rheingaus, dem Riesling, ausgezeichnete trockene, feinherbe und liebliche Weine. Die Rebfläche liegt bei rund 18 Hektar. Neben Riesling kann man Spät-, Grau- und Weißburgunder, Dornfelder, Sekte und Perlweine sowie Veltliner und Muskateller auf der Weinkarte finden. Die nach Süden ausgerichteten Spitzenlagen des Rheingaus, eine konsequente Ertragskontrolle und die schonende Weiterverarbeitung des Lesegutes sind Garanten für die konstante Qualitätsarbeit des Weinguts. Der Winzer bietet zudem als Lohnunternehmen verschiedene Dienstleistungen wie Rebpflanzung oder die Weinlese für Kollegen an.

WEINTIPP: **2018 Premium Old Hans, Hallgartener Würzgarten Weißburgunder Spätlese trocken**

AUSZEICHNUNGEN: Landesweinprämierung, Landessieger 2004, Bundesehrenpreise

◄ *Claudia und Hans-Norbert Mack*

Von links: Harald, Victoria und Valentin sowie Heike und Horst Bretz

Weingut Ernst Bretz

Langgasse 35
55234 Bechtolsheim
Telefon: 06733/356
www.weingutbretz.de

Ausgezeichnet mit dem Bundesehrenpreis in Bronze 2019

INFO:

Im Weingut Ernst Bretz wird die Tradition des Weinbaus seit 1721 gepflegt. Heute steht mit Harald, Horst und Heike Bretz die neunte Generation in der Verantwortung. Mit gezieltem Rebschnitt, aufwändiger Laubarbeit und dem Entfernen überschüssiger Trauben wird die Qualität auf natürliche Weise gesteigert. Dabei bilden die warmen und geschützten Lagen am Petersberg das Fundament für erstklassige Trauben. In klimatischen Nischen gedeihen die Reben auf mineralreichen Muschelkalkböden.

Hier wird seit Jahrhunderten Wein angebaut, zumal dieser kalkhaltige und karge Boden ideale Voraussetzungen für mineralische Weine bietet. Bei den Arbeiten im Weinberg lassen sich hier fossile Muscheln finden, wahre Zeitzeugen des damaligen Urmeers. Geringe Erträge und langes Reifen der Trauben sind durch die Ausrichtung des Berges gegeben.

Die Vinifikation verläuft schonend, die Trauben werden ohne Stiel und Stängel gekeltert. Bis zu 18 Monate reifen die Premiumweine in Barriquefässern im ältesten Gewölbekeller des Guts. Spezialisiert hat man sich auch auf Eisweine. Die Weine können in der unlängst renovierten „Kuhkapelle“ oder in der neuen Vinothek probiert werden.

WEINTIPP: **2018 Sauvignon Blanc**

AUSZEICHNUNGEN: Mehrere Bundesehrenpreise, 12 Staatsehrenpreise in Folge, Landesweinprämierung, Gault Millau, VINUM, Falstaff, Feinschmecker, AWC Vienna, PIWI-Weinpreis 2019, Selection: 1. Platz Rheinhessen 2020, Great Wine Capitals Rheinhessen: Best of wine tourism award 2020, Bester deutscher Regenterzeuger 2018

EXPANDING THE HORIZONS
CAMP
DAVID

Weingut Fleischmann

Ausgezeichnet mit dem Bundesehrenpreis in Bronze 2019

Kloppgasse
55435 Gau-Algesheim
Telefon: 06725/3276
www.fleischmann-weine.de

INFO: Das mediterran anmutende Weingut der Familie Fleischmann befindet sich im Herzen der romantischen Weinstadt Gau-Algesheim am Rhein. Es wird seit 1993 von Quirin und Stephanie Fleischmann geführt. Sohn Fabian ist nach Abschluss seines Studiums für Weinbau und Oenologie in Geisenheim im Sommer 2015 in den Betrieb eingestiegen. „Winzer sein bedeutet für uns Leidenschaft, Streben nach Qualität und im Einklang mit Rebe und Natur zu sein", betont Quirin Fleischmann.

Einen besonderen Schwerpunkt im Rebsortenspektrum bilden Riesling und die Burgundersorten. Durch streng qualitätsorientierte Arbeit im Weinberg und schonenden Ausbau im Keller entstehen elegante und fruchtige Weine. Das Weingut Fleischmann freut sich auf Ihren Besuch!

WEINTIPP: **2018 Grauer Burgunder S trocken**

AUSZEICHNUNGEN: Vier Bundesehrenpreise, DLG TOP 100-Liste,
zwei Große Staatsehrenpreise des Landes Rheinland-Pfalz,
Feinschmecker, AWC Vienna, Mundus Vini und weitere

◄ *Stephanie und Quirin Fleischmann mit Sohn Fabian*

Weingut Schulze GmbH

Ausgezeichnet mit dem Bundesehrenpreis in Bronze 2019

Naumburger Straße 42
06712 Döschwitz
Telefon: 034425/27326
www.weingut-schulze.de

INFO:

Marcel Schulze begeistert sich für die Cabernet Blanc-Rebe, „die kräftige Weine mit Nuancen von Stachelbeere und grünem Paprika erzeugt, viel Substanz besitzt und intensive frische Fruchtnoten und angenehme würzig-rauchige Komponenten verströmt, aber dennoch sehr erfrischend ist.“ Seit einigen Jahren stellt der Winzer verlässlich hohe Qualitäten vor und konnte den Ruf des Weinguts in der Anbauregion Saale-Unstrut etablieren.

Die Geschichte des heutigen Weinguts in Döschwitz beginnt im Jahr 1999 mit der Wiederbelebung des Weinbaus auf Kloster Posa in Zeitz. Nachdem der Weinbau hier für mehr als 200 Jahre brach lag, knüpfte die Familie an die Weinbautradition der Region an.

Heute steht wieder eine regionaltypische Rebsortenvielfalt in den Weinbergen des Guts. „Jede Weinsorte hat ihre speziellen Eigenschaften, die faszinierend sind“, meint Marcel Schulze. Ein Weintipp aus seinem umfangreichen Sortiment ist eine fruchtig-aromatische Weißburgunder Auslese mit Aromen von Zitrusfrüchten, Äpfeln und Aprikosen.

WEINTIPP: **Weißburgunder Auslese 18 KP**

AUSZEICHNUNGEN: 8x Bundesehrenpreis, DLG TOP 100-Liste, Berliner Wein Trophy, Landesweinprämierungen

◄ *Marcel Schulze*

Schloss Wackerbarth

Wackerbarthstraße 1
01445 Radebeul
Telefon 0351/89550
www.schloss-wackerbarth.de

Ausgezeichnet mit dem Bundesehrenpreis in Bronze 2019

INFO: Das Barockschloss in prominenter Lage erstrahlt heute wieder im Glanz vergangener Tage. Die terrassierten Weinberge Radebeuls und die gepflegte historische Gartenanlage bilden den Rahmen für das einzigartige Ensemble des Weinguts. Schloss Wackerbarth trägt die architektonische Handschrift von Johann Christoph Knöffel, der als Begründer des Sächsischen Rokoko gilt. Er unterstand dem Grafen von Wackerbarth, einem engen Vertrauten Augusts des Starken, der ebenso wie der sächsische Kurfürst für seinen Sinn für Kunst und Wein bekannt war.

Als Europas erstes Erlebnisweingut bringt Schloss Wackerbarth seinen Gästen den sächsischen Wein- und Sektgenuss heute mit allen Sinnen näher – ob bei täglichen Führungen durch die moderne Manufaktur oder mit zahlreichen hochkarätigen Veranstaltungen.

Großen Wert legt man auf die für das Weinbaugebiet typische „Cool Climate"-Stilistik. Begünstigt durch das im sächsischen Elbtal vorherrschende Kontinentalklima behalten die Trauben bis in die späte Reife ihre ausgeprägten Aromen und ihre natürliche Frische. Die aus ihnen gekelterten Weine überzeugen mit aromatischer Eleganz und Finesse.

WEINTIPP: **2018 Edition Paradies Riesling & Traminer**

AUSZEICHNUNGEN: Bundesehrenpreise, Gault Millau, Mundus Vini, AWC Vienna

◄ *Jürgen Aumüller, Leiter Önologie*

Rolf Willy

Privatkellerei Rolf Willy GmbH

Ausgezeichnet mit dem
Bundesehrenpreis
in Bronze 2019

Schafhole 26
74226 Nordheim
Telefon: 07133/95010
www.rolf-willy.de

INFO:

Wie einfach die Auswahl eines passenden Weins sein kann, erlebt man während eines Besuchs bei den Willys. „Sie müssen kein Weinexperte oder Gourmet sein, um einen guten Tropfen zu finden. Neugierde, ein bisschen Mut und Vertrauen in die eigene Geschmacksfähigkeit sind völlig ausreichend. Auch Jahreszeiten, Stimmung und Gesellschaft spielen bei Ihrer Weinauswahl eine wichtige Rolle“, sagen die Winzer.

Jürgen, Günter und Holger Willy verbinden bei der Weinbereitung die jahrzehntelange Erfahrung aus drei Generationen mit den modernen Einflüssen der Önologie. Eine behutsame und verantwortungsvolle Pflege der Weinberge ist dabei genauso wichtig wie die schonende Kelterung der Trauben. Oberstes Gebot ist es, die Harmonie der Weine zu fördern und dabei die natürlichen Aromen zu erhalten. Dieses Motto setzen die Winzer auch im Jupiter Weinkeller in Hausen an der Zaber um, den sie im Jahr 2011 übernommen haben.

Die Willys freuen sich über Besucher der 2012 eingeweihten Räumlichkeiten direkt an den Weinbergen in gemütlicher und familiärer Atmosphäre.

WEINTIPP: **2016 Bockstark © – Rotwein Cuveé trocken (jährlich ab 1.10. begrenzt lieferbar)**

AUSZEICHNUNGEN: DLG Bester Sekterzeuger 2010, Winzer des Jahres 2011, Bundesehrenpreis 2006 bis 2011, 2013 bis 2017 und 2019, DLG TOP 100-Liste, Staatsehrenpreis 2017, Bester Württemberger 2017, Landesehrenpreis 2018

◄ *Von links: Holger, Jürgen und Günter Willy*

WEINGUT
SONNENHOF

Weingut Sonnenhof

Sonnenhof 2
71665 Vaihingen-Gündelbach
Telefon: 07042/818880
www.weingutsonnenhof.de

Ausgezeichnet mit dem Bundesehrenpreis in Bronze 2019

INFO: Das Weingut Sonnenhof in Vaihingen-Gündelbach wird von Martin Fischer geleitet. In der gutseigenen Qualitätspyramide bilden die H.A.D.E.S.-Barriqueweine die Spitze des Weinsortiments. Diese Weine stammen aus den Top-Lagen des Weinguts und werden im Ertrag auf 30-40 Hektoliter pro Hektar reduziert, um dichte und konzentrierte Weine zu erhalten. Die Reifelagerung erfolgt in neuen, kleinen Eichenholzfässern aus französischer Herstellung.

In der Qualitätspyramide folgen die *S*-Lagenweine, deren alte Rebstöcke tief verwurzelt sind mit den kargen Keuperböden in der Spitzenlage Gündelbacher Wachtkopf. Die Erträge liegen hier bei 45-50 Hektoliter pro Hektar. Die Traubenverarbeitung nach selektiver Handlese orientiert sich an traditionellen Ausbaumethoden. Ortsweine und Gutsweine stellen das Fundament der Weinpyramide. Sie zeigen Herkunft und werden ebenfalls mit Bedacht und Sorgfalt vinifiziert.

Der Vater des heutigen Inhabers, Albrecht Fischer, gehört zu den Pionieren des Barrique-Ausbaus und ist Mitbegründer der renommierten HADES-Gruppe. Sein Sohn ist ebenfalls Mitglied der HADES-Winzervereinigung, außerdem engagiert er sich im überregionalen „Deutschen Barrique-Forum“ und dem „Lemberger-Verein“.

WEINTIPP: **2015 Merlot H.A.D.E.S. trocken**

AUSZEICHNUNGEN: Bundesehrenpreise, Weingut des Jahres Württemberg 2018 bei Selection, Regionaler Aufsteiger des Jahres bei Vinum-Wein-Guide, Großes Gold bei Landesweinprämierung und weitere

◀ *Martin Fischer*

TOP 100 und TOP 10

In Ergänzung zur aktuellen Leistung eines Betriebs zeichnet die DLG mit der TOP 100-Liste (für Wein) und der TOP 10-Liste (für Sekt) die nachhaltige und konstante Qualitätsarbeit aus. Die Position eines Weinerzeugers in dieser Bestenliste errechnet sich aus der Platzierung des vergangenen Jahres und der im aktuellen Wettbewerb erreichten durchschnittlichen Qualitätszahl aller vorgestellten Weine und Sekte.

Betriebe, die erstmals am Wettbewerb der Bundesweinprämierung teilnehmen, haben eine Chance, in die Rangliste aufgenommen zu werden, wenn die Gesamtergebnisse entsprechend gut sind.

Wesentlicher Bestandteil für die Definition des Begriffes ‚Qualität' ist nicht zuletzt ihre Nachhaltigkeit, die viele Betriebe durch ein effektives Qualitätsmanagement-System gewährleisten möchten. Nur diese langfristige Einhaltung konstanter Werte strahlt Qualität und Verlässlichkeit aus und wirkt vertrauensbildend.

Baden

Winzergenossenschaft Achkarren im Kaiserstuhl eG

Schlossbergstraße 2, 79235 Vogtsburg-Achkarrren, Telefon: 07662/93040
www.achkarrer-wein.com

Eingang zur Genossenschaft mit dem markanten A

Die bekannte Genossenschaft hat ihren Sitz in einer der größten Weinbaugemeinden Deutschlands. Hier am Kaiserstuhl finden insbesondere die Burgundersorten gute Bedingungen. Die Winzergenossenschaft bewirtschaftet ihre Weingärten nach ökologischen Grundsätzen. Bemerkenswert ist auch die große Schatzkammer des Unternehmens, in der Weine bis zum Jahrgang 1942 lagern.

Affentaler Winzer eG

Betschgräblerplatz, 77815 Bühl
Telefon: 07223/98980, **www.affentaler.de**

Die legendäre Flasche mit dem Äffchen ist sogar im fernen Asien bekannt. Nach dem Kellermeister und Betriebsleiter Leo Klär benannt sind die Selektionsweine, die in regionaltypischen Rebsorten hergestellt und weltweit geschätzt und exportiert werden.

Geschäftsführer Dr. Ralf Schäfer und Kellermeister Leo Klär

Alde Gott Winzer Schwarzwald eG

Talstraße 2, 77887 Sasbachwalden, Telefon: 07841/20290, **www.aldegott.de**

Sortentypische Klassiker aus Müller-Thurgau, Rivaner, Grau-, Weiß- und Spätburgunder oder Riesling findet man hier in verlässlicher Qualität. Außerdem gibt es Schwarzwälder Edelbrände von Kirsche, Zwetschge, Mirabelle oder Williams aus den kleinen Hausbrennereien der Mitgliedsbetriebe, die in den Kellern der Alde Gott eG reifen und veredelt werden.

Spätburgunder in Spitzenqualität

Badischer Winzerkeller eG

Zum Kaiserstuhl 16, 79206 Breisach, Telefon: 07667/9000
www.badischer-winzerkeller.de

Mit seiner Rebfläche von rund 1.700 Hektar repräsentiert der Badische Winzerkeller insgesamt neun Weinanbaugebiete von Tauberfranken bis zum Bodensee. Hier erzeugen die Mitgliedsbetriebe nach geregelten Vorgaben Trauben für beinahe 500 verschiedene Weine. Im Ergebnis steht eine große Produktvielfalt ansprechender Weine mit tollem Preis-Leistungs-Verhältnis.

Von links: Vorstandsvorsitzender Dr. Peter Schuster, Kellermeister Jörg Wiedemann und Ottmar Ruf sowie Vorstand Eckart Escher

Weingut Bimmerle

Kirchstraße 4
77871 Renchen-Erlach
Telefon: 07843/654
www.wein-bimmerle.de

Siegbert Bimmerle übernahm den traditionsreichen Familienbetrieb im Jahr 1986. Heute leitet er eine der modernsten Kellereien in der Ortenau und erzeugt individuelle und charakterstarke Weine aus ökologischem Anbau. Mit Sohn Benedikt wirkt die nächste Generation bereits im Unternehmen mit.

Siegbert Bimmerle

Weingut Bös

Wiesenacker 2, 69254 Malsch
Telefon: 07253/278818
www.**weingut-boes.de**

Das junge Weingut Bös liegt im Herzen des Kraichgaus zwischen Heidelberg und Karlsruhe in dem kleinen Weinort Malsch. Rüdiger und Maike Bös verfügen heute über knapp 20 Hektar Rebflächen. Im Anbau dominieren die für den Kraichgau typischen Burgunderweine. Mit durchgängig hoher Qualität überzeugen die beiden Winzer in zahlreichen Wettbewerben.

Rüdiger und Maike Bös mit ihren Töchtern Anika (links) und Emilia

Winzergenossenschaft Britzingen Markgräflerland eG

Markgräfler Straße 25-29
79379 Müllheim, Telefon: 07631/17710
www.britzinger-wein.de

Regionaltypisch widmet man sich hier dem Gutedel und den Burgundersorten und erzeugt hochwertige Weine, aber auch solide Literweine mit gutem Preis-Leistungs-Verhältnis. An der Spitze der Britzinger Qualitätspyramide steht der Muggardt-Wein. Das ist eine alte Bezeichnung dieser speziellen, mit Spätburgunderreben bestockten Weinbergslage.

Kellermeister Bruno Kiefer (links) und Achim Frey (Geschäftsführender Vorstand)

Durbacher Winzergenossenschaft eG

Nachtweide 2, 77770 Durbach
Telefon: 0781/93660
www.durbacher.de

Die Klassik-Weinlinie der Winzergenossenschaft beinhaltet traditionelle badische Rebsorten verschiedener Lagen und Geschmacksstufen. Dabei steht die Klassik-Edition für gehobene Qualitäten, die im großen Eichenholzfass oder im Barrique ausgebaut werden. Einen erstklassigen Ruf genießt das Durbacher Unternehmen seit Jahren auch in der Erzeugung von edelsüßen Spezialitäten aus aromatischen Rebsorten. Die Steillagen der Region bieten ideale Bedingungen für solche hochwertigen Weine.

Geschäftsführer Stephan Danner und Kellermeister Rüdiger Nilles

Weinmanufaktur Gengenbach-Offenburg eG

Am Winzerkeller 2, 77723 Gengenbach, Telefon 07803/96580
www.weinmanufaktur-gengenbach.de

Verantwortlich für die optimale Qualität des Leseguts ist die selektive Handlese der alten Reben. Für die Weine der Premium SL-Linie werden die Rebsorte und die jeweilige Lage sorgsam aufeinander abgestimmt. Selbstverständlich ist für die Manufaktur die individuelle Weiterverarbeitung der Trauben getrennt nach Lagen.

Nicole End vom Keller-Team

Winzerverein Hagnau eG

Strandbadstr. 7, 88709 Hagnau, Telefon: 07532/1030, **www.hagnauer.de**

Hagnau am Bodensee ist ein idyllisches Winzer- und Fischerdorf. Der hiesige Winzerverein wurde 1881 gegründet und ist damit die älteste Winzergenossenschaft Badens. Heute bewirtschaften rund 52 Winzerfamilien eine 166 Hektar große Rebfläche – damit sind sie der größte genossenschaftliche Weinbaubetrieb am Bodensee. Es werden angebaut: 40 Prozent Müller-Thurgau, 40 Prozent Spätburgunder, neun Prozent Grauburgunder, sowie Weißburgunder, Bacchus, Kerner, Sauvignon Blanc, Auxerrois und Regent.

Kellermeister Jochen Sahler

Staatsweingut Karlsruhe-Durlach

Posseltstraße 19, 76227 Karlsruhe, Telefon: 0721/940570, **www.turmbergwein.de**

Der Turmberg ist ein 256 Meter hoher Ausläufer des Schwarzwalds. Die nach Süden ausgerichteten Hänge werden seit dem Mittelalter für den Weinbau genutzt. Das hier ansässige Weingut und die einstige Rebveredlungsanstalt gelangten 1993 in den Besitz der L-Bank, der Staatsbank für Baden-Württemberg. Erfolgreich ist das heutige Weingut auch in der Sekterzeugung, für die es regelmäßig ausgezeichnet wird.

Blick auf das Staatsweingut und die Stadt Karlsruhe

Weingut Andreas Laible

Am Bühl 6, 77770 Durbach
Telefon: 0781/41238
www.andreas-laible.com

Die Familie ist längst auch überregional bekannt für ihre Spitzenweine. Vater Andreas und Sohn Andreas Christian sind ein Team, das beeindruckt. Weine zu erzeugen ist für sie nicht nur Beruf, sondern Berufung. Als Winzer im Weinort Durbach sind sie in den felsigen Steillagen mit Leib und Seele bei der Sache. Das Familienweingut bewirtschaftet 7,5 Hektar in der Spitzenlage Durbacher Plauelrain.

Andreas Laible

Schwarzwaldweingut Andreas Männle

Heimbach 12, 77770 Durbach, Telefon: 0781/41486, **www.schwarzwaldweingut.de**

→ Ausführliches Porträt siehe Kapitel „Bundesehrenpreisträger".

Weingut Heinrich Männle

Sendelbach 16, 77770 Durbach, Telefon: 0781/41101, **www.weingutmaennle.de**

Typisch für ihre Region haben sich die Männles auf die Spätburgunderrebe spezialisiert, die auf etwa der Hälfte der 6,5 Hektar großen Rebfläche kultiviert wird. Außerdem wachsen in den ausgesuchten Lagen der Winzerfamilie Cabernet Sauvignon, weiße Burgundersorten, Scheurebe oder Müller-Thurgau, die das Team aus Vater und Tochter zu erlesenen Weinen verarbeitet. Geringe Erträge und schonender Weinausbau, der überwiegend im traditionellen Holzfass und bei Spitzenrotweinen auch im Barrique erfolgt, kennzeichnen die Qualitätsphilosophie. Sylvia und Heinrich Männle stellen zudem verschiedene Edelbrände aus Kirschen und aus der Williams-Birne her.

Sylvia Männle mit Familie

Winzergenossenschaft Oberbergen im Kaiserstuhl eG

Badbergstraße 2, 79235 Vogtsburg-Oberbergen
Telefon: 07662/94600
www.wg-oberbergen.com

Die ausgezeichneten Spätburgunder und edelsüßen Weine der Winzerkooperative stammen aus der legendären Lage Bassgeige, die von Kaiser Otto II. erstmals erwähnt wurde. Die Weine überzeugen mit großer Komplexität und Struktur.

Skulptur der bekannten Bassgeige, im Hintergrund: Weinberge mit Kleinterrassen

Oberkircher Winzer eG

Renchener Straße 42, 77704 Oberkirch, Telefon: 07802/92580
www.oberkircher-winzer.de

→ Ausführliches Porträt siehe Kapitel „Bundesehrenpreisträger".

Kaiserstühler Winzerverein Oberrotweil eG

Bahnhofstraße 31, 79235 Vogtsburg-Oberrotweil, Telefon: 07662/93200
www.winzerverein-oberrotweil.de

Oberrotweil liegt inmitten herrlicher Weinlandschaften am südwestlichen Kaiserstuhl im südlichsten deutschen Anbaugebiet Baden. Bei besten klimatischen Bedingungen bauen 120 Winzerfamilien, davon 30 im Vollerwerb und 90 im Nebenerwerb, hauptsächlich die Burgundersorten an, für welche die Spitzenlagen Käsleberg und Henkenberg beste Voraussetzungen mitbringen. Höchste Prämierungen und Auszeichnungen unterstreichen die Qualität dieser Weine, die in der wärmsten Region Deutschlands überwiegend an Süd- und Südwesthängen gedeihen. Sie sind die Garantie für höchste Qualität.

Kaiserstühler Winzerverein Oberrotweil eG

Winzergenossenschaft Rammersweier eG

Weinstraße 87, 77654 Offenburg, Telefon: 0781/31424, **www.wg-rammersweier.de**

Im Fokus der 1926 gegründeten Winzerkooperation stehen die Sorten Müller-Thurgau, Riesling und Spätburgunder. Kellermeister Siegfried Kiefer sorgt dafür, dass stimmige Weinqualitäten ins Glas kommen. Mit nur 55 Hektar Rebfläche gehört die Genossenschaft in Rammersweier zu den kleinsten in Baden.

Das Winzerteam der WG Rammersweier eG

Sasbacher Winzerkeller eG

Jechtinger Straße 26, 79361 Sasbach, Telefon: 07642/90310, **www.sasbacher.de**

Rotweinen und insbesondere Spätburgundern gilt das Hauptaugenmerk der Sasbacher Genossenschaft. Diese Weine werden im klassischen Gärverfahren erzeugt und in Eichenholzfässern ausgebaut. Mit seinen Rotweinen zählt der Sasbacher Winzerkeller zu den bekanntesten badischen und deutschen Betrieben und ist zugleich eine der kleinsten Kaiserstühler Genossenschaften.

Kellermeister Werner Giener (rechts) und Reinhold Helbling

Weingut Leopold Schätzle

Wilhelmshöfe 1, 79346 Endingen
Telefon: 07642/3361
www.schaetzle-weingut.de

Die Schätzles sind Burgunderexperten und haben mehrfach die beste Rotweinkollektion in der Bundesweinprämierung vorgestellt. Überzeugend sind auch die Selektionsweine aus Grau- und Weißburgunder. Heute gehören rund 15 Hektar Rebflächen in besten Lagen wie der Endinger Steingrube oder Oberbergener Bassgeige zum Weingut der Schätzles.

Leopold Schätzle Senior und Junior

Weingut Schwörer · Josef Rohrer

Grol 8, 77770 Durbach, Telefon: 0781/42362, **www.weingut-schwoerer.de**

Spitzenbetriebe der Region nutzen bis heute die Bezeichnung Klingelberger für ihre Rieslinge und folgen den strengen Kriterien für den Anbau der Weine. In den besten Lagen Durbachs erzeugt Josef Rohrer Weißweine, die in ihrer Stilistik reintönig, frisch und fruchtbetont sind, und Rotweine mit guter Tanninstruktur, Kraft und feiner Würze.

Bruno Serrer (links) und Josef Rohrer

Weingut Schumacher

Kapellenstraße 50, 79353 Bahlingen am Kaiserstuhl, Telefon: 07663/1812,
www.weingut-schumacher.de

Die Straußenwirtschaft des Weinguts

In einem kleinen Ort, direkt am Kaiserstuhl, liegt das Weingut Schumacher. In der dritten Generation werden Spätburgunder- oder Merlot-Rotweine sowie Weißweine von Chardonnay, Müller-Thurgau oder Weiß- und Grauburgunder erzeugt. Einen besonderen Stellenwert nimmt die Linie „wine art" ein. Ergänzt wird das Sortiment durch prickelnde Winzersekte und feine Edelbrände und Liköre. In der Straußenwirtschaft „Uf'm Buck" sitzen Genießer unter 100 Jahre altem Gebälk und lassen sich regionale Gerichte munden.

Waldulmer Winzergenossenschaft eG

Weinstraße 37, 77876 Kappelrodeck-Waldulm, Telefon: 07842/94890
www.waldulmer.de

Die Winzergenossenschaft in Waldulm ist spezialisiert auf die Rebsorte Spätburgunder, die hier ihre optimalen Bedingungen findet und 85 Prozent der lokalen Rebfläche einnimmt. Aus der edlen Rebe entstehen hier Weine in überzeugender Güte und verschiedenen Qualitätsstufen.

Kappelrodeck

Franken

Weingut „Am Lump" · Albrecht Sauer

Bocksbeutelstraße 60, 97332 Volkach-Escherndorf, Telefon: 09381/9035
www.weingut-am-lump.de

Das Familienweingut „Am Lump" wird in dritter Generation geführt. Es bewirtschaftet rund 15 Hektar in Escherndorf und knapp 7 Hektar des „Escherndorfer Lumps" mit bis zu 75 Prozent Steigung und tiefgründigen Muschelkalkböden. Der Escherndorfer Lump ist als eine der besten Lagen Frankens und international bekannt geworden. Hier wachsen die Trauben für charaktervolle Weiß- und Rotweine vom Weingut „Am Lump".

Familie Sauer und Team an den Hängen des Escherndorfer Lumps

Weingut Andreas Braun · G. Rappert

Ringstraße 19, 97332 Volkach, Telefon: 09381/531, **www.franken-weingut-braun.de**

Das Weingut im fränkischen Volkach trägt den Namen seines Gründers und wird heute von Inhaber Gerald Rappert geführt. Der Weinbautechniker bewirtschaftet rund 10 Hektar Weinberge in besten Lagen wie dem Volkacher Ratsherrn und Kirchberg oder dem Escherndorfer Lump.

Weinlage Volkacher Ratsherr

Familienweingut Braun · Heike und Thomas Braun

Blütenstraße 22-24, 97332 Volkach-Fahr, Telefon: 09381/80730, **www.weingut-braun.de**

Gastfreundschaft spielt eine Hauptrolle im Weingut Braun. Willkommen sind Besucher in der Gastwirtschaft, der Weinlaube oder dem Hotel der Familie. Für die Einteilung ihrer Weine haben sich die Brauns Adjektive ausgedacht: „Flink" steht für die unkomplizierten Alltagsweine, „Wahr" für Weine aus guten Lagen und „Mutig" für neue Sorten oder Weincuvées.

Heike und Thomas Braun

Weingut Geiger & Söhne

Veitshöchheimer Straße 1
97291 Thüngersheim
Telefon: 09364/9605
www.geigerundsoehne.com

Die Klassifizierung seiner Weine in die Linien „MundART", „MundFEIN" und „Erste Geige" hat Gunter Geiger mit seiner Betriebsübernahme eingeführt. Die Begriffe stehen für trocken ausgebaute Weine in der Qualitätsstufe Kabinett bzw. für Weine mit Restsüße. Die Erste Geige bezeichnet Weine, die der Spätlesequalität entsprechen und sehr extraktreich sind. Das im Jahr 1850 gegründete Weingut ist der älteste schriftlich erwähnte Weinhandels- und Weinbaubetrieb im fränkischen Thüngersheim.

Gunter Geiger

Weingut Gebr. Geiger Junior

Veitshöchheimer Straße 16
97291 Thüngersheim
Telefon: 09364/7666
www.weingut-gebr-geiger-jun.de

Die Inhaber des Weinguts Geiger Junior, Hedda und Werner Geiger, laden zu einer Vergleichsprobe ein: Weine aus den Lagen Thüngersheimer Johannisberg oder Retzbacher Benediktusberg haben mineralische Noten gemein und sind doch so unterschiedlich. Die Absolventen der Fachhochschule Geisenheim betreiben das Thüngersheimer Weingut in vierter Generation und erzeugen authentische, fränkische Weine.

Familie Geiger

Weingut Hirn · Im Weinparadies

Dipbacher Straße 8, 97247 Untereisenheim, Telefon: 09386/388, **www.weingut-hirn.de**

Das Weingut Hirn ist eine Hommage an den Künstler Friedensreich Hundertwasser. Seiner Architektur folgend ist das sogenannte „Weinparadies“ entstanden, ein Haus mit typisch spiralen Elementen und leuchtend bunter Bruchkeramik. Auch die Weinetiketten zeigen diese Farbenfreude. Die Weine werden von Weintechniker und Kellermeister Matthias Hirn ökologisch an- und ausgebaut, darunter auch Regent und Johanniter. Die Heckenwirtschaft ist im April, Mai und Oktober geöffnet.

Weingut Hirn

Weingut Weisensee

Winzerstr. 11, 97334 Sommerach
Telefon: 09381/9276
www.weingut-weisensee.de

Das Team vom Weingut Weisensee

Das Weingut Weisensee bewirtschaftet rund um Sommerach 3,2 Hektar Wein. Irmgard Heidrich führt den kleinen Familienbetrieb zusammen mit Sohn Johannes, Jungwinzer und Weinbautechniker. Auf den Muschelkalkböden gedeihen der typisch fränkische Silvaner oder die Domina-Rebe, die im Barrique-Fass ausgebaut wird. Beste Lage ist der „Sommeracher Katzenkopf". In der Weinstube in der Maintorstraße werden zu den hauseigenen Weinen traditionell fränkische Gerichte serviert.

Weingut Zehnthof

Hauptstraße 17, 97334 Sommerach, Telefon: 09381/2830, **www.zehnthof-weickert.de**
→ Ausführliches Porträt siehe Kapitel „Bundesehrenpreisträger".

Hessische Bergstraße

Bergsträßer Winzer eG

Darmstädter Straße 56, 64646 Heppenheim, Telefon: 06252/7994-0
www.bergstraesserwinzer.de

Die 380 Winzerfamilien bewirtschaften entlang der Hessischen und Badischen Bergstraße Weinberge in 17 Einzellagen auf etwa 265 Hektar Rebfläche. Neben klassischen Rebsorten wie Riesling, Grauburgunder und Spätburgunder werden auch neue Rebsorten wie Goldmuskateller, Souvignier Gris und Solaris angebaut. Eine besondere regionale Spezialität: der Rote Riesling. Die Vinothek ist fast täglich geöffnet. Außerdem: Führungen mit Multimedia-Show und Themen-Weinproben.

Außenansicht der Vinothek VINIVERSUM

Weingut Simon-Bürkle

Wiesenpromenade 13, 64673 Zwingenberg, Telefon: 06251/76446
www.simon-buerkle.de

Die Gründer des Weinguts und erfolgreichen Visionäre Kurt Simon und Wilfried Bürkle sind viel zu früh verstorben. Heute wird das Gut von Dagmar Simon und Johannes Bürkle geführt. Unterstützt werden sie von Kellermeister Jan Faber, der seine Lehrzeit im Weingut Simon-Bürkle begann. Jungwinzer Johannes Bürkle setzt die Tradition der Betriebsgründer fort und überzeugt mit ausgezeichneten Weinqualitäten.

Dagmar Simon (vorne links) und Johannes Bürkle (vorne rechts) mit ihrem Mitarbeiterteam

Vinum Autmundis · Die Odenwälder Winzergenossenschaft eG

Riegelgartenweg 1, 64823 Groß-Umstadt, Telefon: 06078/2349
www.vinum-autmundis.de → Ausführliches Porträt siehe Kapitel „Bundesehrenpreisträger".

Mosel

Weingut Albert Kallfelz

Hauptstraße 60-62, 56856 Zell-Merl, Telefon: 06542/93880, **www.kallfelz.de**

Familie Kallfelz führt das Weingut an der Mosel zusammen mit ihrem Team in dritter Generation. Gebietstypisch wird auf die Riesling-Rebe gesetzt, mit der 91 Prozent der Weinberge bestockt sind. Besonders wichtig sind für das Weingut niedrige Erträge und die schonende und selektive Handlese.

V. l. n. r.: Florian Scheidt (Betriebsleiter), Dennis Lehmen (Kellermeister) und Michael Wirtz (Außenbetriebsleiter)

Weingut Toni Müller · Helmut Müller

Am Mühlbach 96, 56072 Koblenz-Güls, Telefon: 0261/408808
www.weingut-toni-mueller.de

→ Ausführliches Porträt siehe Kapitel „Bundesehrenpreisträger“.

Weingut von Schleinitz-Reufels OHG · Konrad Hähn

Kirchstraße 15-17, 56330 Kobern-Gondorf
Telefon: 02607/972020
www.vonschleinitz.de

Zum Weingut gehören zirka 12 Hektar Rebflächen vornehmlich in den Steillagen der Terrassenmosel. In der Vergangenheit setzte die Inhaberfamilie auf umfangreiche Investitionen in das Traditionsweingut. Mit Betriebsleiter Konrad Hähn hat man einen Profi engagiert, der für den An- und Ausbau der Weine verantwortlich ist.

Betriebsleiter Konrad Hähn

Weingut Weirich Weine

Auf'm Rech 3b, 56843 Starkenburg über der Mosel, Telefon: 06541/6298
www.weirich-weine.de

In der Nähe von Traben-Trarbach liegt hoch über der Mosel der kleine Ort Starkenburg, in dem man den Weinkeller von Andreas Weirich findet. Die Weinberge haben hier eine Hangneigung von bis zu 70 Prozent. Die Böden aus blauem Devonschiefer speichern die Wärme des Tages und geben sie am Abend wieder ab. Erst nach ihrer idealen Reifezeit kommen die Weine in den Verkauf.

Sara und Andreas Weirich (vordere Reihe Mitte) mit ihrem Leseteam im Enkircher Steilhang

Nahe

Weingut Emmerich-Koebernik

Hauptstraße 44, 55596 Waldböckelheim, Telefon: 06758/426
www.emmerich-koebernik.de

Die Nahe ist bekannt für ihre geologische Vielfalt. So kann man auf kleinstem Raum unterschiedliche Bodenarten finden, die die typischen Rebsorten des Nahetals prägen. Das Winzerteam aus Ernst-Günter Koebernik, seiner Frau Doris, die ehemals deutsche Weinkönigin war, und Tochter Christiane bringt diese Vielfalt mit Bravour ins Glas. Christiane ist Jägerin und hat unter dem Namen „Bock auf Wein" eine eigene Linie kreiert. Die neue Vinothek des Weinguts wurde von der Architektenkammer Rheinland-Pfalz ausgezeichnet.

Christiane Koebernik

Weingut Enk

Inhaber Steffen Enk, Weinbergstraße 13, 55452 Dorsheim, Telefon: 06721/45470
www.weingut-theo-enk.de → Ausführliches Porträt siehe Kapitel „Bundesehrenpreisträger".

Weingut Schmidt GbR

Luitpoldstraße 24, 67823 Obermoschel, Tel.: 06362/1265, **www.weingut-schmidt.info**

Andreas Schmidt führt das im Jahr 1753 gegründete Weingut in siebter Generation. Die beiden erwachsenen Söhne Sebastian und Florian begeistern sich ebenfalls für das Weinmachen und sind aktiv im Betrieb. Obwohl Obermoschel in der Pfalz liegt, gehören die Weinlagen der Familie zum Anbaugebiet Nahe. Beim Weinausbau achten die Winzer darauf, die natürlichen Eigenheiten der Rebsorten und ihre Prägung durch die verschiedenen Bodenarten an der Nahe zu erhalten.

Andreas Schmidt mit seinen Söhnen Sebastian und Florian im Weinberg

Pfalz

Wein- und Sektkellerei Gebrüder Anselmann GmbH

Staatsstraße 58-60, 67483 Edesheim, Telefon: 06323/94120, **www.weingut-anselmann.de** → Ausführliches Porträt siehe Kapitel „Bundesehrenpreisträger".

Weingut Werner Anselmann

Staatsstraße 58-60, 67483 Edesheim, Telefon: 06323/94120
www.weingut-anselmann.de

Der Betrieb in Edesheim gehört zu den größten privat geführten Weingütern in Deutschland. Die erste urkundliche Erwähnung der Familie Anselmann datiert auf das Jahr 1126. Seit Jahrhunderten ist die Familie dem Weinbau verbunden und im südpfälzischen Edesheim verwurzelt. Mit dem herausragenden 1959er Jahrgang intensivierte Werner Anselmann, Vater der jetzigen Inhaber, die Flaschenweinvermarktung. Heute wird das Weingut mit einer Rebfläche von ca. 140 Hektar von den Geschwistern Ralf und Ruth Anselmann geführt.

Stammhaus des Familienweinguts Werner Anselmann in Edesheim

Weingut Bärenhof · Helmut Bähr & Sohn

Weinstraße 4, 67098 Bad Dürkheim-Ungstein, Telefon: 06322/4137
www.baerenhof.de
→ Ausführliches Porträt siehe Kapitel „Bundesehrenpreisträger".

Weingut Darting · Helmut Darting

Am Falltor 4-6, 67098 Bad Dürkheim, Telefon: 06322/979830, **www.darting.de**

Der Familienbetrieb, dessen weinbauliche Wurzeln bis in das Jahr 1780 zurückreichen, ist seit Jahrzehnten auch erfolgreich in der Veredelung von Reben. Helmut Darting ist ein Garant für sortentypische und charakteristische Weine, die in allen Qualitätsstufen überzeugen. Die Weine haben dennoch ein ausgezeichnetes Preis-Leistungs-Verhältnis.

Helmut Darting

Weinkontor Edenkoben eG

Weinstraße 130, 67480 Edenkoben, Telefon: 06323/94190, **www.wg-edenkoben.de**

Mit der zukunftsweisenden Qualitätssteigerung hat die Genossenschaft in Edenkoben eine Namensänderung beschlossen und firmiert seit 2016 unter „Weinkontor Edenkoben“. Winzer und qualifizierte Önologen arbeiten Hand in Hand, um das Qualitätsversprechen einzulösen. Im Mittel- und Premiumsegment zeigt man Profil bei regionaltypischen Weinen und Sekten.

Von links:
Vorstand Gerhard Römmich und Betriebsleiter Stefan Di Cursi.

Forster Winzerverein eG

Weinstraße 57, 67147 Forst, Telefon: 06326/306, **www.forster-winzer.de**

Rund 75 Prozent der Rebfläche gehört hier dem Riesling. Die Winzerfamilien der Kooperative besitzen Weinberge in den besten Forster Lagen wie Pechstein, Kirchenstück und Ungeheuer. Tipp: Die Weine des Forster Winzervereins können in der Weinstube „Zum Forster Ungeheuer" mit ihrem „Napoleonzimmer", in dem der französische Kaiser übernachtet haben soll, verkostet werden.

Weingut Graf von Weyher

Borngasse 7, 76835 Weyher
Telefon: 06323/980064
www.graf-von-weyher.de

Die drei Grafen (v. l.): Jürgen, Otmar und Peter

Das Weingut Graf von Weyher, zwischen Rhein und Pfälzer Wald gelegen, befindet sich seit Generationen in Familienbesitz. Aktuell führen Vater Otmar und die Söhne Peter und Jürgen das Gut. Die Reben wachsen auf unterschiedlichen Böden – wie Granit, Schiefer, Kalkmergel oder Buntsandstein – und in renommierten Lagen, wie „Rhodter Schloßberg" oder „Weyherer Michelsberg". Vor allem mit Riesling hat die Familie schon viele Preise gewonnen. Gäste können im Sommer ins Winzercafé und im Herbst in den Gutsausschank einkehren.

Hambacher Schloß Kellerei eG

Weinstraße 110
67434 Neustadt an der Weinstraße
Telefon: 06321/2343, **www.hskeg.de**

Stammsitz der Hambacher Schloß Kellerei eG in Neustadt

Die Hambacher Schloß Kellerei eG gilt als kleinste eigenständige Winzergenossenschaft in der Pfalz und ist eine der ältesten Deutschlands. Unter den 60 verschiedenen Weinen und Sekten der kleinen Kooperative findet man seltenere Rebsorten wie Cabertin, die Heroldrebe und Cabernet Mitos oder auch ungewöhnliche und feine Cuvées.

Winzer eG Herrenberg-Honigsäckel

Weinstraße 12, 67098 Bad Dürkheim-Ungstein, Tel.: 06322/94640, **www.wg-ungstein.de**

Die Weinberge der Gemeinde Ungstein sind windgeschützt durch die Hänge des Haardtgebirges. Hier bewirtschaften zehn Winzerfamilien in der vergleichsweise kleinen Winzerkooperative eine Rebfläche von 180 Hektar. Neben den traditionellen Sorten gehören auch für die Pfalz außergewöhnliche Reben wie Viognier, Tempranillo und Syrah zum Sortiment.

Die teilweise wieder aufgebaute Römervilla auf dem Ungsteiner Weilberg

Winzergenossenschaft Herxheim am Berg eG

Weinstraße 1, 67273 Herxheim am Berg, Telefon: 06353/989100, **www.wg-herxheim.de**

Zu den 50 Vinotheken, die das Deutsche Weininstitut unlängst ausgezeichnet hat, gehört die beeindruckende „Vinothek 212 N.N.“, die im Jahr 2015 eröffnet wurde. Der Name der Herxheimer Vinothek bezeichnet die Höhenlage über dem Meeresspiegel.

Von links: Kellerteam Felix Korb, Bernhard Siegel und Christoph Lutz

Winzergenossenschaft Kallstadt eG

Weinstraße 126, 67169 Kallstadt, Telefon: 06322/979797, **www.wg-kallstadt.de**

Im legendären „Kallstadter Saumagen“ und in anderen Pfälzer Spitzenlagen bauen die Mitgliedsfamilien der Kallstadter Winzergenossenschaft Riesling, Burgunderreben und weitere klassische Rebsorten wie Gewürztraminer, St. Laurent, Portugieser oder Scheurebe an, aus denen man hochwertige Weine und Sekte erzeugt.

Ein starkes Trio (v. l. n. r.): Joachim Janß-Schaad (Betriebsleiter und leitender Önologe), Robert Anthon (Vorstandsvorsitzender) und Axel Messer (Geschäftsführender Vorstand)

Weingut Kastanienhof · Karl-Heinz und Knut Fader

Theresienstraße 62, 76835 Rhodt, Telefon: 06323/5193, **www.weingut-fader.de**

Karl-Heinz und Knut Fader bewirtschaften das 14 Hektar große Weingut gemeinsam mit ihren Ehefrauen Hedwig und Heike. Hier in Rhodt kann die Familie auf eine gut 225-jährige Weinbautradition zurückblicken. Das Winzerteam beweist Stärke im Ausbau von trockenen Weinen ebenso wie von edelsüßen Auslesen.

Die Senioren Hedwig und Karl-Heinz Fader sowie Heike und Knut Fader mit den Kindern Paul, Eva und Julia

Weingut Knöll & Vogel

Klingweg 3, 76887 Bad Bergzabern, Telefon: 06343/1246, **www.knoell-vogel.de**

„Weinfreude für jeden Tag" findet man im südpfälzischen Weingut Knöll-Vogel mit Literweinen und dem kleinen Vogel auf dem Etikett. Zwei Vögel tragen die Etiketten der „Weinvielfalt für genussvolle Momente", während drei Vogelsymbole für das Spitzensegment aus bestem Lesegut und ausgewählten Lagen stehen.

Nicole Vogel (Bildmitte) im Kundengespräch

Weingut Kohl · Wolfgang Kohl

Am Sonnenberg 3, 67278 Bockenheim an der Weinstraße, Telefon: 06359/4319
www.weingut-kohl-bockenheim.de

Das Gut am südlichen Ortsrand von Bockenheim ist umrahmt von Weinbergen der Lage „Sonnenberg". Hier leben drei Generationen unter einem Dach und bewirtschaften 15 Hektar Weinberge. Zur Hälfte Rot: Dornfelder, Spätburgunder oder Schwarzriesling. Zur Hälfte Weiß: Riesling, Müller-Thurgau oder Morio-Muskat. Ein gemeinsames Ziel: Weine mit viel Struktur, Kraft und Geschmack. Die Familie bietet Weinproben und -spaziergänge an. Urlauber können Zimmer mit Frühstück oder einen Wohnmobil-Stellplatz buchen.

Das Wappen des Weinguts entstand mit der Betriebsgründung 1965

Vinification Ludwigshöhe

Villastraße 62, 67480 Edenkoben, Telefon: 06323/804615, **www.schneider-pfalz.de**

→ Ausführliches Porträt siehe Kapitel „Bundesehrenpreisträger".

Herrengut St. Martin

Maikammerer Straße 5
67487 St. Martin, Telefon: 06323/804425
www.herrengut.de

Das Weingut „Herrengut St. Martin" ist das Stammhaus der Winzerfamilie Schneider. Im Mittelpunkt dieses Unternehmens stehen die Weinlagen, auf die das Weinprogramm aufbaut: Aus klassifizierten Lagen stammen die „2 Sterne Lagenweine" und aus ausgewiesenen Parzellen klassifizierter Lagen die „3 Sterne Terroirweine".

Traditionsreiches Anwesen „Herrengut" in St. Martin

Weingut Hubert Müller

Bahnhofstraße 3, 67487 Maikammer
Telefon: 06321/5472
www.mueller-maikammer.de

Die Winzerfamilie aus Maikammer erzeugt ein reiches Angebot aus verschiedenen Rebsortenweinen, dazu Liköre aus Feigen, Pfirsich oder Mandeln, Edelbrände aus eigenem Obstanbau, Tresterbrände aus Gewürztraminer oder Chardonnay und viele weitere Köstlichkeiten in hoher Qualität.

Hubert und Stefan Müller

Weingut Oberhofer · Stefan Oberhofer

Am Linsenberg 1, 67483 Edesheim, Telefon: 06323/944911, **www.weingutoberhofer.de**

Die aus Tramin stammende Familie wanderte im Jahr 1754 in die Pfalz aus. Heute liegt die Leitung des Weinguts in Edesheim in den Händen von Heidi und Stefan Oberhofer, die außerdem im Besitz des vermutlich ältesten Weinbergs der Welt sind. Vor über 400 Jahren sollen Winzer dort Reben angepflanzt haben, die bis heute gedeihen.

Moderne Vinothek des Weinguts Oberhofer

Weingut Karl Pfaffmann

Allmendstraße 1, 76833 Walsheim, Telefon: 06341/61856
www.karl-pfaffmann.de

→ Ausführliches Porträt siehe Kapitel „Bundesehrenpreisträger“.

Weingut Pfleger-Karr

Kirchheimer Straße 10
67273 Weisenheim am Berg
Telefon: 06353/7497
www.pfleger-karr.de

Der Tradition verpflichtet legt Gutsleiter Thorsten Karr größten Wert auf konstant hohe Qualität. Die große Liebe zum Wein, die Leidenschaft und der kompromisslose Einsatz sind der Lebensinhalt der Familie. Die Sortenvielfalt des Hauses Pfleger-Karr ist beachtlich, vom frischen leichten Spaßmacher bis zum beeindruckenden Gaumenschmeichler gibt es für jeden Weinliebhaber etwas zu entdecken.

Sabine und Thorsten Karr

„Altes Schlößchen" · Ludwig Schneider GmbH

Maikammerer Straße 7, 67487 St. Martin, Telefon: 06323/94300
www.altes-schloesschen.com

Das Weingut „Altes Schlößchen" wurde von den Nachkommen des Firmengründers Ludwig Schneider ausgebaut. Gemeinsam mit ihren Familien erweiterten sie das Gut Stück für Stück und gründeten eine Erzeugergemeinschaft, von der zusätzliches Traubengut angeliefert wird. Heute führt die jüngste Generation mit Jochen, Markus und Ralf das Unternehmen im Sinne ihrer Vorfahren.

Gemeinsam stark:
Team der Familie Schneider

Vier Jahreszeiten Winzer eG

Limburgstraße 8, 67098 Bad Dürkheim, Telefon: 06322/94900, **www.vj-wein.de**

Für die Erzeugung der trockenen Weißweine legen Walter Brahner, geschäftsführender Vorstand der Winzergenossenschaft, und sein Team großen Wert auf die temperaturoptimierte und schonende Vergärung, die später für die Frische und Spritzigkeit der Weine sorgt. Rotweine benötigen hingegen die richtige Standzeit auf der Maische und im Anschluss Zeit für ihre Entwicklung. Die Mitgliedsbetriebe orientieren sich an den Qualitätsvorgaben für die Arbeiten im Weinberg. Für die jeweilige Qualitätsstufe eines Weines wählen sie von Beginn an geeignete Parzellen aus.

Vorstandsvorsitzender Kurt Georg Freund (links) und Walter Brahner (Geschäftsführender Vorstand)

Wachtenburg Winzer eG

Weinstraße 2, 67157 Wachenheim, Telefon: 06322/979820
www.wachtenburg-winzer.de

Die kleine Genossenschaft, die sich gerne als Mehrfamilienbetrieb bezeichnet, verzichtet auf die Einteilung ihrer Weine in klassische Prädikatsstufen. Die Premium-Linie SL steht für selektive Lese und optimales Traubengut aus alten Reben. Einmal mehr zeigt sich die Stärke von Winzerkooperationen: Mit der Bündelung von Kernkompetenzen können Qualität und Preisgestaltung in fairem Einklang stehen.

Die Wachtenburg Winzer eG

Weinbiet Manufaktur eG

An der Eselshaut 57, 67435 Neustadt an der Weinstraße, Telefon: 06321/67970
www.weinbiet.de

Namenspatron der Weinbiet Manufaktur ist der Pfälzer Berg Weinbiet, der von den Weindörfern Mußbach, Gimmeldingen und Haardt umgeben ist. Philipp Bassler, eines der Gründungsmitglieder der Kooperative und Qualitätspionier in Sachen Wein, ist Namensgeber für die Großen Gewächse der Manufaktur. Die verwendeten Trauben stammen von den besten Parzellen.

Von links: Kellermeister Patrick Öttl, Geschäftsführer Bastian Klohr und Verkaufsleiter Andreas Stachel

Wein- und Sektgut Wilhelmshof

Queichstraße 1, 76833 Siebeldingen, Telefon: 06345/919147, **www.wilhelmshof.de**

Barbara Roth und Thorsten Ochocki zeigen Stärke mit charakteristischen Weinen aus den Burgundersorten, aus denen sie in gleicher Brillanz Sekte herstellen. Das Familienunternehmen gehört sowohl zu den TOP 100 der besten Weinerzeuger als auch zu den TOP 10 der besten Sekterzeuger.

→ **Ausführliches Porträt siehe Kapitel „TOP 10 der besten Sekterzeuger".**

Weingut Alfons Ziegler

Jahnstraße 11, 67487 St. Martin, Telefon: 06323/5337, **www.weingut-ziegler.de**

Michael Ziegler überzeugt mit Rotweinen ebenso wie mit fruchtigen Weißweinen oder spritzigen Sekten.

→ **Ausführliches Porträt siehe Kapitel „TOP 10 der besten Sekterzeuger".**

Weingut August Ziegler

Bahnhofstraße 5, 67487 Maikammer, Telefon: 06321/95780, **www.august-ziegler.de**

Ein Leitsatz der beiden Winzer Harald und Uwe Ziegler lautet: „Qualität ist kein Zufall". Treffender könnte man ihre Arbeit kaum beschreiben, denn hinter der langjährigen und konstanten Qualitätsarbeit der Brüder stecken Erfahrung, Fleiß und nicht zuletzt die genaue Kenntnis der Weinbergslagen und Böden in Maikammer und Umgebung. Es ist dieses essenzielle Wissen, das mit der langen, bis in das Jahr 1717 zurückreichenden Tradition der Zieglers im Weinbau einhergeht und das dafür sorgt, dass jede Rebsorte mit ihren spezifischen Eigenschaften dem passenden Terroir zugeordnet wird. Ebenso positiv schaut man in die Zukunft des Weinguts: Haralds Kinder Frederic, Lucas und Anna-Lea und Uwes Tochter Milena sind die jüngste Generation im Weingut und helfen tatkräftig mit.

Harald (links) und Uwe Ziegler

Rheingau

Weingut Offenstein Erben · Familie Thomas Schumacher

Holzstraße 14, 65343 Eltville am Rhein, Telefon: 06123/2137, **www.offenstein-erben.de**

Wein – ihre Passion seit fünf Generationen: 1883 von Wilhelm Offenstein gegründet, führt der Jungwinzer Thomas Schumacher das elterliche Weingut in Eltville fort. Auf 10,5 Hektar Rebfläche werden überwiegend Riesling- und Spätburgundertrauben angebaut. Thomas Schumacher steht als leidenschaftlicher Perfektionist für nachhaltigen, umweltschonenden Weinbau, bei dem die Trauben- und Weinqualität immer an erster Stelle stehen muss.

Weingut Hans-Norbert Mack

Taunusstraße 95, 65375 Hallgarten, Telefon: 06723/886758
www.weingut-mack-hallgarten.de

→ Ausführliches Porträt siehe Kapitel „Bundesehrenpreisträger".

Weingut Georg Müller Stiftung · Peter Winter

Eberbacher Straße 7-9, 65347 Hattenheim, Telefon: 06723/2020
www.georg-mueller-stiftung.de

Mit dem gebürtigen Münsteraner Tim Lilienström hat sich Peter Winter, Inhaber des Weinguts Georg Müller Stiftung, einen engagierten und begeisterten Weinmacher nach Hattenheim geholt. Der Gutsverwalter und sein ambitioniertes Team setzen die gehobenen Ansprüche des Gründungsmitglieds des VDP motiviert und mit Erfolg um.

Peter Winter (links) und Gutsverwalter Tim Lilienström

Rheinhessen

Weingut Ernst Bretz

Langgasse 35, 55234 Bechtolsheim, Telefon: 06733/356, **www.weingutbretz.de**

→ Ausführliches Porträt siehe Kapitel „Bundesehrenpreisträger“.

Weingut Bungert-Mauer

Bergstraße 24, 55437 Ockenheim
Telefon: 06725/2616
www.bungert-mauer.de

Martina und Matthias Bungert

Die Weinbergslagen entlang der Sonnenhänge des Ockenheimer Jakobsberges bieten mit verschiedenen gehaltvollen Bodenstrukturen wie Löss, Lehm, Ton, Sand und Muschelkalk den unterschiedlichsten Rebsorten optimale Reife- und Wachstumsbedingungen. Mit moderner Kellertechnik und Temperaturkontrolle entwickeln sich terroirgeprägte Gutsweine. Die Hälfte des Sortiments sind Rotweine, die in einem separaten Holzfasskeller bis zur Abfüllung reifen. Im Weingut lädt die moderne Vinothek nach Anmeldung zu Verkostungen und geführten Weinproben ein.

Cisterzienser Weingut Michel · Ulrich Michel

Dalbergstraße 28, 67596 Dittelsheim-Heßloch, Telefon: 06244/4921
www.cisterzienser-weingut.de

Ulrich Michel und seine Frau Karen

Bereits im 12. Jahrhundert erzeugten die Mönche des klösterlichen Wein- und Hofguts in Heßloch Weine, die für den Export in ferne Länder geeignet waren. Heute führt der Önologe Ulrich Michel das Weingut in achter Generation gemeinsam mit seiner Frau Karen, einer studierten Agrarwissenschaftlerin. Hier im Wonnegau stehen beste Lagen zur Verfügung, die ein breites Rebsortenspektrum ermöglichen.

Weingut Familie Erbeldinger · Stefan Erbeldinger

West 3, 67595 Bechtheim, Telefon: 06244/4932, **www.weingut-erbeldinger.de**

Die gesamte Familie Erbeldinger steht für geschmackvolle, regionaltypische Weine, die größtenteils direkt ab Hof an Weinliebhaber vermarktet werden. Dabei liegt den Winzern Stefan und Christoph Erbeldinger besonders die naturnahe, sorgfältige Bewirtschaftung der Weinberge am Herzen. Die besonderen Charakterzüge der besten Lagen im Wonnegau werden in der Premium-Weinlinie „privat" herausgestellt. Eine große Auswahl, auch an Sekt, rundet das attraktive Sortiment ab.

Stefan Erbeldinger und Sohn Christoph

Weingut Fleischmann

Kloppgasse 8, 55435 Gau-Algesheim, Telefon: 06725/3276, **www.fleischmann-weine.de**

→ **Ausführliches Porträt siehe Kapitel „Bundesehrenpreisträger".**

Weingut Ökonomierat Johann Geil I. Erben

Kuhpfortenstraße 11, 67595 Bechtheim, Telefon: 06242/1546
www.weingut-geil.de

Die Erzeugung von edelsüßen Weinen hat Tradition im Weingut Ökonomierat Johann Geil I. Erben. Spitzenweine in anderen Weinarten gelingen dem Winzerteam aus Vater und Sohn gleichermaßen. Für die Klassifizierung ihrer Weine folgen Karl und Johannes Geil-Bierschenk der Einteilung in Gutsweine, Ortsweine und Lagenweine für das Spitzensegment aus ausgesuchten Parzellen.

Johannes und Karl Geil-Bierschenk im Weinberg

Klosterweingut Jakobsberg · Missionsbenediktiner der Erzabtei St. Ottilien

Am Zollstock 8, 55437 Ockenheim, Telefon: 06725/993838, **www.klosterweingut.de**

Holländische Trappisten-Mönche gründeten im Jahr 1921 eine Niederlassung auf dem Jakobsberg. Bereits damals gehörten Weinberge zum Kloster. Im Jahr 1961 übernahmen die Missionsbenediktiner der Erzabtei St. Ottilien/Oberbayern das Kloster Jakobsberg. Das Klosterweingut Jakobsberg wurde 2003 verpachtet. Es bewirtschaftet derzeit eine 15,2 Hektar große Rebfläche. Ein weitreichendes Angebot an Weinen kann präsentiert werden.

Die „Alte Kelter" an einem vom Klosterweingut Jakobsberg bewirtschafteten Weinberg

Weingut Manz · Erich & Eric Manz GbR

Lettengasse 6, 55278 Weinolsheim, Telefon: 06249/803008
www.manz-weinolsheim.de

Das Winzerhandwerk betreibt die Familie und ihre Vorfahren bereits seit 1725. Heute arbeiten und leben vier Generationen zusammen. Besonders interessant sind für Eric Manz aufgrund ihrer Textur und Dichte die Grau-, Weiß- und Spätburgunder. Diese Weine stehen auch bei den Kunden hoch im Kurs. Eine Kostprobe gibt es bei der jährlichen Jahrgangspräsentation im Frühjahr oder samstags im Weingut von 10-15 Uhr.

Erich (links) und Eric Manz mit Sohn

Wein- & Sektgut Nikolaushof · Klaus Hattemer

Ockenheimer Straße 8, 55435 Gau-Algesheim, Telefon: 06725/2872
www.weingut-nikolaushof.de

→ Ausführliches Porträt siehe Kapitel „Bundesehrenpreisträger Sekt".

Weingut Gerold Spies · Inhaber Tobias Leib

Flachsgasse 2, 67596 Dittelsheim-Heßloch, Telefon: 06244/7497
www.weingut-spies.com

Tobias und Svenja Leib haben sich mit ihrem jungen Weingut bereits einen Ruf als Rieslingerzeuger geschaffen. Weitere Schwerpunkte liegen bei Grau- und Weißburgunder und Chardonnay. Die Winzer zeigen ihr Know-how aber auch bei ihren fruchtigen Rotweinen für jeden Tag oder hochwertigen Barriqueweinen aus Spät- und Frühburgunder, Cabernet Sauvignon und Merlot.

Tobias und Svenja Leib

Weingut Walter Strub · Gunther Strub

An der Kirchpforte 10, 55270 Engelstadt, Telefon: 06130/597
www.weingut-strub.de

Seit 26 Jahren führt Gunther Strub erfolgreich das Familienweingut mit 9 ha Rebfläche. Im Februar 2019 wurde die neue Vinothek eröffnet, die bereits zur „Rheinhessen-Ausgezeichnet-Vinothek" prämiert wurde. Dort stehen alle Weine zur Probe bereit. Auch international konnte Gunther Strub im Jahr 2019 punkten. AWC Vienna kürte den rheinhessischen Betrieb zum 3-Sterne-Weingut.

Die neu eröffnete Vinothek

Weingut Zehe-Clauß · Birgit Zehe-Clauß & Marcus Clauß

Rheinhessenstraße 109, 55129 Mainz-Hechtsheim, Telefon: 06131/9728942
www.zehe-clauss.de

Birgit Zehe-Clauß und Marcus Clauß

Das Winzerteam des Weinguts legt bei der Kelterung und dem Weinausbau Wert darauf, dass die Aromenvielfalt der voll ausgereiften Trauben authentisch ins Glas gelangt. Der Önologe Marcus Clauß betreute Qualitätsprojekte an der Weinbauschule in Oppenheim und Birgit Zehe-Clauß ist Winzermeisterin und ehemalige deutsche Weinprinzessin.

Saale-Unstrut

Winzervereinigung Freyburg-Unstrut eG

Querfurter Str. 10, 06632 Freyburg
Telefon: 034464/3060
www.winzervereinigung-freyburg.de

Der Holzfasskeller der Winzervereinigung

Die kleine Freyburger Winzervereinigung von 27 Weinbauern aus dem Jahr 1934 wurde im Verlauf der vergangenen Jahrzehnte zum größten Weinproduzenten der neuen Bundesländer. Das heute umfangreiche Weinsortiment unterteilt man in vier Qualitätsstufen, die sich nach der Herkunft und dem Weinausbau richten: Die Kellermeister Edition steht für das Spitzensegment aus dem Barriquefass, während die Lagenweine Spätlesen mit mehrmonatiger Holzfassreife sind und aus Einzellagen stammen. Es folgen die Weine aus dem „Bereich Schloss Neuenburg" und die Qualitätsweine, die das Basissegment bilden.

Weingut Schulze GmbH

Naumburger Straße 42, 06712 Döschwitz, Telefon: 034425/27326
www.weingut-schulze.de

→ Ausführliches Porträt siehe Kapitel „Bundesehrenpreisträger".

Sachsen

Schloss Wackerbarth

Wackerbarthstraße 1, 01445 Radebeul, Telefon: 0351/89550
www.schloss-wackerbarth.de
→ Ausführliches Porträt siehe Kapitel „Bundesehrenpreisträger".

Sächsische Winzergenossenschaft Meißen eG

Bennoweg 9, 01662 Meißen, Telefon 03521/780970, **www.winzer-meissen.de**
→ Ausführliches Porträt siehe Kapitel „Bundesehrenpreisträger Sekt".

Zur Genossenschaft, gegründet 1938 mit Sitz in einem ehemaligen kurfürstlichen Weingut, gehören 1.500 Winzer. Auf einer Rebfläche von 120 Hektar wird traditioneller Terrassenweinbau betrieben. Das Sortiment ist vielfältig: vom sächsischen Landwein über die Qualitätsweine bis zu Prädikatsweinen aus Einzellagen, wie „Pillnitzer Königlicher Weinberg" und „Radebeuler Goldener Wagen". Kellermeisterin Natalie Weich ist für den Ausbau verantwortlich. In der „WeinErlebnisWelt" finden regelmäßig Verkostungen, Kellerführungen und Veranstaltungen statt.

Vinothek und Gebäude der Winzergenossenschaft (Tradition und Moderne)

Württemberg

Felsengartenkellerei Besigheim eG

Am Felsengarten 1, 74394 Hessigheim
Telefon: 07143/81600
www.felsengartenkellerei.de

Die Önologen der Felsengartenkellerei Besigheim – Thomas Haiber, Sebastian Häußer und Frieder Groß

Die Weinberge, die hier Felsengärten heißen, sind klimatisch begünstigte, terrassierte Steillagen im Neckartal. Auf Muschelkalkböden wachsen typische Württemberger Reben wie Lemberger, Spätburgunder oder Riesling, die zu den Spitzensegmenten der Felsengartenkellerei weiterverarbeitet werden. Diese hochwertigen Weine werden in die trockenen Editionen in TerraS, Fels, Fa(s)szination und Composition eingestuft.

Weingut Birkert GbR

Unterheimbacher Str. 28
74626 Bretzfeld, Telefon: 07946/484
www.weingut-birkert.com

Boris Birkert

Boris Birkert ist Kellermeister aus Leidenschaft. Der Diplom-Ingenieur für Weinbau und Önologie absolvierte Praktika in Südafrika und im Burgund und vertiefte sein Wissen an der University of California in den USA. Heute gehören zwölf Hektar Weinberge zum Weingut. Die Weine aus den bekannten Einzellagen Adolzfurter Schneckenhof und Bretzfelder Goldberg reifen im traditionsreichen Weinkeller aus dem Jahr 1748. Neben den traditionellen Rebsorten hat sich die Winzerfamilie auf bukettreiche Sorten wie Muskateller, Traminer und Bacchus und auf kräftige Rotweine spezialisiert. Dazu gehören auch Merlot und Syrah. Besondere Passion sind die Eigenkreationen Roburis aus dem Barrique und Triequus, eine Cuvée aus drei Rotweinsorten. Darüber hinaus bewirtschaftet die Familie Birkert acht Hektar Obstanlagen, betreibt eine Edelbrennerei und den Weinausschank.

Weingut Karl Busch · Markus Busch

Greuthof 1, 74626 Bretzfeld-Dimbach, Telefon: 07946/2465, **www.karl-busch.com**

Der Württemberger Spitzenwinzer Markus Busch hat sich mit seinen Weinen innerhalb weniger Jahre einen erstklassigen Ruf geschaffen. Daneben hat die Winzerfamilie das historische Bahnhofsgebäude von Bretzfeld wieder belebt und ein schmuckes Hotel mit Restaurant und Vinothek eingerichtet. Das ausgezeichnete Weinangebot aus dem eigenen Gut und regionale Küche mit frisch zubereiteten Qualitätsprodukten aus der Region Hohenlohe machen die Durchreisenden von einst zu Genießern in historischem Ambiente. Markus Busch baut sowohl traditionelle Württemberger Rebsorten, als auch neue Sorten wie Cabernet Dorio oder Dorsa an.

Markus Busch

Weinkonvent Dürrenzimmern eG

Meimsheimer Straße 11, 74336 Brackenheim-Dürrenzimmern, Telefon: 07135/95150
www.weinkonvent-duerrenzimmern.de

→ Ausführliches Porträt siehe Kapitel „Bundesehrenpreisträger“.

Weingut Friedauer · Andreas Friedauer

Riedweg 3, 74177 Bad Friedrichshall, Telefon: 07136/965729, **www.friedauer.de**

Andreas Friedauer konzentriert sich auf die traditionellen roten Württemberger Weine wie Lemberger, Spätburgunder, Trollinger und Schwarzriesling. Dabei stehen der respektvolle und schonende Umgang mit den Ressourcen und der Umwelt im Blickfeld. Die finessenreichen Weine der Premiumlinie stammen aus der Einzellage Kochendorf und dem Neckarsulmer Scheuerberg und tragen eine eigene optische Ausstattung.

Andreas Friedauer

Heuchelberg Weingärtner eG

Neipperger Straße 25
74193 Schwaigern, Telefon: 07138/97020
www.heuchelberg.de

Das Wahrzeichen der Winzerkooperative ist der Turm „Heuchelberger Warte" an der östlichen Kante des Höhenzuges Heuchelberg, der 1483 als Beobachtungsturm erbaut wurde und heute eine herrliche Aussichtsplattform bietet. Die Heuchelberger Weingärtner bewirtschaften hier und in weiteren heimischen Lagen 610 Hektar Rebfläche und stellen regelmäßig gute Weinqualitäten vor.

Die Premium-Weinlinie der Heuchelberg Weingärtner eG

Weingut Katzer

Ochsenbacher Str. 46, 74343 Sachsenheim-Hohenhaslach, Telefon: 07147/272035
www.weingut-katzer.de

Das kleine Weingut (2,8 Hektar) im Naturpark Stromberg wird in zweiter Generation von Manfred Katzer geführt. Der dortige Keuper-Boden ist prädestiniert für Reben mit bukettbetontem Sortencharakter. So hat sich das Weingut besonders für feinfruchtige Weine einen Namen gemacht. In der Weinstube „Wengerthäusle" werden typisch schwäbische Gerichte serviert. Im Sommer schenkt die Familie auf der mediterranen Gartenterrasse nicht nur Weine aus, sondern auch Limoncello – aus eigenen Zitronen und Grapefruits.

Manfred Katzer (links) mit Sohn Holger Katzer

Weingut Kuhnle

Hauptstraße 49, 71384 Weinstadt-Strümpfelbach
Telefon: 07151/61293
www.weingut-kuhnle.de

Familie Kuhnle aus dem Remstal hat sich den roten Rebsorten, allen voran dem Trollinger verschrieben. Geführt wird das Gut von Werner und Margret mit Sohn Daniel, Winzer und Weinbetriebswirt. 25 Hektar Reben wachsen auf teilweise steilen Lagen, wie dem „Strümpfelbacher Nonnenberg" oder dem „Stettener Pulvermächer". Ein neu kreiertes Produkt von Daniel Kuhnle: die Weinperlen. Hoch aromatische Weine werden mit Hilfe von Algenextrakt zu kleinen elastischen Kügelchen und verfeinern so süße und deftige Speisen.

Familie vor dem Haus (v. l.): Daniel, Margret und Werner Kuhnle

Lauffener Weingärtner eG

Im Brühl 48, 74348 Lauffen, Telefon: 07133/1850, **www.lauffener-wein.de**

Die Erhaltung der einzigartigen Kulturlandschaft im Lauffener Neckartal gehört zu den Zielen der Lauffener Weingärtner. Hier in den Steillagen bewirtschaften sie etwa 120 von insgesamt 880 Hektar Rebflächen. Kellermeister Michael Böhm ist verantwortlich für die hohen Qualitätsvorgaben in der Weinbereitung. Die Weingärtner sind Mitglied des Verbandes Ecovin.

Dietrich Rembold (Vorstandsvorsitzender), Marian Kopp (geschäftsführender Vorstand) und Michael Böhm (leitender Kellermeister)

Remstalkellerei eG

Kaiserstraße 13, 71384 Weinstadt, Telefon: 07151/69080, **www.remstalkellerei.de**

→ Ausführliches Porträt siehe Kapitel „Bundesehrenpreisträger Sekt“.

Weingut Sonnenhof

Sonnenhof 2, 71665 Vaihingen-Gündelbach, Telefon: 07042/818880
www.weingutsonnenhof.de

→ Ausführliches Porträt siehe Kapitel „Bundesehrenpreisträger“.

Weinkellerei Wangler

Sportplatzstraße 7
74232 Abstatt
Telefon: 07062/61790
www.wangler-abstatt.de

Neben zahlreichen Weinen aus regionaltypischen, aber auch internationalen Rebsorten gibt es hier eine große Auswahl an hauseigenen Sekten, Edelbränden, Likören, alkoholfreien Perlweinen oder Glühweinen. Die Familie führt das Unternehmen in Abstatt in dritter Generation.

Katja und Heiko Wangler

Privatkellerei Rolf Willy GmbH

Schafhole 26, 74226 Nordheim, Telefon: 07133/95010, **www.rolf-willy.de**

→ Ausführliches Porträt siehe Kapitel „Bundesehrenpreisträger“.

SEKTERZEUGER DES JAHRES 2019 – Bundesehrenpreis in Gold

Wein- & Sektgut Nikolaushof

Ausgezeichnet mit dem
Bundesehrenpreis
in Gold 2019

Ockenheimer Str. 8
55435 Gau-Algesheim
Telefon: 06725/2872
www.weingut-nikolaushof.de

INFO:

Das Wein- und Sektgut Nikolaushof wird heute in der fünften Generation geführt. Der Fokus bei der Traubenproduktion liegt auf Riesling- und Burgundertrauben. Mit der jüngsten Tochter, der Önologin Anika Hattemer-Müller, und ihrem Ehemann Johannes Müller aus dem elterlichen Weingut in Spay, ist die jüngste Generation ein hochqualifiziertes Team.

Anika erhielt 2018 die DLG-Auszeichnung „Jungwinzerin des Jahres“. Sie konzentriert sich ganz auf die Sektproduktion. Betriebsleiter und Winzermeister Klaus Hattemer und seine Frau Anja freuen sich über das Engagement der jungen Generation und arbeiten Hand in Hand mit Tochter Anika. Die gemeinsame Begeisterung für Sekt wird in diesem Jahr mit dem Bundesehrenpreis in Gold ausgezeichnet.

Das 20 Hektar große Familienweingut liegt im malerischen Gau-Algesheim in Rheinhessen. Zum Weingut gehören eine Vinothek und eine Weinstube. In der Weinstube können an bestimmten Öffnungstagen die Köstlichkeiten aus dem Keller mit leckeren Speisen aus der Gutsküche genossen werden. Außerdem gibt es zum Kennenlernen ein Hoffest, Erlebnisweinproben, Brunch-Büffets und zahlreiche weitere Veranstaltungen.

SEKTEMPFEHLUNG: Riesling Sekt trocken

AUSZEICHNUNGEN: DLG-Bundesehrenpreis Sekt Gold 2019,
Anika Hattemer-Müller Jungwinzerin des Jahres 2018,
Falstaff, Zeitschrift Essen und Trinken u. v. m.

◄ *Klaus und Anja Hattemer mit ihrer Tochter Anika Hattemer-Müller*

Bundesehrenpreis in Silber

Sächsische Winzergenossenschaft Meißen eG

Ausgezeichnet mit dem Bundesehrenpreis in Silber 2019

Bennoweg 9
01662 Meißen
Telefon: 03521/780970
www.winzer-meissen.de

INFO: In den geschützten Lagen des Elbtals gedeihen die Grundweine für die „Benno-von-Meißen"-Sektlinie, die aus Chardonnay, Riesling, Weißburgunder, Scheurebe, Traminer oder Morio-Muskat erzeugt werden. In der Disziplin der Schaumweinerzeugung zeigt die Winzergenossenschaft Meißen außerordentliche Leistungen. Kellermeisterin Natalie Weich versteht ihr Handwerk mit Bravour, wenn es gilt, das Traubengut von insgesamt 1.500 Mitgliedsfamilien weiterzuverarbeiten. Rund 145 Hektar Rebfläche bewirtschaften die Mitgliedsbetriebe auf Sachsens Vorzeigelagen wie Seußlitzer Schlossweinberg, Pillnitzer Königlicher Weinberg und Radebeuler Goldener Wagen. Das entspricht einem Drittel der Rebfläche des Weinanbaugebiets Sachsen.

Die Qualitätsspanne für Weine reicht vom unkomplizierten sächsischen Landwein über die sortenreinen Qualitätsweine des Bereichs Meißen bis zu den Prädikatsweinen (Kabinett, Spätlesen, Auslesen, Beerenauslesen und Eisweine), die auf den bedeutendsten Steillagen Sachsens gedeihen.

Ein Markenzeichen mit Wiedererkennungswert ist die Sachsenkeule, die typische Flaschenform der Region, für deren Erhalt sich die Winzer einsetzen. Die Genossenschaft bietet ein interessantes und umfangreiches Veranstaltungsprogramm für Weinfreunde.

SEKTEMPFEHLUNG: „Benno von Meißen" Pinot Blanc (Weißburgunder) extra trocken, Deutscher Sekt aus Flaschengärung

AUSZEICHNUNGEN: DLG-Bundesehrenpreis Sekt Silber 2019

◄ *Kellermeisterin Natalie Weich und Geschäftsführer Lutz Krüger*

RIESLING
SCHWARZRIESLING

Weingärtnergenossenschaft Remstalkellerei eG

Kaiserstraße 13
71384 Weinstadt
Telefon: 07151/69080
www.remstalkellerei.de

Ausgezeichnet mit dem Bundesehrenpreis in Bronze 2019

INFO: Der Weinbau profitiert auch hier in besonderem Maße von der geografischen Lage: Rund 100 Meter höher liegen die Weinberge des Remstal gegenüber dem württembergischen Durchschnitt. Die damit verbundene längere Vegetationszeit bildet eine der Grundlagen für die ausgeprägte Fruchtigkeit der Trauben und den Sortencharakter der Remstaler Weine und Sekte.

Der größte Weinbaubetrieb im Remstal wurde 1940 gegründet. Im Fokus der Kellerei in Weinstadt stehen typische württembergische Rebsorten wie Trollinger, Lemberger, Schwarzriesling, Spätburgunder und Zweigelt, bei den Weißen dominieren Riesling, Müller-Thurgau, Kerner und Grauburgunder. Das Angebot an Sekten ist ebenfalls breitgefächert und kommt mit Muskattrollinger, Muskateller, Chardonnay oder Riesling in farbenfroher Vielfalt ins Glas.

An der Spitze des Sortiments stehen die Edition „Drei Sterne“, die „6 Trauben pro Stock“-Linie und die Barriqueweine.

SEKTEMPFEHLUNG: Riesling Sekt b.A. trocken

AUSZEICHNUNGEN: DLG-Bundesehrenpreis Sekt Bronze 2019, Mundus Vini, Selection, Landesweinprämierung

◀ *Geschäftsführer Peter Jung (links) und Kellermeister Friedhelm Illg*

TOP 10 der besten Sekterzeuger

Mosel

St. Laurentius Sekt GmbH

Laurentiusstraße 4, 54340 Leiwen, Telefon: 06507/3836, **www.st-laurentius-sekt.de**

Heute erzeugt man jährlich rund 80.000 Flaschen St. Laurentius-Sekt ausschließlich nach der Methode der klassischen Flaschengärung. Riesling stellt einen Großteil der Grundweine für die spritzig-frischen Sekte. Klaus Herres, der das Sektgut gemeinsam mit seiner Tochter Nadine und Schwiegersohn Johannes Singer leitet, wird in seiner Arbeit inspiriert von den Winzern aus Le Mesnil-sur-Oger in der Champagne. Die Sekte mit den prägnanten Etiketten des heiligen Laurentius erhalten Auszeichnungen im In- und Ausland.

Klaus Herres mit Enkel Nils, dahinter von links: Gisela Herres, Schwiegersohn Johannes Singer und Tochter Nadine

Pfalz

Wein- & Sektgut Wilhelmshof

Queichstraße 1, 76833 Siebeldingen, Telefon: 06345/919147, **www.wilhelmshof.de**

Die heute quantitativ und qualitativ beachtliche Sektherstellung im Wilhelmshof begann in den 1970er Jahren mit 52 Flaschen pro Jahr, um den Eigenbedarf der Studenten der Önologie Herbert und Christa Roth zu decken. Damals gönnten sich die Pioniere des Winzersekts nach französischem Vorbild an jedem Sonntag eine Flasche Sekt. Während man im Wein- und Sektgut diese sonntägliche Tradition beibehielt, wuchs die Nachfrage weiter und der Familienbetrieb baut inzwischen auf der Hälfte seiner

Rebfläche Riesling, Weiß- und Spätburgundertrauben für Sekte nach der klassischen Flaschengärung an. Aber auch der Begriff des nachhaltigen Arbeitens liegt dem heutigen Senior-Chef Herbert Roth seit langem am Herzen. Der Wilhelmshof zählt heute zu den besten deutschen Sekterzeugern und hat sich auch mit der Erzeugung erlesener Burgunderweine einen Ruf geschaffen.

Barbara Roth und Thorsten Ochocki mit ihren Kindern

Weingut Alfons Ziegler

Jahnstraße 11, 67487 St. Martin, Telefon: 06323/5337, **www.weingut-ziegler.de**

Bukettrebsorten mit ihrem feinfruchtigen Duft und Geschmack haben einen besonderen Charme. Michael Ziegler nutzt diese Sorten neben den Klassikern Riesling, Weiß- und Spätburgunder zur Erzeugung seiner erlesenen Sekte. Im Jahr 1996 hatte der Weinbautechniker das elterliche Weingut in St. Martin übernommen. Da wurden zunächst viele Um- und Anbauten nötig: Ausbau des Fassweinkellers, Aufstockung des Weinguts über vier Etagen, Einbau einer Klimaanlage für die Lagerung der Weißweine und eine neue Abfüllanlage. Sein Ziel als Winzer, Weine von höchster Güte zu erzeugen, hat er in der Zwischenzeit erreicht. Eine besondere Passion des Winzers gilt den körperreichen, gehaltvollen Spätburgundern, die in neuen Barrique-Fässern reifen und dort ihre typische Holznote erhalten.

Michael Ziegler

Winzer eG Herrenberg-Honigsäckel

Weinstraße 12, 67098 Bad Dürkheim-Ungstein, Telefon: 06322/94640
www.wg-ungstein.de

Zehn Winzerfamilien bewirtschaften rund 170 Hektar Rebfläche an den auslaufenden Hängen des Haardtgebirges bei Bad Dürkheim. Insgesamt werden 40 Rebsorten und Cuvées angeboten: von Riesling über Tempranillo bis hin zum Viognier. Als Sekt werden ausschließlich Flaschengärsekte angeboten. Neben dem traditionellen Sekt aus Riesling auch Sauvignon Blanc, eine Pinot Cuvée, Gewürztraminer und Dornfelder. In der Vinothek und im hauseigenen Restaurant „Zum Herrenberg" werden die Weine und Sekte ausgeschenkt.

V. l. n. r.: Gerd Freiermuth (Geschäftsführer), Wolfgang Krapp (Vorstandsvorsitzender), Annemarie Schnell (Aufsichtsratsvorsitzende), Andreas Wolf (Vorstand) und Fritz Walter (Kellermeister)

Rheinhessen

Wein- & Sektgut Nikolaushof

Ockenheimer Straße 8, 55435 Gau-Algesheim, Telefon: 06725/2872
www.weingut-nikolaushof.de

→ Ausführliches Porträt siehe Kapitel „Bundesehrenpreisträger Sekt".

Weingut Acker · Martinushof · Thilo Acker

Gaustraße 79, 55294 Bodenheim, Telefon: 06135/2350, **www.weingut-acker.de**

Mit seinem Feingefühl für Wein verbindet Thilo Acker die Vorteile von moderner Technik und Erfahrung, um den speziellen Charakter seiner Weine und Sekte zu prägen. Insbesondere mit der Sekterzeugung haben sich Thilo und Katharina Acker einen Namen gemacht und bringen Riesling, Chardonnay und ausgefal-

Thilo Acker

lenere Sorten wie Goldmuskateller in erlesenen Qualitäten ins Glas. Die Familie Acker bewirtschaftet in Bodenheim das erfolgreiche Weingut Martinushof, das nach dem Urgroßvater Martin Heerdt benannt wurde. Insgesamt 23 Hektar Weinbergsfläche, die sich auf vier Ortschaften verteilen, werden umweltbewusst nach dem Motto „Wir leben von und mit der Natur“ bearbeitet.

Saale-Unstrut

Winzervereinigung Freyburg-Unstrut eG

Querfurter Straße 10, 06632 Freyburg, Telefon: 034464/3060
www.winzervereinigung-freyburg.de

Im Jahr 1934 schlossen sich 27 Weinbauern zur Winzervereinigung Freyburg zusammen. Mit den Jahren wuchsen sie zum größten Weinproduzenten der neuen Bundesländer und bewirtschaften heute etwa die Hälfte des gesamten Anbaugebietes. Insgesamt arbeiten 400 Winzer zusammen. Winzersekt gehört seit 25 Jahren zum festen Repertoire der Genossenschaft. Der neu gestaltete Verkostungs- und Eventbereich ANISIUM kann für Tagungen, Firmenfeiern oder Hochzeiten gebucht werden.

Der neue Veranstaltungsbereich Anisium

Württemberg

Lauffener Weingärtner eG

Im Brühl 48, 74348 Lauffen, Telefon: 07133/1850, **www.lauffener-wein.de**

Rund 1.200 Mitglieder bewirtschaften eine Rebfläche von ca. 880 Hektar, davon 120 Hektar terrassierte Steillagen. Die Lauffener Weingärtner eG (gegründet 1935) fusionierte mit der WG Mundelsheim (gegründet 1903) im Jahr 2012. Mit der Biowein-Sparte, der Jungwinzer-„Vinitiative“, ihren „Erfolgs-Innovationen“ LESESTOFF und WYNE sowie dem herausragenden Sekt-Sortiment sind die Weingärtner gut für die Zukunft aufgestellt. Gäste können die Weine und Sekte in den Vinotheken Lauffen oder Mundelsheim verkosten.

Privatkellerei Klaus Keicher GmbH

Ohrberg 2, 74235 Erlenbach, Telefon: 07132/951110, **www.klaus-keicher.de**

Die Privatkellerei Keicher im kleinen Weinort Erlenbach ist ein Familienbetrieb in der siebten Generation. Neben der Weinlinie legt die Familie großen Wert auf erstklassige, handgerüttelte Winzersekte mit traditioneller Flaschengärung. Die Sekte erlangten bereits zahlreiche Auszeichnungen. Im Jahr 2019 erhielt die Privatkellerei den DWI-Sonderpreis für die besten Winzersekte im Bereich „Bukettsorten". Bei den DLG-Top 10 der deutschen Sekterzeuger steht sie auf Platz 8.

V. l. n. r.: Elisabeth Keicher, Martin und Janine Keicher

Sekt- und Weinmanufaktur Stengel

Ringstraße 7, 74189 Weinsberg-Gellmersbach, Telefon: 07134/14765
www.wein-und-sektkellerei-stengel.de

Erlesene und aromatische Grundweine aus Muskat-Trollinger, Muskateller oder Traminer sind die Basis für die Sektspezialitäten, mit denen Horst Stengel seit über einem Jahrzehnt zu den TOP 10 der besten Sekthersteller gehört. Der Inhaber und erfahrene Kellermeister begann 1988 feine Sekte nach der traditionellen Methode der Flaschengärung zu erzeugen. Heute kann Horst Stengel auf die Unterstützung seiner Tochter Carolin und Schwiegersohn Wassili bauen. Tipp: Die Wein- und Sektkellerei im malerischen Weinsberg-Gellmersbach verfügt über ein Weinstüble, in dem die Familie selbstgefertigte schwäbische Spezialitäten anbietet.

Familie Stengel im Sektkeller des Hauses

INFO

Die gezielte Förderung des deutschen Winzernachwuchses ist ein besonderes Anliegen der DLG. In insgesamt drei Runden des DLG-Jungwinzerwettbewerbs müssen die jungen Talente ihr Wissen und Können unter Beweis stellen. Im Rahmen der Qualifikationsrunde wird das Fachwissen in den Bereichen Önologie, Wein-Sensorik und internationale Weinwirtschaft in Theorie und Praxis geprüft. In der zweiten Runde wird die Weinqualität im Rahmen der Bundesweinprämierung bewertet. In der Finalrunde stellen sich die besten Teilnehmer schließlich persönlich einer Fach-Jury aus Weinexperten, Dozenten und Önologen, welche die Sieger unter den besten deutschen Weintalenten ermittelt.

Sebastian Erbeldinger (Jungwinzer des Jahres 2019 – 1. Platz)

Weingut Bastianshauser Hof
West 18
67595 Bechtheim-West (Rheinhessen)
Telefon: 6244/4942
www.bastianshauserhof.de

INFO: Fundierte praktische Kenntnisse konnte Sebastian Erbeldinger während seiner dreijährigen Winzerausbildung in den Weingütern Eckehart Gröhl, Weinolsheim (Rheinhessen), Oekonomierat Rebholz, Siebeldingen (Pfalz) und Philipp Kuhn, Laumersheim (Pfalz) sammeln. Seit 2017 studiert er Weinbau und Oenologie an der Hochschule Geisenheim. Während eines fünfwöchigen Praktikums bei Beaumont Family Wines in Südafrika konnte er Einblicke in die Herstellung von Chenin blanc- und Pinotage-Weinen gewinnen. Der Jungwinzer ist Mitglied des „Mainzer Weinsalon“ und bei „Generation Riesling“.

WEINTIPP: **2018 „DUFTMARKE®“ Riesling & Gewürztraminer**

IM GESPRÄCH: **Sebastian Erbeldinger:**
„Wein ist eine wunderschöne Schöpfung der Natur, was mich in der Art der Herstellung und des Genießens schon lange fasziniert. Außerdem hat Wein eine prägende kulturelle und historische Bedeutung in der Weltgeschichte und auch in unserer Familie. Seit 2017 begleite ich die komplette Ernte im elterlichen Weingut. Ich bin als Allrounder sowohl im Keller als auch im Weinberg und im Vertrieb tätig. Mein Augenmerk gilt der spontanen Gärung und dem Einsatz von alten Holzfässern auch für Weißweine. Ich kümmere mich um die Modernisierung des Online-Auftritts und die Entwicklung der Weinlinie Sebastian Erbeldinger.“

Victoria Lergenmüller (Jungwinzerin des Jahres 2019 – 2. Platz)

Weingut St. Annaberg
St.-Anna-Straße 203
76835 Burrweiler (Pfalz)
Telefon: 06345/3258
www.sankt-annaberg.com

INFO: Ein Kennzeichen der heutigen Jungwinzergeneration ist ihre hohe fachliche Qualifikation. Die Önologin Victoria Lergenmüller schloss ihr Studium am Fachbereich Internationale Weinwirtschaft der Hochschule Geisenheim im Jahr 2014 mit dem Bachelor of Science ab. Parallel absolvierte sie im Jahr 2010 ein Auslandspraktikum in Stellenbosch/Südafrika und übernahm noch während des Studiums die Verantwortung für das Weingut St. Annaberg.

Ein weiteres Praktikum führte sie nach Bordeaux, wo sie ihre Ausbildung schließlich mit dem Master (MBA) of Wine Marketing & Management abschloss. Sie ist Mitglied der Vereinigung „Generation Riesling".

Seit sie das Weingut St. Annaberg verantwortet, arbeitet Victoria Lergenmüller an verschiedenen Alleinstellungsmerkmalen des Betriebs. Dazu gehören für die Jungwinzerin die ausschließliche Konzentration auf Riesling, eine biologische Arbeitsweise, spontane Gärung, Tonneaux-Einsatz, ein frisches Etikettendesign, eine eigene Corporate Identity ebenso wie ein eigener Webauftritt.

WEINTIPP: **aktuell: 2018er Burrweiler St. Annaberg „Terrassenlage"**
gereift: 2016er Burrweiler Schäwer

IM GESPRÄCH: **Victoria Lergenmüller:**
„Ich begeistere mich für Wein, weil er ständig im Wandel ist, wie man selbst auch."

Simon Schreiber (Jungwinzer des Jahres 2019 – 3. Platz)

Weingut Schreiber
Johanneshof
65239 Hochheim (Rheingau)
Telefon: 06146/9171
www.weingut-schreiber.de

INFO:

Simon Schreiber setzte bei der Wahl seiner Ausbildungsbetriebe auf renommierte Weinbaubetriebe, prominente Namen und Garanten verlässlicher Weinkompetenz: die Weingüter Schloss Vollrads, Reichsrat von Buhl und das Weingut Laquai. Es folgten ein Auslandspraktikum in Neuseeland und weinpraktisches Lernen und Arbeiten in Oppenheim als Wirtschafter und in Bad Kreuznach als Weinbautechniker.

Seine Begeisterung für den Winzerberuf entwickelte sich aber bereits zuhause im elterlichen Weingut. Die tägliche Abwechslung mit vielfältigen Aufgaben überzeugte ihn.

Simon Schreiber ist Mitglied der regionalen Vereinigung „MainWerk3“ aus dem oberen Rheingau und bei „Generation Riesling“.

WEINTIPP: **Hochheimer Hölle Riesling trocken**

IM GESPRÄCH:

Simon Schreiber:
„Seit meinem Abschluss als Weinbautechniker im Jahr 2015 arbeite ich in Vollzeit im eigenen Betrieb. Die seither umfangreichste Veränderung ist wohl der Neubau unserer Vinothek. Zudem haben wir unsere Weine nach ihrer Herkunft in eine neue Qualitätspyramide eingeteilt und neue Etiketten eingeführt. Zielsetzung dieser Neuerungen ist die regionale Vermarktung unserer Weine im Rhein-Main-Gebiet.“

Reihe oben von links: Katharina Seiß, Caroline Guthier, Anja Antes-Breit
Reihe unten von links: Heike Knapp, Stefanie Keller, Heike Antes

Vinas (Jungwinzervereinigung des Jahres 2019)

Jungwinzerinnengruppe der Bergsträßer Winzer eG
Darmstädter Str. 56, 64646 Heppenheim (Hessische Bergstraße)
Telefon: 06252/79940, **www.bweg.de**

INFO: Die im Jahr 2013 gegründete Gruppierung holte die Auszeichnung beste „Jungwinzervereinigung des Jahres“ zum zweiten Mal an die Hessische Bergstraße. Mittlerweile besteht die Gruppe aus sechs jungen Frauen, die durch ihre ehrenamtliche Mitarbeit als Angestellte oder durch die Mitgliedschaft ihrer Familie mit den Bergsträßer Winzern verbunden sind. Katharina Seiß ist Studentin der Getränketechnologie an der Hochschule Geisenheim und arbeitet zurzeit an ihrer Bachelorarbeit, Anja Antes-Breit und Heike Antes sind Rebveredlerinnen und im Familienbetrieb angestellt, Stefanie Keller arbeitet als Verwaltungsfachangestellte und Standesbeamtin und war Hoheit an der badischen Bergstraße. Heike Knapp absolviert zurzeit ein BWL-Studium und ist Mitglied in der Bergsträßer Winzer eG, während Caroline Guthier in der Eventkoordination und dem Verkauf in der Bergsträßer Winzer eG beschäftigt ist.

„Wir veranstalten mehrere Events in der BGW, um auf uns und unsere Produkte aufmerksam zu machen. Die Veranstaltungen sind von unterschiedlichster Art, ob ein jazziger Nachmittag auf der Dachterrasse des Viniversums oder eine Party auf dem Parkdeck der Vinothek“, erläutert Caroline Guthier. Alle Entscheidungen, die die Weinfachfrauen im Hinblick auf ihre Weinprojekte treffen, sind gemeinsame Sache. Dazu gehören auch die Erstellung des Konzepts, die eigene Gestaltung des Logos und der Etiketten sowie die Entwicklung der Marke Vinas. Für die Weine haben die Winzerinnen festgelegt, dass sie ohne Rebsortenangabe auf dem Etikett auskommen und dass die Weine im halbtrockenen und fruchtigen Geschmacksbereich liegen. Sechs Weine und ein Winzersekt sind das Ergebnis ihrer Zusammenarbeit.

WEINTIPP: Vinas Red Weißwein Qualitätswein feinherb
Vinas Star Blanc de Noir feinherb
Vimas First Weißwein Cuvée feinherb
Vinas Rosé Qualitätswein feinherb

75 cl

TOP 50 Weine & TOP 11 Sekte

TOP 50 Weine & TOP 11 Sekte

Es sind nur 50 Weine und – in diesem Jahr – 11 Sekte, die diese Prüfung bestehen: die Auszeichnung Gold Extra.

Im Weißweinbereich stellen wir die jeweils zehn besten trockenen und fruchtigen Weine vor, die mit den Rebsorten Riesling (21 %) und den Burgundersorten (31%) wie Weiß- und Grauburgunder in der diesjährigen Bundesweinprämierung einen Schwerpunkt bilden. Aber auch die aromatischen Rebsorten wie Gewürztraminer, Scheurebe und Muskateller werden verstärkt im Premiumbereich präsentiert und finden großen Anklang bei den Weinkonsumenten. Hier stellen die deutschen Winzer mit ihren Weinen in rebsortentypischer Aromaausprägung einmal mehr unter Beweis, dass sie dem internationalen Vergleich spielend gewachsen sind.

Was die Rotweine betrifft, dominiert – neben regionalen Sorten wie Schwarzriesling und Lemberger – einmal mehr die edle Spätburgunder-Rebe und stellt 19% der Weine. Aber auch internationale Sorten wie Cabernet Sauvignon, Merlot, Syrah oder Tempranillo zeigen zunehmend Präsenz und sind insbesondere im gehobenen Qualitätsbereich öfter zu finden.

Rund 15 % der zur Bundesweinprämierung angestellten Rot- und Weißweine stammen aus der Lagerung im Barrique-Fass. Auch hier lassen sich ausgezeichnete Essensbegleiter ausmachen.

INFO

Die sensorische Beschreibung der jeweils zehn besten Weine aus den Kategorien trockene und fruchtige Weißweine, trockene Rotweine, Barrique- und im Holzfass gereifte Weine, Edelsüße Weine und die 11 besten Sekte hat ein Team der DLG-Weinprüfungskommission in einer gesonderten Verkostung ausgearbeitet. Insgesamt wurden bei der DLG-Bundesweinprämierung 2019 an vier Prüfterminen über 4.000 Weine und Sekte aus allen deutschen Anbaugebieten geprüft.

Die 10 Spitzenweine Weißwein trocken

2018
Grauburgunder
„Vinum Nobile"
Qualitätswein, Baden
Oberkircher Winzer eG

Glänzendes, intensives Gelb; im Bukett zeigen sich Aromen von gelben Früchten wie Banane und reifer Mirabelle untermalt von würzigen Komponenten; am Gaumen präsentieren sich die würzigen Anklänge erneut, ergänzt von Vanillenoten und von einer melonenartigen Süße; angenehme Länge.

2018
Silvaner
Herxheimer Honigsack, „Chez l'église"
Spätlese, Pfalz
Weingut Pfleger-Karr

Helles Gelb mit grünen Reflexen; feinduftige Noten von heimischen Früchten wie reife Quitte und Apfel mit Anklängen von Lindenblüten; cremig am Gaumen mit einer kompakten Statur; anhaltend fruchtiger Nachhall.

2018
Saphira
Ungsteiner Nußriegel
Spätlese, Pfalz
Weingut Bärenhof · Helmut Bähr & Sohn

Zitronengelb mit grünlichen Reflexen; intensiver Duft nach reifen Früchten wie Banane, Birne, Honigmelone, Mango und Passionsfrucht mit Anklängen von getrockneten Aprikosen; im Geschmack zeigt sich eine herzhafte Säure gepaart mit einer dezenten Fruchtsüße und bleibenden Eindrücken von Orangenschale.

2018
Weißburgunder
Kloster Posaer Klosterberg Zeitz
Auslese, Saale-Unstrut
Weingut Schulze GmbH

Helles Gelb mit grünen Reflexen; im Duft reife Noten nach exotischen gelben Früchten wie Mango, Ananas und Maracuja mit einem Hauch Vanille und Kokosnuss; am Gaumen verleiht die dezente weiche Säure im Zusammenspiel mit zarten Noten von Rosenwasser ein cremiges, facettenreiches Geschmackserlebnis.

2018
Chardonnay
Bechtheimer Chardonnay
Spätlese, Rheinhessen
Weingut Gerold Spies · Inhaber Tobias Leib

Kräftiges Gelb; im Duft ein interessantes Aromenspiel aus gelben Früchten wie Quitte und Aprikose sowie Birne und ein Hauch Vanille; am Gaumen überzeugen eine elegante Säurestruktur und feinwürzige Nuancen; vielschichtiger, cremiger und ausgewogener Nachhall.

2018
Sauvignon Blanc
Weyherer Michelsberg
Qualitätswein, Pfalz
Weingut Graf von Weyher

Helles Gelb mit grünen Reflexen; intensive Fruchtaromen tropischer Früchte wie Maracuja und Mango sowie grüne Paprika und Stachelbeere; getragen von einer belebenden Säure und frischen Fruchtnoten hinterlässt dieser Sauvignon Blanc einen erfrischenden, harmonischen Gesamteindruck.

2018
Weißburgunder
„Vinum Nobile"
Qualitätswein, Baden
Oberkircher Winzer eG

Strohgelb; filigraner Duft nach grünem Apfel, Birne, Stachelbeere und reifen gelben Früchten sowie Nuancen von Kräutern; im Geschmack cremig mit einer ausgewogenen Süße-Säure-Struktur; überzeugt mit einem filigranen und lebendigen Gesamteindruck.

2018
Riesling
Ungsteiner Herrenberg
Spätlese, Pfalz
Weingut Bärenhof · Helmut Bähr & Sohn

Strohgelb mit grünen Reflexen; elegante Fruchtaromen von Grapefruit, grünem Apfel und Limette in Kombination mit einem Hauch Holunder und weißem Tee; am Gaumen harmoniert ein fruchtig-saftiges Süße-Säure-Spiel; animierend im Nachhall.

2018
Weißburgunder
Kirrweiler Mandelberg
Spätlese, Pfalz
Weinhaus Hermann Zöller

Helles Gelb mit grünen Reflexen; feine Duftaromen von Mandarine und Pfirsich gepaart mit Einflüssen von Vanille, Kokos sowie feine Würznuancen; am Gaumen zeigt sich eine zarte Säure sowie ein facettenreich-würziges Aromenspiel; cremiger Nachhall.

2018
Grauburgunder
Grauburgunder
Spätlese, Pfalz
Weinhaus Hermann Zöller

Helles strohgelbes Farbspiel; im Duft beeindruckt die opulente Mischung aus Fruchtaromen nach Honigmelone, Aprikose und Grapefruit im Zusammenspiel mit Holunderblüte und Mandel; die eingebundene Säure und der kräftige Körper werden von einem ausgewogenen Schmelz begleitet und tragen den Wein in ein langes und fruchtbetontes Finale.

Die 10 Spitzenweine Weißwein fruchtig

2018
Muskateller
Britzinger Sonnhole
Kabinett, Baden
Winzergenossenschaft Britzingen Markgräflerland eG

Helles Gelb; floraler Duft von weißen Blüten mit einem Hauch von Zitrusfrüchten; im Geschmack präsentieren sich Aromen von Grapefruit und Litschi; ein filigraner, schlanker und eleganter Gesamteindruck.

2018
Silvaner
Gau-Algesheimer Abtei, Grüner Silvaner
Qualitätswein, Rheinhessen
Weingut Fleischmann

Zartes, helles Gelb; feinduftige Noten von exotischen Aromen wie Ananas und Banane mit heimischen Früchten wie Stachelbeere und Birne; der Geschmack überzeugt durch das harmonische Zusammenspiel von Süße und Säure begleitet von feinwürzigen Nuancen; vielschichtig und langanhaltender Gesamteindruck.

2018
Riesling
Deidesheimer Herrgottsacker
Kabinett, Pfalz
Forster Winzerverein eG

Grüngelbes Farbspiel; im Duft eine verspielte Komposition aus Quitte und Zitrusfrüchten mit kräutrigen und floralen Anklängen; am Gaumen tragen die frische Fruchtsäure und die Aromen reifer Tropenfrüchte wie Ananas und Grapefruit zu einem jugendlichen und lebendigen Gesamteindruck bei; fruchtbetonter Nachhall.

2018
Morio-Muskat
Qualitätswein, Pfalz
Weingut Bärenhof · Helmut Bähr & Sohn

Hellgelb; in der Nase zeigen sich florale Noten von Veilchen und Rosen gepaart mit reifen, gelben Früchten; am Gaumen saftig mit einer dezenten, weichen Säure und einer eleganten Süße; voluminös, lebendig im Nachhall.

2018
Gewürztraminer
Spätlese, Pfalz
Weingut Bärenhof · Helmut Bähr & Sohn

Glänzendes Strohgelb; intensive duftige Noten von Rose, Litschi und Veilchen mit Anklängen von Holunderblüte; am Gaumen zeigen sich Komponenten von Honigmelone und Litschi mit einer intensiven Fruchtsüße, die einen bleibenden Gesamteindruck hinterlässt.

inkl. Weißherbst, Rosé, Blanc de Noir

2018
Spätburgunder
Britzinger Spätburgunder, Weißherbst
Kabinett, Baden
Winzergenossenschaft Britzingen Markgräflerland eG

Zwiebelschalenfarben; filigraner Duft nach reifer Erdbeere und Himbeere mit einer feinen Stachelbeernote; am Gaumen präsentiert sich der Wein mit einer eleganten Süße und dezenten Säure im Zusammenspiel mit feinen Kirscharomen; im Abgang cremig, aber auch spritzig.

2018
Riesling
„WiL MA'n Weirich Wein"
Qualitätswein, Mosel
Weingut Weirich Weine

Helles Gelb mit grünen Reflexen; in der Nase zeigen sich intensive Fruchtaromen nach Ananas, Pfirsich, Maracuja und Honigmelone im Zusammenspiel mit einer zarten Würznuance; am Gaumen beeindrucken die opulente Fruchtsüße und ein feines Säurespiel mit angenehmen Schmelz; langer und fruchtbetonter Nachhall.

2018
Weißburgunder & Chardonnay
„Weiß No.2"
Qualitätswein, Pfalz
Vinification Ludwigshöhe

Strohgelb; vielschichtiges Aromenspiel von Vanille, Mango, Pfirsich, würzigen Kräutern und einem Anflug von Honig und Karamell; am Gaumen spiegeln sich die Duftaromen wider und verleihen dem Wein ein würzig nachhaltiges Finish, das durch eine üppige Fruchtsüße ergänzt wird.

2018
Scheurebe
Endinger Engelsberg
Spätlese, Baden
Weingut Leopold Schätzle

Gelbgrünes Farbspiel; in der Nase elegante Fruchtaromen von Cassis und Maracuja mit Anklängen von Holunderblüte; am Gaumen wiederholt sich die tropische Fruchtaromatik und verleiht dem von Süße und Säure getragenen Wein einen saftigen Gesamteindruck.

2018
Gewürztraminer
Edesheimer Ordensgut
Spätlese, Pfalz
Weinhaus Hermann Zöller

Helles Gelb; im Duft dichtes Aromenspiel aus Grapefruit, Birne, Melone, Veilchen und Kerbel; lebhaft am Gaumen mit milder Säurestruktur und feiner Fruchtsüße hinterlässt der Wein einen erfrischenden Gesamteindruck.

Die 10 Spitzenweine edelsüß

2015
Ortega
Bechtolsheimer Petersberg
Trockenbeerenauslese, Rheinhessen
Weingut Ernst Bretz

Gold mit bernsteinfarbenen Reflexen; im Duft Aromen von reifer Honigmelone und getrockneten, gelben Früchten; die Nuancen von kandiertem Obst spiegeln sich auch am Gaumen wieder, die intensive Melonensüße wird von einer angenehmen Säure komplettiert, dies verleiht dem Wein ein langes, komplexes Finale.

2018
Rieslaner
Wachenheimer Königswingert
Beerenauslese, Pfalz
Vier Jahreszeiten Winzer eG

Goldgelbes Farbspiel; intensiver Duft von exotischen Früchten wie Passionsfrucht und Honigmelone sowie etwas Grapefruit; am Gaumen beeindruckt die elegante Ananassüße gepaart mit einer erfrischenden Fruchtsäure; saftig und komplex im Nachhall.

2018
Rieslaner
Dürkheimer Schenkenböhl
Beerenauslese, Pfalz
Vier Jahreszeiten Winzer eG

Goldgelbes Farbspiel; fruchtige Duftaromen von Maracuja und Honigmelone sowie ein Hauch Grapefruit; im Geschmack harmoniert eine feinfruchtige Ananassüße mit saftiger Fruchtsäure.

2018
Riesling
Edesheimer Rosengarten
Trockenbeerenauslese, Pfalz
Weingut Werner Anselmann

Sattes, stahlendes Goldgelb; vielschichtiger, intensiver Duft nach getrockneten Früchten wie Aprikose und Ananas, Akazienhonig mit Anklängen von Karamell; am Gaumen zeigt sich der Wein facettenreich und komplex mit einer brillanten Komposition aus rosiniger Süße und einer lebendigen, charmanten Säure; ausdrucksstark und charaktervoll.

2018
Solaris
Forster Bischofsgarten
Trockenbeerenauslese, Pfalz
Vier Jahreszeiten Winzer eG

Intensives Goldgelb; komplexe Komposition aus fruchtig-würzigen Noten von getrockneten Früchten wie Pfirsich und Aprikose gepaart mit Rosinen, Honig, Quitte und einem Hauch Karamell; am Gaumen wird die cremige Honigsüße von einer ausgewogenen Säurestruktur getragen; voluminös und dicht im Nachhall.

2018

Riesling

Durbacher Plauelrain, Klingelberger
Auslese, Baden

Durbacher Winzergenossenschaft eG

Goldgelb mit orangenen Reflexen; Bukett reifer, tropischer Früchte wie Ananas, Litschi, Maracuja und Banane; diese konzentrierte Fruchtaromatik findet sich im Geschmack wieder, begleitet von einer markanten Honigsüße und Dörrobstnoten; opulent, dicht und komplex im Gesamteindruck.

2018

Scheurebe

Durbacher Plauelrain, Auslese, Baden

Durbacher Winzergenossenschaft eG

Strahlende goldgelbe Farbe; kräftige, intenisve Noten von Honigmelone, Banane und exotischen Früchten sowie einem Hauch Stachelbeere; der Geschmack erinnert an Honigmelone und Rosinen und wird von einer milden Säurestruktur unterlegt; die prägende Honigsüße verleiht einen fulminanten Nachhall.

2018

Rieslaner

Bechtheimer Geyersberg
Trockenbeerenauslese, Rheinhessen

Weingut Ökonomierat Johann Geil I. Erben

Goldgelb; ein interessantes Aromenspiel aus Zitrone, Pfirsich, Grapefruit und getrockneten Früchten; die natürliche Konzentration findet sich auch im Geschmack wieder mit anhaltender Honigsüße begleitet von einer mineralischen Fruchtsäure; verbleibt lange auf der Zunge und am Gaumen.

2018

Riesling

Hattenheimer Wisselbrunnen
Trockenbeerenauslese, Rheingau

Weingut Georg Müller Stiftung · Peter Winter

Goldenes Gelb; im Bukett überschwängliches Aroma von Trockenfrüchten wie Rosinen und Aprikosen im Zusammenspiel mit Pfirsich und Melone; am Gaumen konzentrieren sich diese Fruchtkomponenten und unterstreichen die elegante Balance von Süße und Säure; opulenter und charmanter Gesamteindruck.

2018

Spätburgunder

Oppenheimer Herrenberg
Rotwein, Trockenbeerenauslese, Rheinhessen

Weingut Manz · Erich & Eric Manz GbR

Burgunderrot; im Duft Aroma von dunklen Früchten wie Johannisbeere und Schwarzkirsche unterlegt von Bitterschokolade und Vanille; die gut eingebundene Gerbstoffstruktur wird von einer opulenten Süße getragen; komplex mit langem Nachhall.

Die 10 Spitzenweine Rotwein trocken

2016
Spätburgunder
Ockenheimer Klosterweg, Blauer Spätburgunder
Qualitätswein, Rheinhessen
Weingut Bungert-Mauer

Dunkles Karminrot; in der Nase zeigen sich Aromen von roten Beeren, feinem Zedernholz und interessanter Würze; die gut eingebundene Gerbstoffstruktur harmoniert nachhaltig mit Anklängen von Vanille und Lorbeer.

2016
Shiraz
Syrah „Vinum Nobile"
Qualitätswein, Baden
Oberkircher Winzer eG

Dunkles Kirschrot mit violetten Reflexen; der Duft erinnert an Röstaromen gepaart mit Noten von Pflaume, Schwarzkirsche und Beerenfrüchte; vollmundiger Geschmack mit markanten Gerbstoffen; langanhaltender Nachhall.

2016
Spätburgunder
Sasbacher Rote Halde, „Edition Orchidea"
Spätlese, Baden
Sasbacher Winzerkeller eG

Ziegelrot; ausgewogenes Aromenspiel aus einem Kompott von Brombeeren und Waldkirschen, gepaart mit Mokkanoten und Schokolade; die Attribute finden sich am Gaumen wieder und komplettieren die kräftige, harmonische Tanninstruktur zu einem nachhaltigen, vielschichtigen Finale.

2018
Saint-Laurent
Edesheimer Ordensgut
Qualitätswein, Pfalz
Weingut Werner Anselmann

Kräftiges Kirschrot mit violetten Reflexen; im Duft intensive Fruchtaromatik von Brombeere und Schwarzkirsche, sowie einem Hauch von Schokolade und Mokka; am Gaumen beeindruckt eine dichte, kräftige Struktur und die gut eingebundenen Tannine; überzeugend durch einen angenehmen, langen Nachhall.

2018
Dornfelder
Qualitätswein, Pfalz
Wein- und Sektkellerei Gebrüder Anselmann GmbH

Schwarzrot mit violetten Ausläufen; im Duft zeigen sich die Aromen von Schwarzkirsche, Brombeere und Heidelbeere sowie eine reizvolle Würze nach Tabak und Kräutern; im Geschmack finden sich die Impressionen von Holunder und Schwarzkirsche begleitet von einem interessanten Gerbstoffeindruck; fruchtbetonter und harmonischer Gesamteindruck.

2016
Cabernet Sauvignon
Edesheimer Ordensgut
Qualitätswein, Pfalz
Weingut Werner Anselmann

Dunkles Kirschrot; dunkle Beerenfrüchte wie Cassis und Heidelbeere gepaart mit den würzigen Noten grüner Paprika; im Geschmack zeigt der Wein eine komplexe Frucht- und Würzaromatik sowie präsente Gerbstoffe; bleibender Gesamteindruck.

2016
Frühburgunder
Bechtolsheimer Petersberg
Qualitätswein, Rheinhessen
Weingut Ernst Bretz

Dunkles Rubinrot; im Bukett finden sich Aromen von Süßkirschen, Walderdbeeren und getrockneten Früchten gepaart mit einem Hauch Vanille; am Gaumen zeigt er sich ausgewogen mit einer gut eingebundenen Gerbstoffstruktur; angenehm langer Nachhall.

2018
Schwarzriesling
Dürkheimer Feuerberg
Qualitätswein, Pfalz
Vier Jahreszeiten Winzer eG

Strahlendes Rubinrot mit violetten Reflexen; im Bukett zeigen sich intensiv beerige Aromen wie Erdbeeren, Himbeeren und Waldbeeren; die angenehme Fruchtigkeit spiegelt sich auch am Gaumen wider und untermalt die samtige Struktur; reifes Tanningerüst.

2017
Cabernet Sauvignon
Qualitätswein, Pfalz
Vier Jahreszeiten Winzer eG

Intensives Rubinrot; im Duft reife Aromen von Brombeere und Holunder gepaart mit vegetativen Nuancen von Paprika und frisch geschnittenem Gras, dezente Röstaromatik; im Geschmack komplex mit einer betonten Gerbstoffstruktur; langer Nachhall.

2018
Lemberger
Nordheimer Heuchelberg
Kabinett, Württemberg
Privatkellerei Rolf Willy GmbH

Dunkles Rubinrot mit violetten Reflexen; im Duft eine intensive Fruchtaromatik von Brombeere, Schwarzkirsche, Johannisbeere und Holunder gepaart mit Anklängen von Schokolade und Vanille; im Geschmack sehr saftig und rund mit einer seidigen Gerbstoffstruktur; charmanter Nachhall.

Die 10 Spitzenweine Barrique im Fass gereift trocken

2015
Cabernet Sauvignon
„Divinus“
Rotwein, Qualitätswein, Württemberg
Weinkonvent Dürrenzimmern eG

Dunkles Karminrot mit schwarzem Kern; der Wein duftet nach reifen fruchtigen Noten wie Johannisbeere und Waldbeere ergänzt durch Paprika und würzigen Anklängen von Tabak und Mokka; am Gaumen beeindruckt das Zusammenspiel von feinen Frucht- und Würznoten sowie die komplexe und fein eingebundene Gerbstoffstruktur; charmanter, opulenter Nachhall.

2016
Spätburgunder
Durbacher Bienengarten
Rotwein, Auslese, Baden
Schwarzwaldweingut Andreas Männle · Alfred & Thomas Männle

Dunkles Karminrot; elegante Duftnoten von Brombeeren, Wacholderbeeren und filigrane Mokkanoten, die sich im kräftigen Geschmack wiederfinden; voluminöser und opulenter Gesamteindruck mit langem Nachhall.

2015
Shiraz
Zeller Abtsberg, Syrah „Premium SL“
Rotwein, Qualitätswein, Baden
Weinmanufaktur Gengenbach-Offenburg eG

Tiefdunkles Granatrot mit violetten Reflexen; Aromen von Brombeere, Pflaume und Cassis, Röstaromen wie Mokka und Schokolade sowie würzige Komponenten wie Pfeffer, Nelke und Chili; im Geschmack präsentiert sich eine gut eingebundene Gerbstoffstruktur bei hoher Komplexität; langer, angenehmer Nachhall.

Cuvée Rotwein
„Erzabt Wolfgang“
Qualitätswein, Rheinhessen
Klosterweingut Jakobsberg · Missionsbenediktiner der Erzabtei St. Ottilien

Tiefdunkles Rot mit violetten Reflexen; im Aroma zeigen sich Paprika, Schokolade und Mokka mit leichten Anklängen von Tabak; der Wein hat eine angenehme Länge und präsentiert sich kräftig mit betonter Gerbstoffstruktur.

2016
Portugieser
„Divinus“
Rotwein, Qualitätswein, Württemberg
Weinkonvent Dürrenzimmern eG

Dunkles Rubinrot mit schwarzem Kern; intensives Bukett von Brombeere, Schwarzkirsche und Waldbeere begleitet von dunkler Schokolade sowie feinen Tabak- und Mokkanoten; am Gaumen beeindruckt eine komplexe, reife Tanninstruktur gepaart mit rauchig-würziger Röstaromatik und feinen Vanilleanklängen; bleibender, voluminöser Gesamteindruck.

2016

Cabernet Sauvignon

„Divinus“
Rotwein, Qualitätswein, Württemberg

Weinkonvent Dürrenzimmern eG

Dunkles Rubinrot; im Bukett präsentieren sich Aromen von Wald- und Brombeeren gepaart mit Mokka- und Vanillenoten sowie Anklänge von grüner Paprika; am Gaumen eine vollmundige Frucht mit einer gut eingebundenen Gerbstoffstruktur; vielschichtiger, langer Nachhall.

2018

Gewürztraminer

Weißwein, Qualitätswein, Baden

Alde Gott Winzer Schwarzwald eG

Helles Gelb mit goldenen Reflexen; intensiver floraler Duft nach Rosen und Holunderblüten gepaart mit fruchtigen Nuancen von Cassis und reifer Ananas; am Gaumen milde Säurestruktur, die von einer pikanten Ananassüße umspielt wird; komplexer Gesamteindruck.

2016

Spätburgunder

Nordheimer Heuchelberg, „Nummer Eins“
Rotwein, Qualitätswein, Württemberg

Privatkellerei Rolf Willy GmbH

Tiefdunkles Rubinrot; in der Nase vielschichtige Aromen von Brombeere, Schwarzkirsche und Vanille; am Gaumen weiches, rundes Tannin eingebettet in einen komplexen, strukturreichen Körper; langer Nachhall.

2017

Spätburgunder

Nordheimer Heuchelberg, „Nummer Eins“
Rotwein, Qualitätswein, Württemberg

Privatkellerei Rolf Willy GmbH

Dunkles Kirschrot; feinduftige Fruchtaromen von Kirsche, Brombeere, Heidelbeere und Pflaume gepaart mit einer zarten Vanille-Schoko-Note; am Gaumen präsentiert sich der Wein samtig und weich bei einem angenehm langen Nachhall.

2017

Lemberger

Nordheimer Heuchelberg, „Nummer Eins“
Rotwein, Qualitätswein, Württemberg

Privatkellerei Rolf Willy GmbH

Tiefdunkles Kirschrot; in der Nase eröffnet sich ein vielfältiges Aromenspektrum von Kirsche, Brombeere und Holunder gepaart mit Komponenten von Vanille, Tabak und dunkler Schokolade; die komplexe Struktur dieses voluminösen Weines wird umhüllt von einem dichten, samtigen Tanninkleid, am Gaumen finden sich auch die intensiven Fruchteindrücke wieder; das Finale ist lang anhaltend und wärmend.

Die Top 11 Sekte

2015
Riesling
Riesling Crémant, brut, Mosel
Weingut & Sektgut Rauen

Grüngelbes Farbspiel; Bukett von Apfel und Pfirsich im Zusammenspiel mit den Eindrücken von Wiesenkräutern und Anklängen von Feuerstein; am Gaumen finden sich Aprikosen und Grapefruit verbunden mit dem frischen Säureeindruck und einer feinen Perlage; frischer und betonter Nachhall.

2017
Riesling
Gau-Algesheimer Goldberg
Weißsekt trocken, Rheinhessen
Wein- & Sektgut Nikolaushof

Hellgelbe Farbnuancen; Duftnoten von Pfirsich, Aprikose und grünem Apfel begleitet von floralen Anklängen; im Geschmack die harmonische Komposition aus zartem Schmelz, eleganter Säure und feinen Fruchtnuancen; vielschichtiger und fruchtbetonter Nachhall.

2016
Riesling
Weißsekt brut, Mosel
St. Laurentius Sekt GmbH

Grüngelbes Farbspiel; in der Nase zeigen sich frische Noten von Pfirsich und Apfel im Zusammenspiel mit floralen Anklängen; am Gaumen setzt sich dieser Eindruck fort und wird von einer eleganten Säure begleitet; die feine Perlage verleiht einen angenehmen Nachhall.

2017
Muskat-Trollinger
Rosésekt trocken, Württemberg
Sekt- und Weinmanufaktur Stengel

Leuchtende lachsfarbene Töne; in der Nase präsentiert sich eine Komposition reifer Fruchtaromen wie Litschi und rote Beeren im Zusammenspiel mit vielseitigen Würznoten, die sich am Gaumen noch deutlicher konzentrieren und von einer frischen Säure unterstrichen werden; lebendiger Gesamteindruck mit cremiger Mousseux.

2016
Spätburgunder
Rotsekt trocken, Baden
Winzergenossenschaft Britzingen Markgräflerland eG

Dunkles Rubinrot; im Duft Aromen von Schwarzkirsche und Holunder im Zusammenspiel mit einer filigranen Kräuterwürze; am Gaumen harmonieren die ausgeprägten Fruchtnoten mit den dezenten Gerbstoffen und der ausgewogenen Säurestruktur; vielschichtiger Nachhall.

2017
Lemberger
Hohenhaslacher Kirchberg, „Goldener Tropfen"
Rotsekt trocken, Württemberg
Weingut Katzer

Intensives Rubinrot; Duftnoten von reifen dunklen Beeren sowie Anklänge von Pflaumen und eine zarte Pfeffernuance; am Gaumen werden die Aromen von Schwarzkirsche und Brombeere von einem zarten Gerbstoff und einer dezenten Säurestruktur unterstützt; vielschichtiger Nachhall

2017
Pinot
Pinot Crémant, Weißsekt brut, Pfalz
Bioland Weingut Neuspergerhof · Hans & Jochen Gradolph GbR

Leuchtendes Goldgelb; im Bukett eine Komposition aus Apfel, reifer Birne und Ananas gepaart mit nussigen und floralen Eindrücken; am Gaumen zarte Fruchtprägung bei gut ausbalancierter Säurestruktur; angenehm weicher Nachhall.

2017
Scheurebe
Weißsekt brut, Baden
Winzergenossenschaft Rammersweier eG

Zartes Gelb mit grünen Reflexen; im Bukett das Zusammenspiel von weißer Johannisbeere, Stachelbeere und Quitte mit vegetativen Einflüssen; am Gaumen harmoniert der frische Säureeindruck mit der feinen Fruchtprägung und den Würznuancen; jugendlich frischer Gesamteindruck.

2016
Muskateller
Gelber Muskateller, Weißsekt brut, Franken
Familienweingut Braun · Heike und Thomas Braun

Grüngelbes Farbspiel; Duftnoten von weißer Johannisbeere und Pfirsich im Zusammenspiel mit floralen Anklängen und einer Muskatnote; der Geschmack überzeugt durch exotische Tropenfrüchte wie Ananas und Grapefruit begleitet von einem zarten Säurespiel; aromatischer und feinfruchtiger Nachhall.

2016
Chardonnay
Gau-Algesheimer Johannisberg
Weißsekt extra trocken, Rheinhessen
Wein- & Sektgut Nikolaushof · Klaus Hattemer

Helles Grüngelb; im Duft finden sich Zitrusaromen sowie nussige Nuancen und ein Hauch von grünem Apfel; im Geschmack zeigt sich ein harmonisches Süße-Säure-Spiel und eine cremige Textur ergänzt durch eine langanhaltende Perlage.

2017
Muskateller
Weißsekt trocken, Württemberg
Sekt- und Weinmanufaktur Stengel

Grüngelbes Farbspiel; Bukett mit intensiven Aromen reifer Stachel- und Johannisbeere im Zusammenspiel mit einer zarten floralen Prägung von Veilchen und Rosen; im Geschmack beeindruckt die elegante Fruchtnote, die harmoniert mit einer filigranen Muskatwürze; frischer und lebendiger Nachhall.

Beste Kollektionen – Ein Gewinn für Küche & Weinkeller

Mit Spannung erwartet: die besten Kollektionen der aktuellen Jahrgänge! Insgesamt wurden sieben Preise in folgenden Kategorien ausgelobt: Weißwein trocken und fruchtig, Rotwein trocken, Weine im Barrique und Fass gereift, edelsüße Spezialitäten und zwei Sektkollektionen, brut und fruchtig. In diesem Jahr gingen vier Preise in das Anbaugebiet Baden, zwei Preise nach Rheinhessen und einer nach Württemberg.

Die Auswahl „Beste Kollektionen" sind ein zusätzlicher Service der DLG, um Konsumenten den Einkauf zu erleichtern – mit Berücksichtigung von Weinart, Qualitätsstufe und Geschmacksrichtung. Im Interview erzählen und erklären die Winzerinnen und Winzer selbst ihre Geschichten hinter den Weinen und geben köstliche Tipps zur Kombination von Wein und Speise.

Beste Kollektion Weißwein trocken

Seit 1456 betreibt die Familie Männle Weinbau in Durbach im Schwarzwald. Heinrich Männle führt den Betrieb seit 1956. Auf 6,5 Hektar Rebfläche gedeihen vor allem die Burgunder: Spät-, Grau-, Weißburgunder und Chardonnay. Aber auch Klingelberger (Riesling), Scheurebe, Traminer, Gewürztraminer, Cabernet und Merlot. Außerdem pflegt die Familie die Tradition des Obstanbaus: Kirsche und Williamsbirne für feinste Schwarzwälder Edelbrände. Die Vermarktung der Weine und Brände erfolgt fast vollständig ab Hof. Gäste können in den drei Ferienwohnungen übernachten (von der DLG „Ferien auf dem Weingut" mit 5 Sternen ausgezeichnet). Weingut Männle beliefert auch die Spitzengastronomie oder versendet an internationale Kunden, wie die Botschaft in Brasilien.

BESTE KOLLEKTION WEISSWEIN TROCKEN

Weingut Heinrich Männle

Sendelbach 16, 77770 Durbach, Baden, Telefon: +49781/41101, www.weingutmaennle.de

2017	Durbacher Plauelrain, Grauburgunder „Fass 16"	Spätlese
2017	Durbacher Kochberg, Grauburgunder	Spätlese
2017	Durbacher Kochberg, Scheurebe	Spätlese
2017	Durbacher Kochberg, Weißburgunder „Fass 22"	Spätlese
2017	Durbacher Ölberg, Gewürztraminer	Spätlese

Im Gespräch: Heinrich Männle, Kellermeister, Betriebsleiter & Inhaber

Sie haben klare Vorstellungen bezüglich Weinberg, Ausbau und Abfüllung der Weine. Würden Sie uns davon erzählen?

Ich betreibe seit Anfang der 50er Jahre einen umweltschonenden Weinbau in unseren klassischen Steilhängen, d.h. ich pflege flächendeckende natürliche Begrünung, um Humus aufzubauen und Erosion zu verhindern. Die Weine werden fast ausschließlich – die Rotweine zu 100 Prozent, aber auch die meisten Weißweine – im traditionellen Holzfass gelagert und ausgebaut. Die Fässer werden nummeriert und die Weine auf dem Etikett auch dementsprechend gekennzeichnet. So kann der Kunde nachvollziehen, dass die einzelnen Sorten fast immer im gleichen Holzfass ausgebaut werden. Alle, auch die Weißweine, verschließe ich nach wie vor mit Naturkork. Ich weiß, dass dies nicht mehr im Trend liegt, aber für mich ist der einzige Verschluss ein wertiger Kork. Für die hochwertigen Weine im Holzfass sorgt der Kork nach der Abfüllung für die Weiterentwicklung und Nachreifung in der Flasche.

Was ist ihr liebster Weißwein aus der Kollektion und welches Gericht würden Sie dazu empfehlen?

Der „Weißburgunder Spätlese trocken". Der Wein zeigt eine sehr zarte, feine Fruchtsäure und angenehme Aromen, die an reifen Apfel oder Quitte erinnern. Ich empfehle ihn zu weißem Fleisch, Fisch und er ist perfekt zur Spargelzeit. Der Grauburgunder und der Chardonnay sind etwas kräftiger, entsprechen diesen Wünschen und Vorstellungen aber ebenso.

Beste Kollektion Weißwein fruchtig

Das Kaiserstühler Winzerverein Oberrotweil hat im vergangenen Jahr die „Beste Kollektion Edelsüß" gestellt. Nun die „Beste Kollektion Weißwein fruchtig". Der Winzerverein wurde 1935 von 66 couragierten Gründern ins Leben gerufen. Bei besten klimatischen Bedingungen bauen heute 120 Winzerfamilien, davon 30 im Vollerwerb und 90 im Nebenerwerb, hauptsächlich Burgundersorten in den Spitzenlagen „Käsleberg" und „Henkenberg" an. Der Winzerverein bietet Weinproben und Weinwanderungen an.

BESTE KOLLEKTION WEISSWEIN FRUCHTIG

Kaiserstühler Winzerverein Oberrotweil eG

Bahnhofstr. 31, 79235 Vogtsburg-Oberrotweil, Baden, Telefon: +497662/93200
www.Winzerverein-Oberrotweil.de

2018	Oberrotweiler Käsleberg, Gewürztraminer	Kabinett
2018	Oberrotweiler Muskateller	Qualitätswein
2018	Oberrotweiler Käsleberg, Müller Thurgau	Spätlese
2018	Oberrotweiler Henkenberg, Gewürztraminer	Spätlese
2018	Oberrotweiler Käsleberg, Gewürztraminer	Kabinett
2017	Oberrotweiler Käsleberg, Gewürztraminer	Kabinett
2017	Oberrotweiler Henkenberg, Gewürztraminer	Spätlese
2018	Oberrotweiler Henkenberg, Ruländer	Spätlese

Im Gespräch: Leopold Laible, Kellermeister

Ihre Weine gedeihen in den Lagen „Käsleberg" und „Henkenberg". Wie unterscheiden sich die beiden Lagen?

Der „Henkenberg" mit seinen tiefen, dunklen Vulkanverwitterungsböden bietet beste Voraussetzungen für den Spätburgunder – als Rotwein wie auch als Weißherbst – und für den Ruländer. Für diese Sorten genießt der Winzerverein Oberrotweil einen glänzenden Ruf. Im „Käsleberg" mit seinen Löss- und Lehmböden dominieren neben dem Müller-Thurgau insbesondere der Graue und Weiße Burgunder sowie der Silvaner und der Gewürztraminer. In der „Besten Kollektion Weißwein fruchtig" befinden sich fünf Gewürztraminer.

Bitte wählen Sie einen Wein aus der Kollektion aus und kombinieren Sie ein Gericht dazu.

Zum Gewürztraminer passt eigentlich immer ein Blauschimmelkäse. Das ist bekannt. Deshalb wähle ich nun den Muskateller Qualitätswein fruchtig. Da der Muskateller aufgrund seines Duftes und Aromas einen kräftigen Eigengeschmack hat, passt dieser Wein nicht immer zum Essen. Die Leute tun sich schwer mit der richtigen Kombination. Deshalb mein Insider-Tipp: Wählen Sie zu diesem Wein einen frisch gebackenen Speckgugelhupf mit Kaiserstühler Walnüssen!

Beste Kollektion Rotwein trocken

Das rheinhessische Weingut Bungert-Mauer in Ockenheim hat drei „Beste Kollektionen" hintereinander gestellt: 2017 Weißweine trocken, 2018 Weißweine fruchtig und nun 2019 Rotweine trocken. Weinbautechniker Matthias Bungert arbeitet unbestritten am perfekten Schliff für hohe Weinkunst – sowohl bei Rot- als auch bei Weißweinen. Die Familie freut sich über die vielen Gratulationen seitens der Kunden und berichtet: „Ein Erfolg bei den Kollektionen scheint für den Kunden sehr transparent zu sein. Es wird noch wertiger wahrgenommen als ein Bundesehrenpreis." Die Weinbergslagen von Bungert-Mauer befinden sich rund um den St. Jakobsberg mit Böden aus Muschelkalk, Ton oder sandigem Löss-Lehm.

BESTE KOLLEKTION ROTWEIN TROCKEN

Weingut Bungert-Mauer

Bergstr. 24, 55437 Ockenheim, Rheinhessen, Telefon: +496725/2616, www.bungert-mauer.de

2016	Ockenheimer Klosterweg, Blauer Spätburgunder	Qualitätswein
2015	Ockenheimer Blauer Spätburgunder	Qualitätswein
2015	Ockenheimer Kreuz, Blauer Portugieser	Qualitätswein
2016	Ockenheimer Dornfelder	Qualitätswein
2016	Ockenheimer Regent	Qualitätswein

Im Gespräch: Matthias Bungert, Betriebsleiter

Spätburgunder, Portugieser, Regent, Dornfelder. Wie würden Sie die Weincharaktere einem Weineinsteiger erklären? Welcher Wein hat typischerweise welches Profil?

Der Portugieser stellt den unkomplizierten regionaltypischen Allrounder dar, der durch seine leichte Art und seine rubinrote Farbe zu allen Speisen gereicht werden kann. Der Spätburgunder ist der bedeutend Anspruchsvollere, der durch seine typischen Waldbeeraromen und seine teilweise sehr kräftige Tanninnote ein idealer Begleiter zu gehobenen Speisen ist, wie z.B. Wildgerichten. Dornfelder und Regent bewegen sich im Bereich der internationalen Rotweinstilistik und überzeugen durch ihr intensives violett- bis schwarzrotes Farbspiel. Wobei der Dornfelder von seiner Aromastilistik eher an vollreife Kirschen erinnert und der Regent an Pflaumen, Trockenfrüchte und exotische Gewürze. Alle unsere Rotweine werden für mindestens ein Jahr, eher länger, in großen Holzfässern und mehrfach belegten Barriques so lange gelagert, bis sie ihren optimalen Reifezeitpunkt erreicht haben. Auch bei den Rotweinen achte ich auf absolute Rebsortentypizität, die durch den Holzeinfluss nicht verloren gehen darf.

Bitte wählen Sie einen Wein aus der Kollektion aus und kombinieren Sie ein Gericht dazu.

Ich wähle den 2016 Ockenheimer Klosterweg Blauer Spätburgunder Rotwein trocken, prämiert mit DLG Gold Extra. Die DLG-Weinexpertise beschreibt vorbildlich diesen Wein: dunkles Kaminrot; in der Nase zeigen sich Aromen von roten Beeren, feinem Zedernholz und interessanter Würze; die gut eingebundene Gerbstoffstruktur harmoniert nachhaltig mit Anklängen von Vanille und Lorbeer. Chefkoch Martin Holler vom Restaurant „Elder" in Gau-Algesheim hat zu diesem Wein im Rahmen eines 7-Gang Gänsemenüs folgendes kombiniert: Gefüllte Gänsebrust mit Apfel-Minz-Rotkraut und Maronen-Kartoffelklöße. Das passt perfekt!

Beste Kollektion Barrique / im Fass gereift trocken

Die Weinberge von Familie Bretz aus Bechtolsheim befinden sich vor allem am Petersberg, mit 264 Höhenmetern kein Riese, aber doch eine der höchsten rheinhessischen Erhebungen. Hier, auf kalkhaltigen Böden, betreibt Familie Bretz Weinbau seit 1721 und wird heute in der neunten Generation von Horst, Heike und Harald Bretz geführt.

Die Scheune wurde zu einer modernen und charmanten Vinothek umgebaut, die Probierstube befindet sich im ehemaligen Stall aus dem Jahr 1721 – die eleganten Gewölbe werden heute „Kuhkapelle" genannt. Die nächste Generation, Tochter Victoria, ist bereits in den Betrieb eingestiegen. Sie übernimmt ein florierendes Weingut: Mittlerweile werden die Weine in 16 Länder exportiert.

BESTE KOLLEKTION BARRIQUE / IM FASS GEREIFT TROCKEN

Weingut Ernst Bretz

Langgasse 35, 55234 Bechtolsheim, Rheinhessen, Telefon: +496733/356, www.weingutbretz.de

2015	Bechtolsheimer Petersberg, Regent, Rotwein	Qualitätswein
2015	Bechtolsheimer Petersberg, St. Laurent, Rotwein	Qualitätswein
2014	Bechtolsheimer Petersberg, Cabernet Sauvignon & Merlot, Rotwein	Qualitätswein
2014	Bechtolsheimer Petersberg, Cabernet Sauvignon & Merlot, Rotwein	Qualitätswein
2015	Bechtolsheimer Petersberg, Regent, Rotwein	Qualitätswein
2015	Bechtolsheimer Petersberg, Cabernet Sauvignon & Merlot, Rotwein	Qualitätswein
2015	Bechtolsheimer Petersberg, St. Laurent, Rotwein	Qualitätswein
2015	Bechtolsheimer Petersberg, Regent, Rotwein	Qualitätswein
2015	Bechtolsheimer Petersberg, Regent, Rotwein	Qualitätswein
2016	Bechtolsheimer Petersberg, Chardonnay, Weißwein	Qualitätswein
2016	Dornfelder, Rotwein	Qualitätswein
2016	Bechtolsheimer Petersberg, Chardonnay, Weißwein	Qualitätswein
2016	Bechtolsheimer Petersberg, St. Laurent, Rotwein	Qualitätswein

Im Gespräch: Horst Bretz, Inhaber und Betriebsleiter

Wein mit Holz-Anklängen. Wie wichtig ist dieser Zweig für Ihr Weingut? Und welche Arten von Fässern verwenden Sie?

Wir haben mittlerweile über 600 Barriques, Tonneaux und Stückfässer. Größtenteils lagern wir die Weine nach der Gärung im Edelstahltank, dann in Holzfässern zum Reifen. Seit einiger Zeit experimentieren wir nun auch mit der Gärung in Holzfässern. Victoria lernte hier viel während ihren zwei Praktika bei Niepoort in Portugal und im Weingut von Winning in der Pfalz. Die Barriquefässer sind zum Großteil aus französischer Eiche. Ab und zu spielen wir aber auch gerne mit ein paar Fässern, die aus deutscher, portugiesischer oder amerikanischer Eiche hergestellt sind. Wir versuchen immer sehr darauf zu achten, einen harmonischen Holzeinfluss zu erzielen, ohne den Wein zu überdecken. Dazu verwenden wir vornehmlich Fässer mit mittlerer Toastung. Außerdem kaufen wir jedes Jahr neue Fässer ein, wodurch der Anteil an erst-, zweit- und drittbelegten Fässer immer ausgewogen ist. Für die Weißweine im Barrique nehmen wir meistens ältere Fässer, mit einer speziellen, für Weißwein geeigneten Toastung.

Welche Familienmitglieder trinken welchen Wein aus der Kollektion am liebsten? Und zu welcher Speise?

Horst: Ich schwärme für unseren Cabernet Sauvignon & Merlot aus dem Barrique. Gerade im Winter ist er ein idealer Begleiter zu schweren Gerichten. Ich kombiniere ihn am liebsten zu Rehbraten mit Kartoffelklößen und Rotkraut.
Victoria: Für meinen Geschmack darf es gerne mal ein schöner Weißwein aus dem Holz sein. Gerade experimentieren wir verstärkt damit im Keller, beispielsweise auch mit Riesling. Mein jetziger Favorit ist aber der Chardonnay aus dem Barrique. Dieser lässt sich ideal zu einer schönen Käseplatte kombinieren – ein Traum!
Harald: Ich mag unsere Spätburgunder Réserve trocken, die auch in Holzfässern ausgebaut sind. Der Geschmack von roten Beeren gepaart mit Röst- und Schokoladenaromen ist ein idealer Begleiter für eine Vielzahl von winterlichen Gerichten. Am liebsten trinke ich ihn zu Ente mit Orangensoße.

Beste Kollektion Edelsüß

Die Edelsüß-Experten: Bereits zum fünften Mal erhielt die Durbacher Winzergenossenschaft die Auszeichnung „Beste Kollektion Edelsüß". Die Winzergenossenschaft besteht seit über 90 Jahren, eine Gemeinschaft mit aktuell 231 Winzerfamilien, davon über 80 Vollerwerbswinzer, die ca. 75 % der Rebfläche bewirtschaften, plus 151 Fami-

BESTE KOLLEKTION EDELSÜSS

Durbacher Winzergenossenschaft eG

Nachtweide 2, 77770 Durbach, Baden, Telefon: +49781/936612, www.durbacher.de

2018	Durbacher Plauelrain, Klingelberger, Weißwein	Auslese
2018	Durbacher Plauelrain, Scheurebe, Weißwein	Auslese
2018	Durbacher Steinberg, Gewürztraminer, Weißwein	Auslese
2017	Durbacher Steinberg, Clevner, Weißwein	Auslese
2018	Durbacher Steinberg, Scheurebe, Weißwein	Beerenauslese
2018	Durbacher Steinberg, Clevner, Weißwein	Auslese
2018	Durbacher Kochberg, Spätburgunder, Weißherbst	Auslese

lien im Nebenerwerb. Das Durbachtal weist eine Gesamt-Rebfläche von 450 Hektar auf, die Winzer der Genossenschaft bewirtschaften davon 330 Hektar. Fast die Hälfte, 144 Hektar, entfallen allein auf den Spätburgunder. Riesling steht mit 95 Hektar auf Platz Zwei. Drei Viertel der Weinberge gelten als Steillage mit vorwiegend Granitverwitterungsböden: Kochberg, Steinberg, Plauelrain und Ölberg. Die Weine können in der hauseigenen Vinothek verkostet werden.

Im Gespräch: Rüdiger Nilles, Erster Kellermeister

Auslesen, Beerenauslesen und Eiswein werden sehr spät im Jahr gelesen. Gewähren Sie uns einen Einblick in Oechslegrade und Lesezeitpunkt der Kollektion?

Die Bukettrebsorten Scheurebe, Gewürztraminer und Traminer eignen sich im besonderen Maße für den edelsüßen Ausbau. Viel Erfahrung und Geduld, ganz besonders im Umgang mit edelsüßen Trauben in Kombination mit unseren Steillagen und der Bodenstruktur, lassen Jahr für Jahr besondere Qualitäten im Edelsüßsegment heranwachsen. Die Weine der Kollektion wurden von September bis Dezember gelesen. Der späteste Lesezeitpunkt lag kurz vor Weihnachten, am 18.12.2018: Wir lasen damals die „2018er Durbacher Plauelrain Scheurebe Auslese" mit 113° Oechsle, die „2018er Durbacher Plauelrain Klingelberger Auslese" mit 115° Oechsle und die „2018er Durbacher Steinberg Scheurebe Beerenauslese" mit hervorragenden 140° Oechsle. Und stimmt, in der Kollektion befindet sich kein Eiswein. Aufgrund der Klimaveränderung wird dieses Segment für alle deutschen Winzer in Zukunft immer schwieriger werden.

Was ist der bei Ihren Kunden beliebteste Wein in der Kollektion. Welche Speise würden Sie dazu empfehlen?

Das ist die „2018er Durbacher Scheurebe Auslese". Sie eignet sich zum Sorbet, zu Panna Cotta mit exotischen Früchten und zu mildem Käse.

Beste Kollektion Sekt brut

Die Lauffener Weingärtner sind eine vielfach prämierte Württembergische Weingärtnergenossenschaft mit rund 1.200 Mitgliedern, die eine Rebfläche von ca. 880 Hektar bewirtschaften, davon 120 Hektar terrassierte Steillage. Damit erzeugen sie nicht nur hochwertige Weine, sondern erhalten die einzigartige Kulturlandschaft im Lauffener und Mundelsheimer Neckartal. Winzersekt gehört seit 25 Jahren zum festen Repertoire der Genossenschaft. Das Sekt-Sortiment umfasst sechs Rebsorten: Riesling, Muskateller, Gewürztraminer, Schwarzriesling, Spätburgunder, Lemberger. Alle werden in traditioneller Flaschengärung ausgebaut und neun Monate auf der Feinhefe gelagert.

BESTE KOLLEKTION SEKT BRUT

Lauffener Weingärtner eG

Im Brühl 48, 74348 Lauffen, Württemberg, Telefon: +497133/1850, www.lauffener-wein.de

	Pinot „Vinitiative Cuvée X“	Blanc de Noir-Sekt brut
2015	Lauffener Katzenbeißer, Schwarzriesling	Blanc de Noir-Sekt brut
2017	Sauvignon Blanc	Weiß-Sekt brut

Im Gespräch: Marian Kopp, Geschäftsführender Vorstand

Welchen Stellenwert besitzt das Sekt-Segment im Repertoire? Und welcher Sekt aus der Kollektion ist für Sie herausragend?

Unser Sekt-Sortiment ist ausschließlich aus unseren eigenen Weinen erzeugt. Seit Jahren haben sich unsere „Winzersekte" aus unseren Standorten bzw. Herkünften Lauffen und Mundelsheim als wichtige Ergänzung unseres Weinsortimentes etabliert – auch mit bundesweiter Distribution im Fach- und Einzelhandel. Wir freuen uns besonders über die hervorragende Bewertung unserer „Vinitiative Cuvée X". Ein Spitzensekt zum 10-jährigen Bestehen der Jungwinzergruppe. Unser Ziel ist es, die Genossenschaft aktiv zu verjüngen. Die junge Generation wird von der Rebzeile bis zur Vermarktung beteiligt. Die Gruppe hat selbst harte Kriterien im Weinberg festgelegt, wie zum Beispiel: Flachbogen, nur Langtriebe, komplette Entblätterung der Traubenzone bei den Rotweinrebsorten direkt nach der Blüte, moderate Entblätterung bei Weißweinrebsorten, Halbieren der Trauben, Zielertrag 40kg pro Ar bei Rotweinrebsorten, Festlegen des Lesezeitpunktes nach Aromareife und selektive Lese.

Meistens wird Sekt solo getrunken. Könnte man den „Vinitiative Cuvée X" auch zum Essen kombinieren?

Die „Vinitiative Cuvée X" ist eine Burgunder-Cuvée mit traditioneller Flaschengärung und über 36 Monate auf der Feinhefe gelagert. Die Grundweine sind im Fass gereift. Wir empfehlen den Jubiläumssekt auch zu Wild- und Rindfleisch-Gerichten. Er kann hervorragend mit intensiveren Aromen „mithalten".

Beste Kollektion Sekt fruchtig

Weinbau wird in Britzingen nachweislich seit dem Jahre 773 betrieben. 1950 gründete sich die Winzergenossenschaft Britzingen Markgräflerland eG mit 27 Hektar Rebfläche, aktuell ist die Fläche auf 185 Hektar angewachsen. Die Burgundersorten sind mit 60 Prozent federführend. Das Spitzenprodukt, der Spätburgunder „Muggardt“, hat schon Bundespräsident und Bundeskanzlerin auf Reisen begleitet. Auch wichtig im Sortiment: der Gutedel, eine regionale Markgräfler Spezialität. Die Winzergenossenschaft mit Vinothek liegt mitten im Dorf, mit sehr schönem Brunnenhof und Rebenpergola.

Im Gespräch: Achim Frey, Geschäftsführender Vorstand

In Britzingen hat die Sektherstellung eine inzwischen 40-jährige Tradition. Auf was legen Sie besonderen Wert in Weinberg und Keller?

Für die Sektgrundweine verwenden wir nur handgelesene, selektionierte Trauben. Trauben werden nicht abgebeert, sondern als Ganztrauben mit wenig Druck gepresst. Wir verwenden für unsere Sekte die Rebsorten der klassischen Champagner-Cuvées, wie Schwarzriesling, Chardonnay und Spätburgunder. Wir bauen Sekte aber auch sortenrein aus, wie Spezialitäten von Nobling oder Schwarzriesling. Die Verantwortung im Keller tragen Kellermeister Bruno Kiefer und sein Team. Die Sekte werden ausschließlich im traditionellen Flaschengärverfahren hergestellt, außergewöhnliche Winzersekte ruhen teilweise über fünf Jahre auf der Hefe.

Sekt wird gerne zu besonderen Anlässen getrunken. Ihre WG bietet im Jahr über viele verschiedene Veranstaltungen an. Wann knallen in Britzingen die Sektkorken?

Zum 40-jährigen Sektjubiläum haben wir zum Sommeranfang eine neue Veranstaltung eingeführt: „Sommer, Sekt und Sterne – Britzinger Sekt: Tag und Nacht". Mittags werden interessante Führungen angeboten. Gegen Abend fährt ein Bus-Shuttle die Gäste hoch zu einem wunderbaren Aussichtsplatz in den Weinbergen, dem „Neuenfelsgarten". Dort findet dann das Sektfest statt: mit Cocktails, Sekt, Musik und herrlichen Ausblicken in die Rheinebene. Der nächste Termin ist am 13.06.2020. Fühlen Sie sich herzlich eingeladen!

BESTE KOLLEKTION SEKT FRUCHTIG

Winzergenossenschaft Britzingen Markgräflerland eG

Markgräflerstr. 25/29, 79379 Müllheim, Baden, Telefon: +497631/17710, www.britzinger-wein.de

2016	Spätburgunder	Rot-Sekt trocken
2016	Weißer Burgunder	Weiß-Sekt trocken
2015	Britzinger Weißer Burgunder	Weiß-Sekt trocken

Sonderpreis des Deutschen Weininstituts (DWI): Die besten Winzersekte

Deutsches Weininstitut

Die deutsche Winzersektszene – dynamisch und umsatzstark! Das Deutsche Weininstitut (DWI) zeichnete daher erneut die besten Winzersekte des Jahres im Rahmen der DLG-Bundesweinprämierung aus. Prämiert wurden Sekte aus vier Kategorien: Riesling, Burgunder, Rosé sowie Bukettsorten. Zwei Preise gingen in die Pfalz: zu der Vier Jahreszeiten Winzer eG aus Bad Dürkheim (Riesling) und zum Bioland Weingut Neuspergerhof aus Rohrbach (Burgunder). Die Rosé-Auszeichnung eroberte ein Sektgut an der Mosel: St. Laurentius aus Leiwen. Die Privatkellerei Klaus Keicher aus Erlenbach trug die Bukett-Auszeichnung nach Württemberg. Von den 4.075 qualitätsgeprüften deutschen Sekten belegt der Riesling mit 40 Prozent unbestritten die Vorreiter-Position. Die Burgundersorten – sowohl als Cuvée als auch reinsortig aus Spät-, Weißburgunder oder Chardonnay – werden mit einem Plus von sechs Prozentpunkten im Vergleich zum Vorjahr immer beliebter.

Quelle: www.deutscheweine.de

DIE BESTEN WINZERSEKTE

Vier Jahreszeiten Winzer eG

Limburgstr. 8, 67098 Bad Dürkheim, Telefon +496322/94900, www.vj-wein.de

2017	Kirchheimer Schwarzerde, Riesling	Weiß-Sekt extra trocken	Pfalz

Bioland Weingut Neuspergerhof · Hans & Jochen Gradolph GbR

Neuspergerhof, 76865 Rohrbach, Telefon +496349/1645, www.neuspergerhof.de

2017	Pinot Crémant	Weiß-Sekt brut	Pfalz

St. Laurentius Sekt GmbH

Laurentiusstr. 4, 54340 Leiwen, Telefon +496507/3836, www.st-laurentius-sekt.de

2016	Spätburgunder „Cuvée Nadine“	Rosé-Sekt brut	Mosel

Privatkellerei Klaus Keicher GmbH

Am Ohrberg 2, 74235 Erlenbach, Telefon +497132/951110, info@privatkellerei-keicher.de

2017	Sauvignon blanc	Weiß-Sekt extra trocken	Württemberg

Deutscher Wein: Profi in den Küchen der Welt

Profi in den Küchen der Welt – Deutscher Wein ist unschlagbar in Sachen Speisebegleitung

Seit 546 Jahren wird das Rezept weitergereicht, unter Nachbarsleuten ausgetauscht, verfeinert, dem eigenen Gusto nach verändert und kann somit nicht mehr verloren gehen. Wie es sich gehört, gibt es eine Sage dazu, die erklärt, wie und warum die Speise entstand und wie es zu dem ungewöhnlichen Namen kam: Die Rede ist vom Bienenstich.

Auf der Suche nach dem größtmöglichen Gegensatz zu dem köstlichen Gebäck, das nach Butter, Vanille und karamellisierten Mandeln duftet und schmeckt, wird man vielleicht auf Nachos stoßen, einem Imbiss aus Mexiko, bestehend aus Maischips mit Käse, scharfen Jalapeño-Chilischoten, Hackfleisch, Avocado, schwarzen Oliven und je nach Geschmack beträufelt mit Limettensaft – und ja bekanntlich einem völlig anderen Kulturkreis entstammend. Nachos sind in den USA und zunehmend auch in Deutschland sehr beliebt und gehören zur sogenannten Tex-Mex-Küche.

Was nun die Gemeinsamkeit von Bienenstich und Nachos ist? Erstens kann man sie beide zum Fußballspiel vor dem Fernsehen als „Fingerfood" reichen, die Nachos voran und den Kuchen zum Dessert.

Zweitens, und das ist der wichtigere Teil, werden die beiden Speisen neben vielen anderen Gerichten in diesem Beitrag zeigen, dass es ein Weinpendant deutscher Provenienz gibt, das zu ihnen passt. Deutsche Weine sind flexibel genug und in ihrer Charakteristik so unterschiedlich wie Nachos und Bienenstich. Deutsche Weine sind Alleskönner in Sachen Speisebegleitung. Probieren Sie selbst. Hier finden Sie einige Anregungen.

An einem Sommerabend

Mango-Krabben-Cocktail

Zutaten (4 Portionen):

- 2 Mangos
- 1 rote Paprika
- 130 g gegarte Krabben (gegrillt oder kurz in Salzwasser gekocht)
- 2 EL Mayonnaise
- 4 EL Sahne
- 1 TL Zucker
- 1 TL Zitronensaft
- 1 TL eingelegte grüne Pfefferkörner
- 1 TL frisch geriebener Meerrettich
- 6-7 frische Pfefferminzblättchen

Zubereitung:

Mango schälen und in kleine Würfel schneiden. Paprika halbieren, entkernen und mit der Schale nach unten auf den Grill legen, bis die Haut leicht anbrennt und sich gut abziehen lässt. Die Paprikafrucht in dünne Streifen schneiden. In einer großen Schüssel alle weiteren Zutaten vermischen und kalt stellen. Kurz vor dem Servieren in Cocktailgläser füllen und mit Pfefferminze garnieren.

Zu diesem erfrischenden Sommergericht ist ein fruchtig-spritziger Riesling perfekt.

Rinder-Carpaccio mit frischen Champignons und Parmesan

Zutaten (4 Portionen):

- 400 g hauchdünn geschnittenes, frisches Rinderfilet
- Salz, Pfeffer
- Olivenöl, Zitrone
- 150 g frische Champignons, in feine Scheiben geschnitten
- etwas Rucola
- 50 g Pinienkerne
- Parmesan, gehobelt

Zubereitung:

Die Filetscheiben mit Frischhaltefolie bedecken und sehr dünn klopfen. Etwas grobes Meersalz und Pfeffer auf die Servierteller streuen, Fleisch darauf verteilen und mit Champignonscheiben, Rucola und Pinienkernen belegen. Mit Olivenöl und Zitronensaft beträufeln, salzen und pfeffern. Zum Schluss feine Parmesanstreifen über das Carpaccio hobeln.

Bei der Weinauswahl macht hier ein Sauvignon blanc das Rennen.

Exotischer Fruchtsalat

Zutaten (4 Portionen):

- 2 Mangos
- 2 Mandarinen
- 1 Maracuja
- 1 Banane
- 4 Litschis
- 1/2 Ananas
- etwas Honig nach Geschmack
- einige Kapstachelbeeren und Heidelbeeren zum Dekorieren
- 200 ml frische Schlagsahne

Zubereitung:

Früchte schälen und in mundgerechte Stücke schneiden. Nach Belieben mit etwas Honig beträufeln und vermischen. Mit Kapstachelbeeren und den Heidelbeeren dekorieren und mit frischer Schlagsahne und Gebäck reichen.

Probieren Sie dazu eine edelsüße Scheurebe Auslese!

Ins Grüne mit dem Picknick-Korb!

Fleischbällchen italienisch inspiriert

Zutaten (4 Portionen):

- 2 große Schalotten, fein gewürfelt
- 4 EL frische Basilikumblätter
- 5–6 getrocknete, in Öl eingelegte Tomaten
- 50 g geraspelter Mozzarella
- 30 g geriebener Parmesan
- 1 EL Tomatenmark
- 1 TL rote Chiliflocken
- 1 1/2 TL Salz
- 750 g Rinderhackfleisch
- 500 g Schweinehackfleisch
- ca. 35 kleine Würfel von geräuchertem Mozzarella
- 75 ml Olivenöl
- 750 ml Marinara-Tomatensauce

Zubereitung:

Den Backofen auf 180 °C vorheizen. Ein gefettetes Backblech bereitstellen.

In der Küchenmaschine Schalotten, Tomatenmark, getrocknete Tomaten, kleingeschnittenen Mozzarella, Parmesan und Basilikum zerkleinern, Chiliflocken und Salz dazugeben und alle Zutaten gleichmäßig vermischen. Die Masse in eine große Schüssel füllen. Hackfleisch dazugeben und mit einem Holzlöffel oder den Händen untermischen. Aus diesem Teig ca. 35 gleichgroße Bällchen formen (jeweils ca. 3 cm Durchmesser). Je einen Mozzarella-Würfel in die Mitte jedes Bällchens drücken und ganz mit der Hackfleischmischung umschließen.

Die Hälfte des Olivenöls in einen Topf geben und bei mittlerer Temperatur erhitzen. Die Hälfte der Hackfleischbällchen dazugeben und unter gelegentlichem Wenden rundherum anbräunen. Nach ca. 5 Minuten herausnehmen und auf Küchenpapier abtropfen lassen. Mit dem restlichen Öl und der zweiten Hälfte der Hackfleischbällchen ebenso verfahren.

Die angebratenen Bällchen auf dem vorbereiteten Backblech verteilen und für 8-10 Minuten im Backofen garen (medium rare).

Mit der heißen Tomatensauce in einer Isolierbox transportieren und vor Ort zum Picknick mit Holzspießchen und Ciabatta-Toast servieren.

Schmeckt wunderbar zusammen mit einem Gläschen Auxerrois trocken (z. B. aus Rheinhessen).

Mit Dornfelder Eiswein edelsüß ein gelungener Abschluss.

Variationen von Ziegenfrischkäse mit Feigensenf

Im Feinkosthandel oder an der Frischetheke im Supermarkt verschiedene Ziegenfrischkäse besorgen und mit etwas Feigensenf gut gekühlt zum Picknick mitbringen.

Dazu passen frisches Baguette und eine Traminer Spätlese mild.

Mousse au Chocolat

Zutaten (4 Portionen):

- 4 Eigelb
- 2 EL Puderzucker
- 1 gehäufter TL Speisestärke
- 250 ml Milch
- 150 ml Sahne
- 100 g Zartbitterschokolade, in Stücke gebrochen
- 1 Vanilleschote

Zubereitung:

Eigelb und Puderzucker mit einem Schneebesen aufschlagen. Milch, Sahne und Vanilleschote in einen Topf geben und erhitzen. Das Vanillemark mit einem Küchenmesser aus der Schote kratzen und zusammen mit den Schokoladenstücken und der angerührten Stärke in die heiße Milch geben. Rühren bis die Schokolade geschmolzen ist.

Die Flüssigkeit auf etwa 30–35 °C abkühlen lassen und unter die Eigelb-Zucker-Mischung rühren. In kleine Auflaufförmchen (etwa 125 ml) füllen, auf ein tiefes Backblech setzen und in den Backofen schieben. Vorsichtig etwas heißes Wasser auf das Blech gießen, so dass die Förmchen etwa zur Hälfte in Wasser stehen.

Für ca. 30 Minuten bei 150 °C backen, bis die Mousse stockt. Für einige Stunden kalt stellen.

Game Day – kleine Köstlichkeiten zum Fußballspiel

Flammkuchen Elsässer Art

Zutaten für den Teig:

- 300 g Mehl
- ca. 135 ml Mineralwasser
- Salz
- 5 EL Pflanzenöl

Zutaten für den Belag:

- 180 g Bacon oder Schinkenspeck
- 1 Becher (200 g) saure Sahne oder Crème fraîche
- 1 Zwiebel

Zubereitung:

Aus Mehl, Salz, Wasser und Öl einen glatten Teig herstellen. Dabei das Wasser nach und nach hinzugeben und weniger verwenden, falls der Teig klebt. Für 30 Minuten im Kühlschrank ruhen lassen.

Anschließend den Teig sehr dünn ausrollen und mit saurer Sahne oder der Creme fraîche bestreichen. Bacon oder Schinkenspeck in kleine Würfelchen scheiden und gleichmäßig auf der Sahne verteilen. Zum Schluss die in feine Ringe geschnittene Zwiebel auf den Flammkuchen geben und auf dem Pizzablech oder -stein bei 250 °C für 10 Minuten backen, bis der Rand des Flammkuchens knusprig und goldgelb ist.

Tipp: Flammkuchenvariante: Flammkuchen mit gartenfrischem Rucola oder Feldsalat bestreuen, wenn er aus dem Ofen kommt. Top dazu: Sauvignon blanc trocken.

Mit freundlicher Unterstützung von Klaus-W. Grundstein, Aspisheim

Dazu passen ein gut gekühltes Glas Silvaner Spätlese oder – wie im Elsass üblich – Weißburgunder und Riesling.

Nachos – ein Klassiker aus Mexiko

Zutaten:

- 2 große Tüten Mais-Tortilla Chips
- Saure Sahne
- schwarze Oliven, gehackt
- Avocado, in Scheiben geschnitten und mit Zitrone beträufelt
- scharfe Pfeffer-Sauce

Zutaten Salsa (Pico de Gallo):

- 4 Tomaten, entkernt und fein gehackt
- 1 Jalapeno-Peperoni ohne Kerne, fein geschnitten
- 1 kleine, weiße Zwiebel, fein gehackt
- 3 EL frische Korianderblätter, fein gehackt, alternativ: Petersilie
- Salz

Zutaten Hackfleisch- und Bohnen-Belag:

- 1 EL Olivenöl
- 500 g Rinderhackfleisch
- 2 Knoblauchzehen, gepresst
- 1 kleine Zwiebel, gehackt
- 1 Jalapeno-Peperoni ohne Kerne, fein gehackt
- 1 TL Salz
- 1 1/2 TL dunkles Chili-Pulver
- 1 1/2 TL Kreuzkümmel, gemahlen
- 1-2 TL Chilisauce (Schärfe je nach Geschmack)
- 1 Dose schwarze Bohnen

Zutaten Käse-Sauce:

- 2 EL Butter
- 2 EL Mehl
- 1/2 Liter Milch
- 300 g geriebener Käse (Cheddar, Monteray Jack oder Gouda)

Zubereitung:

Die Mais-Chips auf einer Platte auslegen. Zutaten für die Salsa in einer Schüssel vermischen, kühl stellen und ziehen lassen.

Eine Pfanne bei mittlerer Temperatur erhitzen. Öl, Zwiebel, Knoblauch und Peperoni in die Pfanne geben und für 2 Minuten andünsten, Hackfleisch dazugeben und mit Salz, Chilipulver, Kreuzkümmel und der Chilisauce würzen.

Für einige Minuten anrösten, die Bohnen untermischen und auf kleiner Flamme köcheln lassen.

Butter in einem Topf schmelzen, Mehl dazugeben und anschwitzen lassen. Die Milch mit einem Schneebesen einrühren und kurz aufkochen lassen. Geriebenen Käse mit einem Holzlöffel unterrühren.

Käsesauce vom Herd nehmen und die Chips gleichmäßig damit beträufeln. Nun die Hackfleisch-Bohnen-Mischung und die Pico de Gallo darüber geben und nach Belieben mit den restlichen Toppings bestreuen. Direkt servieren.

INFO

Da mexikanisches Essen meist recht scharf und herzhaft ist, passt dazu in der Regel ein gerbstoffreicher, kräftiger, körperreicher Wein. Körperreiche Weine wie Cabernet Sauvignon oder Tempranillo ergänzen mexikanische Gerichte sehr gut.

Zu Speisen, die mit reichlich Chili gewürzt wurden, passt ein trockener Rotwein mit ausgeglichenem, aber intensivem Aroma wie Shiraz. Aber auch herzhafte Weißweine mit leichter Restsüße, zum Beispiel von der Scheurebe oder ein Grauburgunder, lassen sich mit scharfem mexikanischem Essen kombinieren.

Ist die Füllung pikant und herzhaft gewürzt, ist ein kräftiger, fruchtbetonter Rotwein ein guter Begleiter zu dem mexikanischen Gericht. Lemberger oder Dornfelder passen ebenso gut wie Tempranillo-Weine. Ausdrucksvolle Weißweine wie Grauburgunder oder Sauvignon Blanc sind auch eine interessante Ergänzung.

Mit freundlicher Unterstützung von Klaus-W. Grundstein, Aspisheim

Bienenstich – ganz traditionell

Zutaten für den Teig:

- 500 g Mehl
- 50 g Zucker
- 1 Päckchen Trockenhefe
- 60 g Butter
- ca. 1/4 Liter lauwarme Milch (nach und nach zugeben)
- 1/2 TL Salz

Zutaten für den Belag:

- 300 g Mandelblättchen oder -stifte
- 150 g Butter
- 100 g Zucker
- 2 EL Honig
- 5 EL Schlagsahne

Zutaten für die Füllung:

- 250 g weiche Butter
- 1 Päckchen Bourbon Vanillepuddingpulver
- 2 EL Zucker
- 500 ml Milch

Zubereitung:

Aus den Zutaten für den Teig einen glatten Hefeteig herstellen und an einem warmen Ort gehen lassen, bis sich der Teig verdoppelt hat. Kurz durchkneten und auf die Größe eines Backblechs ausrollen. Blech einfetten, Teig darauf legen und nochmals ruhen lassen.

Für den Belag Butter, Zucker, Honig und Sahne in einen Topf geben und kurz aufkochen lassen. Die Masse etwas abkühlen lassen und auf dem Hefeteig verteilen. Bei 200 °C ca. 25 Minuten backen.

Für die Füllung Pudding nach Packungsanweisung kochen und abkühlen lassen. Mit Frischhaltefolie bedecken, damit keine Haut entsteht.

Nun die weiche Butter mit der Küchenmaschine schlagen, bis sie cremig-weiß ist. Den eben noch lauwarmen Pudding löffelweise unterrühren.

Den gebackenen Kuchen in vier Teile schneiden und jeweils waagrecht in der Mitte halbieren. Nun die Creme auf die Teighälften streichen, das Oberteil mit der Mandeldecke daraufsetzen und für eine Stunde in den Kühlschrank stellen, bis der Kuchen schnittfest ist.

TIPP

Zum Dessert gibt es eine einfache Regel: Der passende Wein ist mindestens ebenso süß wie das Dessert. Allerdings differieren hier je nach persönlichem Gusto die Wein-Präferenzen.
Da bei Bienenstich Vanille und Mandel prägend sind, passt ein weicher Weißburgunder mit Vanillenoten als Auslese mit gewisser Süße oder Eiswein. Auch eine entsprechende Riesling Auslese wird passen, ebenso eine Silvaner Auslese – aber auch ein Silvaner Eiswein. Und natürlich: Gewürztraminer Spätlese mild.

Candle-Light-Dinner

Gegrillte Perlhuhnbrüstchen, Zucchini-Spaghetti in sahnigem Müller-Thurgau-Schaum

Zutaten (4 Portionen):

- 4 Perlhuhnbrüste
- Pflanzenöl
- Salz, Pfeffer
- 1 Bund Thymian
- 1 Bund Rosmarin
- 2 große Zucchini (600 g)
- Salz, Pfeffer
- etwas Butter
- Muskat gemahlen

Zutaten für die Sauce:

- 50 g Schalotten-Würfel
- Pflanzenöl
- 100 ml Müller-Thurgau
- 250 ml Sahne
- Noilly Prat
- Speisestärke zum Abbinden der Sauce
- Salz, Pfeffer

Zubereitung:

Den Flügelknochen der Perlhuhnbrust blank putzen, diese dann mit Salz und Pfeffer würzen und auf der Hautseite in Pflanzenöl knusprig anbraten und Farbe geben, auf der Fleischseite nur kurz anbraten. Die Perlhuhnbrust aus der Pfanne nehmen und auf ein Backblech legen. Unter der Brust großzügig Thymian und Rosmarin legen.

Das Fleisch langsam im Ofen bei 100 °C garziehen lassen (das Thermometer sollte eine Kerntemperatur von 72 °C anzeigen).

Die Zucchini waschen und durch einen Gemüseschneider drehen (Lurch), so dass lange Gemüsespaghetti entstehen. In Salzwasser ganz kurz blanchieren und mit einer Pinzette oder Fleischgabel aufdrehen.

Schalotten fein würfeln und glasig anschwitzen, mit dem Müller-Thurgau ablöschen und den Wein komplett einreduzieren lassen. Nun mit Sahne auffüllen, abschmecken mit Salz und Pfeffer und mit der Speisestärke abbinden. Um den Geschmack abzurunden einen Schuss Noilly Prat hinzugeben.

Perlhuhnbrust auf die aufgerollten Zucchini-Spaghetti setzen und mit der heißen Sauce auf die vorgewärmten Servierteller legen.

Rezept: Olaf Eppelsheimer, Küchendirektor Restaurant Kupferbergterrasse, Mainz

Weintipp: gehaltvoll-würziger Müller-Thurgau Erste Lage trocken

KLEINES HIGHLIGHT AUS DER MOLEKULARKÜCHE

Schaum zur Deko

250 ml Müller-Thurgau mit 75 g Butter aufkochen lassen. Wenn sich die Butter im Wein komplett verflüssigt hat, zwei TL Lecithin dazu geben und mit dem Pürierstab aufmixen. Dadurch wird Luft untergehoben, die die Emulsion aufschäumt. Das Lecithin sorgt dafür, dass der Schaum stabil bleibt. Wichtig: Lecithin darf nicht kochen.

Lammkoteletts mit Kartoffelgratin

Zutaten (4 Portionen):

- Pro Person 3-4 kleine Lammkoteletts
- Salz
- Pfeffer
- Rosmarin
- Öl zum Braten
- 6-8 mittelgroße Kartoffeln
- 2 Knoblauchzehen gepresst
- Salz, Pfeffer
- 1 Becher süße Sahne
- 180 g geriebener Gouda
- 50 g geriebener Appenzeller
- etwas Wasser
- etwas geriebener Parmesan

Zubereitung:

Kartoffeln schälen und mit der Mandoline in dünne Scheiben raspeln. In eine Auflaufform jeweils eine Lage Kartoffelscheiben schichten, salzen und pfeffern und ein paar Messerspitzen gepressten Knoblauch darauf verteilen.

Zum Schluss Sahne und ein wenig Wasser darüber gießen und mit Käse bestreuen. Im vorgeheizten Backofen bei 180 °C ca. 40–50 Minuten backen. Die Garzeit zwischendurch prüfen, da sie je nach Kartoffelsorte variieren kann.

Die gewürzten Lammkoteletts in einer Pfanne oder auf dem Grill von beiden Seiten etwa drei Minuten braten, je nach Dicke. Lammkoteletts schmecken zart und saftig am besten.

Ein Gericht, das mit Spätburgunder brilliert: z. B. kräftiger Spätburgunder „Alte Reben“ Qualitätswein trocken aus dem Barrique.

Dazu passt eine Riesling Auslese lieblich.

Apfelstrudel – Dessertspezialität aus Österreich

Zutaten für den Teig:

- 250 g Weizenmehl
- 1 Ei
- 100 ml lauwarmes Wasser
- 1/2 TL Salz
- 20 ml Öl
- flüssige Butter

Zutaten für die Füllung:

- 1 kg säuerliche Äpfel
- 2-3 EL Semmelbrösel
- 130 g Zucker
- 60 g Butter
- 150 g Rosinen, in Rum eingeweicht
- 80 g Mandelstifte
- 1 EL Zimt
- etwas Zitronensaft und Rum zum Beträufeln
- flüssige Butter zum Einreiben und Puderzucker und Bestäuben des fertigen Strudels

Zubereitung:

Aus den Zutaten für den Teig einen glatten Teig kneten und mit Öl einpinseln.

Den Teig in etwas Mehl wenden und dünn ausrollen. Auf ein mit Mehl bestäubtes Tuch legen und vorsichtig mit den Handrücken auseinanderziehen, bis ein sehr dünnes rechteckiges Teigstück entsteht. Mit der flüssigen Butter bestreichen.

Butter in einem Topf schmelzen und Semmelbrösel darin anrösten. Äpfel schälen, entkernen und in kleine Stücke schneiden. Zur Semmelbrösel-Butter geben und kurz anschwitzen. Nun Zucker, Zimt, Rosinen und Mandelstifte hinzugeben und mit Zitronensaft und Rum beträufeln. Die Apfelmasse auf dem Teig verteilen und mithilfe des Tuchs vorsichtig aufrollen. Dabei den Teig an den Seiten nach innen einklappen, damit der Strudel geschlossen ist.

Die Rolle auf ein gefettetes Backblech legen und bei 180 °C ca. 40 Minuten goldbraun backen. Mit Butter bepinseln und vor dem Anschneiden etwas ruhen lassen.

Nach Belieben warm oder kalt und mit Vanilleeis oder Schlagsahne servieren.

Tipp für Eilige: Man kann auch sehr gut einen Filo-Teig aus dem Kühlfach des Supermarkts verwenden.

Hommage an den Spätburgunder

Saftig und knusprig: Entenbrust

Zutaten (4 Portionen):

- 3 Entenbrüste
- Salz, Pfeffer
- Öl zum Anbraten

Zubereitung:

Die Haut der Entenbrust mit einem scharfen Messer rautenförmig einschneiden, ohne das Fleisch dabei zu verletzen. Von beiden Seiten mit Salz und Pfeffer einreiben. In einer heißen Pfanne mit etwas Öl auf der Hautseite ca. 6 Minuten anbraten, bis das Fett herausgebacken und die Haut knusprig ist. Das Fleisch umdrehen und kurz von der anderen Seite anbraten.

Im Backofen bei 140 °C ca. 8–10 Minuten weiterbacken. Das Entenbrustfleisch sollte noch saftig und zartrosa sein. Aus dem Backofen nehmen und abgedeckt für einige Minuten ruhen lassen. Diagonal in Scheiben schneiden und heiß servieren.

Dazu passen knusprige Kartoffelrösti oder Rucola-Salat und ein Glas gereifter Spätburgunder aus dem Barrique.

Dazu reicht man den gleichen, hochwertigen Spätburgunder, den man zum Kochen verwendet hat.

Zu Gast in Frankreich – Bœuf Bourguignon

Zutaten (4 Portionen):

- 1 1/2 kg Rindfleisch (nicht zu mager)
- 2 EL Mehl
- 2 Flaschen Rotwein, kräftiger Burgunder
- je 1/2 TL Salz und Pfeffer
- 1 Bund Bouquet garni mit Kräutern der Provence
- 250 g Dörrfleisch (durchwachsener Speck)
- 300 g Schalotten
- 1 Knoblauchzehe
- 300 g Möhren
- 300 g kleine Champignons

Zubereitung:

Fleisch in große Würfel schneiden und im heißen Öl rundherum kräftig anbraten. Am besten in einem gusseisernen Bräter, portionsweise. Das braucht etwas Zeit, ist aber wichtig!

Danach das Fleisch mit Mehl bestäuben und bei mittlerer Hitze angehen lassen. Jetzt nach und nach mit dem Wein ablöschen; immer wieder etwas einkochen lassen bis das Mehl sich schön aufgelöst hat. Salzen und pfeffern und die Kräuter dazugeben.

Etwa 1 1/2–2 Stunden auf kleiner Flamme abgedeckt köcheln lassen.

Zwischenzeitlich die Schalotten schälen, aber ganz lassen. Den Speck in nicht zu kleine Stücke schneiden und mit den Schalotten anbraten. Knoblauch in Scheibchen dazugeben, nicht mehr bräunen.

Die Möhren in mundgerechte Stücke schneiden und mit den Champignons zu der Zwiebel-Speck-Mischung geben und alles zusammen ca. 20 Minuten dünsten. Gemüse- und Speckmischung zum Fleisch geben und weitere 10 Minuten köcheln lassen. Kräutersäckchen bzw. Bouquet garni entfernen.

Die Sauce eventuell mit etwas Mehlbutter anbinden.

Rezept: „Boeuf Bourguignon" von Gerdandula, www.chefkoch.de

Panna cotta con Salsa di Fragole

Zutaten (4 Portionen):

- 400 g Sahne
- 1 Vanillestange
- 50 g Zucker
- 3 Blatt weiße Gelatine

Zutaten für die Sauce:

- 400 g Erdbeeren
- 50 g Zucker

Zubereitung:

Die Sahne in einem Topf aufkochen, Zucker und die der Länge nach aufgeschnittene Vanilleschote dazu geben. Unter wiederholtem Rühren ca. 15 Minuten köcheln lassen.

Währenddessen die Gelatine in kaltem Wasser einweichen und für 5 Minuten ziehen lassen.

Vanillestange aus dem Topf nehmen. Die Gelatine sehr gut ausdrücken und in der heißen Sahne auflösen.

Die Sahne in 4 Auflaufförmchen füllen, abkühlen lassen und für einige Stunden in den Kühlschrank stellen.

Für die Sauce die Erdbeeren waschen, und vier bis fünf Stück zur Dekoration beiseitestellen. Die für die Sauce vorgesehenen Früchte putzen und mit dem Zucker pürieren.

Die Panna cotta mit einem Messer vorsichtig vom Förmchenrand lösen, kurz in heißes Wasser tauchen und auf Servierteller stürzen. Mit der Erdbeersauce umgießen und mit den restlichen Erdbeeren und Waldbeeren dekorieren.

Tipp: Die Erdbeersauce wird durch Zugabe von einem Esslöffel Waldheidelbeeren beim Pürieren der Erdbeeren aromatischer und verbessert den Farbkontrast zur hellen Panna cotta.

Mit freundlicher Unterstützung von Klaus-W. Grundstein, Aspisheim

Dieses Dessert mundet mit einem Muskat-Trollinger Rot-/Rosésekt.
Ein wahres Betthupferl zusammen mit Spätburgunder Weißherbst Eiswein!

Alde Gott Winzer eG: 61
Badischer Winzerkeller: 62
Bergsträßer Winzer: 74
Carsten Costard: 93
Cisterzienser Weingut: 90
Deutsches Weininstitut: 155, 191, 199, 203, 204, 207, 219, 221, 229, 232, 234
Dieter Stein: 80
DLG: 126, 127, 128, 129, 130, 131, 132, 133, 134, 135, 136, 137, 139, 141, 143, 146, 148, 150, 153
Durbacher Winzergenossenschaft eG: 64
Familienweingut Braun: 72
Felsengartenkellerei Besigheim eG: 96
florianhammerich.com: 73
Herrengut St. Martin: 84
Heuchelberg Weingärtner eG: 98
Iris Rothe: 61
Joe Miletzki: 68
Jörg Sänger: 24, 27, 28, 30, 32, 34, 36, 38, 40, 42, 44, 46, 50, 52, 54, 56, 58, 63, 66, 69, 72, 75, 79, 86, 88, 89, 90, 91, 92, 97, 102, 104, 106, 108, 109, 110, 114, 116, 119
Kaiserstühler Winzerverein Oberrotweil eG: 67
Klosterweingut Jakobsberg: 92
Melanie Hubach Photographie: 82, 85, 87,
pixelgrün: 65
Privatkellerei Klaus Keicher GmbH: 112
Ralf Ziegler: 81
Sächsische Winzergenossenschaft Meißen eG: 95
Slavica Stajic: 13
stock.adobe.com: 5ph: 138; ah_fotobox: 11; ahirao: 177; AlenKadr: 2; Alexander: 70; allenkayaa: 160; apfelweile: 162; babsi_w: 151; Baiba Opule: 183; Bernd Jürgens: 169; bilderstoeckchen: 14; BillionPhotos.com: 164; Brent Hofacker: 113; by-studio: 125; Christian Fischer: 167; Christian Jung: 166; Daorson: 142; Dasha Petrenko: 156; Doris Heinrichs: 165; elena_hramowa: 149; Erwin Wodicka: 101; exclusive-design: 171; exclusive-design: 180; ExQuisine: 140, 141; Francesco83: 185; Friedberg: 154; Greg: 147; janvier: 19; julialototskaya: 12; juriskraulis: 174; karandaev: 124; karepa: 181; KB3: 168; M.studio: 182; Marco Warm: 7; Matthias Faehrmann: 172; Mattoff: 9; MAURO: 23; mizina: 178; Nishihama: 184; PANORAMO: 145; paulschwarzl@unpict.com: 161; Stefan Gräf: 175; travelview: 60; travelpeter: 209; Txema Gerardo: 158; U. J. Alexander: 21; uckyo: 176; volff: 123; wedphoto: 152; Wilfried Beinhauer: 159; Wolfgang Mücke: 179; Yaruniv-Studio: 162
Vinas: 120
Wachtenburg Winzer eG: 87
Wein- und Sektgut Wilhelmshof: 109
Sekt- und Weinmanufaktur Stengel: 112
Weingut „Altes Schlößchen“: 86
Weingut „Am Lump“: 71
Weingut Albert Kallfelz: 75
Weingut Andreas Braun: 71
Weingut Bimmerle: 62
Weingut Birkert GbR: 96
Weingut Emmerich-Koebernik: 77
Weingut Ernst Bretz: 48
Weingut Friedauer: 97
Weingut Gerold Spieß: 93
Weingut Graf von Weyer: 80
Weingut Hirn: 73
Weingut Hubert Müller: 84
Weingut Katzer: 98
Weingut Knöll & Vogel: 83
Weingut Kohl Am Sonnenberg: 83
Weingut Kuhnle: 99
Weingut Oberhofer: 85
Weingut Offenstein Erben: 89
Weingut Ökonomierat Johann Geil I. Erben: 91
Weingut Schmidt GbR: 77
Weingut Schumacher: 70
Weingut Schwörer: 69
Weingut von Schleinitz-Reufels: 76
Weingut Weisensee: 74
Weingut Werner Anselmann: 78
Weingut Zehe-Clauß: 94
Weinkellerei Wangler: 100
Weinmanufaktur Gengenbach-Offenburg eG: 64
Weirich Weine: 76
Winzer eG Herrenberg-Honigsäckel: 81, 110
Winzergenossenschaft Achkarren im Kaiserstuhl eG: 61
Winzergenossenschaft Britzingen Markgräflerland eG: 63
Winzergenossenschaft Oberbergen im Kaiserstuhl eG: 67
Winzergenossenschaft Rammersweier eG: 68
Winzerverein Hagnau eG: 65
Winzervereinigung Freyburg-Unstrut eG: 94, 111
www.kuhnle-foto.de : 99

DLG
BUNDES
WEIN
PRÄMIERUNG
DLG-prämierte
Weine & Sekte

Deutsche Weinanbaugebiete

„Absoluter Ausnahmejahrgang"

Im aktuellen Prämierungsjahr wurden rund 4.000 Weine und Sekte von etwa 300 Winzerbetrieben und Genossenschaften aus den deutschen Anbaugebieten zur Verkostung angestellt und von den Experten der DLG im Rahmen der Bundesweinprämierung bewertet. Im Blickfeld stehen die Weine des Jahrgangs 2018.

Weinjahrgang 2018 – Erstklassiges Preis-Genussverhältnis

„Der Weinjahrgang 2018 war ein absoluter Ausnahmejahrgang", berichtet das Deutsche Weininstitut in der jährlich erscheinenden Statistik Deutscher Wein. „Nach dem frühesten Weinlesestart seit Beginn der Aufzeichnungen haben die deutschen Weinerzeuger gute Qualitäten in großer Menge eingebracht. Trotz extremen Wassermangels ist die Weinmosterntemenge mit 10,4 Millionen Hektolitern unerwartet hoch ausgefallen."

Große Hitze und Trockenheit während der Hauptvegetationsperiode stellte die Winzer jedoch vor eine Herausforderung. „Was für den Rotwein besonders gute klimatische Bedingungen sind, kann für den filigranen Weißwein mit gewünschter spritziger Säure zur Schwierigkeit für das Aushängeschild der deutschen Weinerzeuger werden", erläutert Anika Schramm, Projektleiterin des DLG-Testservices. Die Winzer der Bundesweinprämierung haben die Kombination aus hohen Erträgen, tiefen Säure- und hohen Alkoholwerten jedoch mit Bravour gemeistert.

Die DLG-Weinexperten haben im Rahmen der Bundesweinprämierung 61 Gold Extra-, 800 Gold-, 1.399 Silber- und 746 Prämiert-Medaillen vergeben.

Die feierliche Verleihung der Bundesehrenpreise für Wein und Sekt mit Bekanntgabe des „Winzers des Jahres", „Sekterzeugers des Jahres" und der „Jungwinzer des Jahres" fand am 14. Oktober 2019 in Heilbronn statt.

ZUM TESTVERFAHREN

Alle Weine werden in einer Blindverkostung nach dem DLG-5-Punkte-Schema® bewertet. Weine und Sekte ohne negative sensorische Eigenschaften erhalten die Höchstnote von 5,0 Punkten. Weine und Sekte, die die Qualitätsanforderungen erfüllen, erhalten je nach erzielter Punktzahl eine DLG-Medaille in Gold, Silber oder Prämiert. Für die Qualitätstests steht ein Team von 150 Weinexperten zur Verfügung. Sie alle sind zertifizierte Prüfer und verfügen über eine große Praxiserfahrung.

Auf den nachfolgenden Seiten finden Sie eine Auswahl hoch bewerteter Weine, die zur Bundesweinprämierung im Jahr 2018 angestellt wurden. Selbstverständlich erhalten Sie zudem Informationen zur Qualitätsstufe, dem Alkoholgehalt, der Geschmacksrichtung, dem durchschnittlichen Preis und der Bewertung der Weine und Sekte. Die Weingüter sind sortiert in alphabetischer Reihenfolge nach Anbaugebieten und Ortsnamen. Sollten Sie Preisangaben vermissen, so können Sie diese direkt auf Anfrage bei den Winzern bzw. Betrieben erhalten.

Alle ausgezeichneten Weine und Sekte finden Sie unter:

www.dlg-bwp.de/preistraeger

ABKÜRZUNGEN UND ZEICHEN

● (gelb)	gelber Punkt – trockene Weine bis maximal 9 g/l unvergorener Traubensüße, kaum wahrnehmbare Süßeempfindung, idealer Essensbegleiter *Sekt:* mit der Bezeichnung extra brut und brut, oft von 0 bis max. 15 g/l Süße
● (grün)	grüner Punkt – halbtrockene Weine mit maximal 18 g/l unvergorener Traubensüße, leicht süße Wahrnehmung, feinherb-fruchtig, als Begleiter leichter und frischer Speisen *Sekt:* mit der Bezeichnung extra trocken und trocken, bis max. 35 g/l Süße
● (rot)	roter Punkt – liebliche, milde Weine mit einer unvergorenen Traubensüße bis 60 g/l, deutlich schmeckbare Süße, typische Tropfen zum Solotrinken *Sekt:* mit der Bezeichnung halbtrocken, bis max. 50 g/l Süße
● (violett)	violetter Punkt – edelsüße Weine mit markanter süßer Betonung (über 60 g/l), oft honigsüße Auslesen, Beerenauslesen und Eisweine, ideale Dessert- oder Aperitifweine
QbA	Qualitätswein bestimmer Anbaugebiete
Kab	Kabinett
Spl	Spätlese
Ausl	Auslese
BA	Beerenauslese
TBA	Trockenbeerenauslese
Eisw	Eiswein
WSS*	Weißwein / Weißsekt
WH*	Weißherbst / Weißherbstsekt
RTL*	Rotling, Schillerwein, Rotling-Sekt
ROSÉ	Rosé, Rosé-Sekt
ROT*	Rotwein / Rotsekt
BDN*	Blanc de Noir
*...+B	(Buchstabenkürzel + B) steht für Barriqueausbau
*...+H	(Buchstabenkürzel + H) steht für „im Fass gereift“
QPW	Qualitätsperlwein
AP-Nr.	Amtliche Prüfnummer

Baden

Burgunderweine aus dem Süden

Das weitläufige Weinanbaugebiet Baden erstreckt sich über etwa 15.800 Hektar von der Badischen Bergstraße bis zum Bodensee. In diesen klimatisch begünstigten Regionen reifen ausgezeichnete Spät-, Weiß- und Grauburgunder. Neben den Burgundersorten keltert man Weine aus Riesling, Silvaner, Gutedel, Müller-Thurgau oder Muskateller. Baden gehört im Gegensatz zu den anderen deutschen Anbaugebieten nach europäischer Weingesetzgebung zur Klimazone B, zu der auch das benachbarte Burgund und die Loire zählen. Baden ist nicht nur bekannt für seine Weine, sondern für eine ausgezeichnete Küche und zahlreiche Sterne-Restaurants.

Sekte

Badischer Winzerkeller eG

Zum Kaiserstuhl 16, 79206 **Breisach,** Tel. +497667/900218, Fax +497667/900220, info@badischer-winzerkeller.de, www.badischer-winzerkeller.de

DLG-Bundesweinprämierung 2019: 2 x Gold, 6 x Silber, 4 x Prämiert – Auswahl prämierter Sekte:

Jahrgang	Lage, Rebsorte, Qualitätsbezeichnung		Wein-Art	Vol%*	AP-Nr.	Preis*	DLG-Prämierung
2016	Grauburgunder „Graf von Kageneck“, brut	●	WSS	13	977-A-11-18	10 €	**Gold**
2016	Köndringer Alte Burg, Muskateller, trocken	●	WSS	12	761-200-18	9 €	**Gold**
2016	Chardonnay „Graf von Kageneck“, brut	●	WSS	14	929-A-11-18	13 €	**Silber**

Teilselbstvermarkter des Badischen Winzerkellers eG:

Winzergenossenschaft Kippenheim-Mahlberg-Sulz

Querstr. 6, 77971 **Kippenheim,** Tel. +497825/9595, Fax +497825/879830

DLG-Bundesweinprämierung 2019: 1 x Silber:

Jahrgang	Lage, Rebsorte, Qualitätsbezeichnung		Wein-Art	Vol%*	AP-Nr.	Preis*	DLG-Prämierung
	Kippenheimer Haselstaude, Riesling, brut	●	WSS	12	202-18	7 €	**Silber**

Durbacher Winzergenossenschaft eG

Nachtweide 2, 77770 **Durbach,** Tel. +49781/936612, Fax +49781/936668, ruedigernilles@durbacher.de, www.durbacher.de

DLG-Bundesweinprämierung 2019: 2 x Silber:

Jahrgang	Lage, Rebsorte, Qualitätsbezeichnung		Wein-Art	Vol%*	AP-Nr.	Preis*	DLG-Prämierung
2016	Durbacher Plauelrain, Riesling, extra trocken	●	WSS	12	201-19	9 €	**Silber**
2016	Durbacher Kochberg, Pinot, extra trocken	●	ROSÉ	13	205-18	9 €	**Silber**

Waldulmer Winzergenossenschaft eG

Weinstr. 37, 77876 **Kappelrodeck,** Tel. +497842/94890, Fax +497842/948920, mail@waldulmer.de, www.waldulmer.de

DLG-Bundesweinprämierung 2019: 1 x Silber, 1 x Prämiert:

Jahrgang	Lage, Rebsorte, Qualitätsbezeichnung		Wein-Art	Vol%*	AP-Nr.	Preis*	DLG-Prämierung
2016	Waldulmer Pfarrberg, Pinot, trocken	●	ROSÉ	12	202-18	9 €	**Silber**
2016	Waldulmer Pfarrberg, Pinot, trocken	●	BDN	12	200-18	9 €	**Prämiert**

Jahrgang	Lage, Rebsorte, Qualitätsbezeichnung		Wein-Art	Vol%*	AP-Nr.	Preis*	DLG-Prämierung

Staatsweingut Karlsruhe-Durlach

Posseltstr. 19, 76227 **Karlsruhe,** Tel. +49721/940570, Fax +49721/940579, Staatsweingut@l-Bank.de, www.turmbergwein.de

DLG-Bundesweinprämierung 2019: 1 x Silber, 2 x Prämiert:

2016	Durlacher Turmberg, Riesling, brut	●	WSS	12	200-18	14 €	**Silber**
2016	Auxerrois, brut	●	WSS	13	201-18	14 €	**Prämiert**
2016	Durlacher Turmberg, Lemberger, trocken	●	WH	12	202-19	14 €	**Prämiert**

Winzergenossenschaft Britzingen Markgräflerland eG

Markgräflerstr. 25/29, 79379 **Müllheim,** Tel. +497631/17710, Fax +497631/4013, info@britzinger-wein.de, www.britzinger-wein.de

DLG-Bundesweinprämierung 2019: 1 x Gold Extra, 2 x Gold, 3 x Silber, 1 x Prämiert – Auswahl prämierter Sekte:

2016	Spätburgunder, trocken	●	ROT	12	203-19	a. A.	**Gold Extra**
2015	Britzinger Weißer Burgunder, trocken	●	WSS	13	206-18	8 €	**Gold**
2016	Weißer Burgunder, trocken	●	WSS	12	204-19	8 €	**Gold**

Sektkellerei Emil Schweickert GmbH

Pforzheimer Str. 5, 75223 **Niefern,** Tel. +497233/4220, Fax +497233/5138, info@sektkellerei-schweickert.de

DLG-Bundesweinprämierung 2019: 2 x Gold, 1 x Silber:

2017	Sauvignon blanc, extra trocken	●	WSS	12	200-19	10 €	**Gold**
2016	Rotsekt, trocken	●	ROT	12	201-19	9 €	**Gold**
2018	Riesling, extra trocken	●	WSS	13	202-19	9 €	**Silber**

Winzergenossenschaft Rammersweier eG

Weinstr. 87, 77654 **Offenburg,** Tel. +49781/31424, Fax +49781/34674, wg.rammersweier@t-online.de, www.wg-rammersweier.de

DLG-Bundesweinprämierung 2019: 1 x Gold Extra:

2017	Scheurebe, brut	●	WSS	13	201-19	11 €	**Gold Extra**

Sasbacher Winzerkeller eG

Jechtinger Str. 26, 79361 **Sasbach,** Tel. +497642/90310, Fax +497642/903150, info@sasbacher.de, www.sasbacher.de

DLG-Bundesweinprämierung 2019: 1 x Gold, 1 x Prämiert:

2017	Sasbacher Pinot Noir, brut	●	BDN	12	201-19	10 €	**Gold**
2017	Sasbacher Pinot, brut	●	ROSÉ	12	200-19	10 €	**Prämiert**

Weingut Angelika Vogel

Halberstunger Str. 5, 76547 **Sinzheim,** Tel. +497221/81760, Fax +497221/81569, Weingut-Vogel@t-online.de, www.weingut-vogel.de

DLG-Bundesweinprämierung 2019: 1 x Silber:

2017	Sinzheimer Frühmessler, Riesling, trocken	●	WSS	13	200-19	a. A.	**Silber**

Burkheimer Winzer am Kaiserstuhl eG

Winzerstr. 8, 79235 **Vogtsburg,** Tel. +497662/93930, Fax +497662/939325, info@burkheimerwinzer.de, www.burkheimerwinzer.de

DLG-Bundesweinprämierung 2019: 1 x Silber, 1 x Prämiert:

2017	Burkheimer Feuerberg, Sauvignon blanc, brut nature	●	WSS	13	204-19	12 €	**Silber**
2016	Burkheimer Schlossgarten, Chardonnay, extra brut	●	WSS	13	201-19	11 €	**Prämiert**

● Brut nature / Extra Brut / Brut ● Extra trocken / Trocken ● Halbtrocken / Mild *Alkoholgehalt + Preisangabe gerundet a. A.: Preis auf Anfrage

Jahrgang	Lage, Rebsorte, Qualitätsbezeichnung		Wein-Art	Vol%*	AP-Nr.	Preis*	DLG-Prämierung

Winzergenossenschaft Achkarren im Kaiserstuhl eG

Schlossbergstr. 2, 79235 **Vogtsburg-Achkarren,** Tel. +497662/930427, Fax +497662/930493, info@winzergenossenschaft-achkarren.de, www.achkarrer-wein.com

DLG-Bundesweinprämierung 2019: 2 x Prämiert:

2017	Achkarrer Pinot, extra trocken	●	WSS	12	204-18	9 €.	**Prämiert**
2017	Achkarrer Muskateller, trocken	●	WSS	11	203-18	9 €	**Prämiert**

Kaiserstühler Winzerverein Oberrotweil eG

Bahnhofstr. 31, 79235 **Vogtsburg-Oberrotweil,** Tel. +497662/93200, Fax +497662/8414, info@winzerverein-oberrotweil.de, www.winzerverein-oberrotweil.de

DLG-Bundesweinprämierung 2019: 3 x Silber, 1 x Prämiert – Auswahl prämierter Sekte:

2017	Oberrotweiler Chardonnay, brut	●	WSS	13	206-18	10 €	**Silber**
2017	Oberrotweiler Käsleberg, Grauer Burgunder, brut	●	WSS	13	203-19	10 €	**Silber**
2017	Oberrotweiler Käsleberg, Grauer Burgunder, extra trocken	●	WSS	12	201-19	9 €	**Silber**

● Brut nature / Extra Brut / Brut ● Extra trocken / Trocken ● Halbtrocken / Mild *Alkoholgehalt + Preisangabe gerundet a. A.: Preis auf Anfrage

Weine

Winzerkeller Auggener Schäf eG

Kleinfeldele 1, 79424 **Auggen,** Tel. +497631/36800, Fax +497631/368080, info@auggener-wein.de, www.auggener-wein.de

DLG-Bundesweinprämierung 2019: 1 x Gold, 1 x Prämiert:

2017	Junge Drübel - Gutedel, QbA	●	WSS	12	42-18	a. A.	**Gold**
2017	Junge Drübel - Cuvée Blanc, QbA	●	WSS	12	171-18	a. A.	**Prämiert**

Weingut Schumacher

Kapellenstr. 50, 79353 **Bahlingen am Kaiserstuhl,** Tel. +497663/1812, Fax +497663/949048, info@weingut-schumacher.de

DLG-Bundesweinprämierung 2019: 2 x Gold, 5 x Silber, 1 x Prämiert – Auswahl prämierter Weine:

2018	Weißburgunder, Ausl	●	WSS	13	6-19	a. A.	**Gold**
2015	Spätburgunder „S", QbA	●	ROTH	15	13-16	a. A.	**Gold**
2018	Rivaner, QbA	●	WSS	12	2-19	a. A.	**Silber**

Badischer Winzerkeller eG

Zum Kaiserstuhl 16, 79206 **Breisach,** Tel. +497667/900218, Fax +497667/900220, info@badischer-winzerkeller.de, www.badischer-winzerkeller.de

DLG-Bundesweinprämierung 2019: 23 x Gold, 62 x Silber, 29 x Prämiert – Auswahl prämierter Weine:

2017	Spätburgunder „Sonnenweine Jahrgangs-Edition", QbA	●	ROT	14	961-B-18-17	8 €	**Gold**
2016	Chardonnay „Konzept Peter Steger", QbA	●	WSS	13	994-A-75-16	15 €	**Gold**
2018	Norsinger Batzenberg, Roter Gutedel „Graf von Kageneck", QbA	●	WSS	12	994-A-35-18	10 €	**Gold**

Teilselbstvermarkter des Badischen Winzerkellers eG:

Winzergenossenschaft Münchweier-Wallburg-Schmieheim

Obere Str. 4, 77955 **Ettenheim-Münchweier,** Tel. +497822/5404, Fax +497822/3005277

DLG-Bundesweinprämierung 2019: 1 x Silber, 1 x Prämiert:

2017	Spätburgunder, QbA	●	ROTH	12	17-18	a. A.	**Silber**
2018	Weißburgunder, Kab	●	WSS	13	49-19	6 €	**Prämiert**

● Trocken ● Halbtrocken ● Lieblich/Mild ● Edelsüß *Alkoholgehalt + Preisangabe gerundet a. A.: Preis auf Anfrage

■ **Teilselbstvermarkter des Badischen Winzerkellers eG:**

Winzerverein Munzingen

St.-Erentrudis-Str. 14, 79112 **Freiburg-Munzingen,** Tel. +497664/910822, Fax +497664/910826

DLG-Bundesweinprämierung 2019: 1 x Gold, 5 x Silber, 2 x Prämiert – Auswahl prämierter Weine:

Jahrgang	Lage, Rebsorte, Qualitätsbezeichnung	Wein-Art	Vol%*	AP-Nr.	Preis*	DLG-Prämierung
2018	Munzinger Kapellenberg, Muskateller, Spl	WSS	16	67-19	10 €	**Gold**
2018	Munzinger Kapellenberg, Grauburgunder, Spl	WSS	15	59-19	10 €	**Silber**
2018	Munzinger Kapellenberg, Weißburgunder, Spl	WSS	14	45-19	9 €	**Silber**

■ **Teilselbstvermarkter des Badischen Winzerkellers eG:**

Winzergenossenschaft Oberschopfheim

Kirchstr. 6, 77948 **Friesenheim,** Tel. +497808/2172, Fax +497808/912988

DLG-Bundesweinprämierung 2019: 1 x Gold, 2 x Silber, 1 x Prämiert – Auswahl prämierter Weine:

Jahrgang	Lage, Rebsorte, Qualitätsbezeichnung	Wein-Art	Vol%*	AP-Nr.	Preis*	DLG-Prämierung
2018	Oberschopfheimer Kronenbühl, Weißburgunder, Kab	WSS	14	46-19	5 €	**Gold**
2018	Oberschopfheimer Kronenbühl, Spätburgunder, Kab	ROSÉ	14	26-19	5 €	**Silber**
2017	Oberschopfheimer Kronenbühl, Spätburgunder Alte Reben, QbA	ROT	13	13-18	6 €	**Silber**

■ **Teilselbstvermarkter des Badischen Winzerkellers eG:**

Winzergenossenschaft Kippenheim-Mahlberg-Sulz

Querstr. 6, 77971 **Kippenheim,** Tel. +497825/9595, Fax +497825/879830

DLG-Bundesweinprämierung 2019: 1 x Silber, 2 x Prämiert:

Jahrgang	Lage, Rebsorte, Qualitätsbezeichnung	Wein-Art	Vol%*	AP-Nr.	Preis*	DLG-Prämierung
2018	Kippenheimer Haselstaude, Grauburgunder, Kab	WSS	14	56-19	6 €	**Silber**
2018	Kippenheimer Haselstaude, Chardonnay, Kab	WSS	14	76-19	6 €	**Prämiert**
2017	Kippenheimer Haselstaude, Spätburgunder, Kab	ROT	13	92-19	7 €	**Prämiert**

■ **Teilselbstvermarkter des Badischen Winzerkellers eG:**

Winzergenossenschaft Schriesheim eG

Heidelberger Str. 3, 69198 **Schriesheim,** Tel. +496203/61560, Fax +496203/68140

DLG-Bundesweinprämierung 2019: 5 x Gold, 6 x Silber, 2 x Prämiert – Auswahl prämierter Weine:

Jahrgang	Lage, Rebsorte, Qualitätsbezeichnung	Wein-Art	Vol%*	AP-Nr.	Preis*	DLG-Prämierung
2018	Schriesheimer Rittersberg, Gewürztraminer, Spl	WSS	12	90-19	9 €	**Gold**
2018	Schriesheimer Rittersberg, St. Laurent „No. 1“, QbA	ROT	13	72-18	6 €	**Gold**
2017	Schriesheimer Rittersberg, Spätburgunder, QbA	ROT	13	919-18	18 €	**Gold**

■ **Teilselbstvermarkter des Badischen Winzerkellers eG:**

Winzergenossenschaft Buchholz/Sexau eG

Burgunderweg 1, 79183 **Waldkirch-Buchholz,** Tel. +497681/24646, Fax +497681/409344

DLG-Bundesweinprämierung 2019: 2 x Gold, 4 x Silber, 5 x Prämiert – Auswahl prämierter Weine:

Jahrgang	Lage, Rebsorte, Qualitätsbezeichnung	Wein-Art	Vol%*	AP-Nr.	Preis*	DLG-Prämierung
2017	Buchholzer Sonnhalde, Spätburgunder, QbA	ROT	14	17-18	6 €	**Gold**
2017	Buchholzer Sonnhalde, Spätburgunder, Spl	ROTB	13	80-18	12 €	**Gold**
2017	Buchholzer Sonnhalde, Grauer Burgunder, Kab	WSS	13	56-18	6 €	**Silber**

■ Affentaler Winzer eG

Betschgräbler Platz, 77815 **Bühl,** Tel. +497223/98980, Fax +497223/989830, info@affentaler.de, www.affentaler.de

DLG-Bundesweinprämierung 2019: 5 x Gold, 9 x Silber, 9 x Prämiert – Auswahl prämierter Weine:

Jahrgang	Lage, Rebsorte, Qualitätsbezeichnung	Wein-Art	Vol%*	AP-Nr.	Preis*	DLG-Prämierung
2018	Riesling, Ausl	WSS	11	79-19	11 €	**Gold**
2018	Bühlertaler Engelsfelsen, Gewürztraminer, QbA	WSS	15	122-19	15 €	**Gold**
2017	Spätburgunder, Kab	ROT	13	341-19	7 €	**Gold**

Jahrgang	Lage, Rebsorte, Qualitätsbezeichnung		Wein-Art	Vol%*	AP-Nr.	Preis*	DLG-Prämierung

Weingut Andreas Laible

Am Bühl 6, 77770 **Durbach,** Tel. +49781/41238, Fax +49781/38339, post@andreas-laible.com, www.andreas-laible.com

DLG-Bundesweinprämierung 2019: 5 x Gold, 11 x Silber, 1 x Prämiert – Auswahl prämierter Weine:

2018	Durbacher Plauerain, Riesling VDP Erste Lage, Ausl	●	WSS	11	34-19	17 €	**Gold**
2018	Spätburgunder VDP Erste Lage, Spl	●	WH	12	5-19	13 €	**Gold**
2018	Durbacher Plauerain, Traminer VDP Erste Lage, BA	●	WSS	9	41-19	28 €	**Gold**

Durbacher Winzergenossenschaft eG

Nachtweide 2, 77770 **Durbach,** Tel. +49781/936612, Fax +49781/936668, ruedigernilles@durbacher.de, www.durbacher.de

DLG-Bundesweinprämierung 2019: 2 x Gold Extra, 12 x Gold, 13 x Silber, 5 x Prämiert – Auswahl prämierter Weine:

2018	Durbacher Plauelrain, Scheurebe, Ausl	●	WSS	10	56-19	11 €	**Gold Extra**
2018	Durbacher Plauelrain, Klingelberger, Ausl	●	WSS	11	55-19	11 €	**Gold Extra**
2018	Durbacher Kochberg, Spätburgunder, Ausl	●	WH	10	53-19	11 €	**Gold**

Weingut Heinrich Männle

Sendelbach 16, 77770 **Durbach,** Tel. +49781/41101, Fax +49781/440105, info@weingutmaennle.de, www.weingutmaennle.de

DLG-Bundesweinprämierung 2019: 9 x Gold, 9 x Silber, 1 x Prämiert – Auswahl prämierter Weine:

2015	Durbacher Kochberg, Spätburgunder, Spl	●	ROTB	14	2-18	28 €	**Gold**
2017	Durbacher Plauelrain, Grauburgunder „Fass 16", Spl	●	WSS	14	8-18	15 €	**Gold**
2017	Durbacher Kochberg, Weißburgunder „Fass 18", Spl	●	WSS	13	15-18	14 €	**Gold**

Schwarzwaldweingut Andreas Männle · Alfred & Thomas Männle

Heimbach 12, 77770 **Durbach,** Tel. +49781/41486, Fax +49781/42981, info@schwarzwaldweingut.de, www.schwarzwaldweingut.de

DLG-Bundesweinprämierung 2019: 1 x Gold Extra, 9 x Gold, 7 x Silber, 3 x Prämiert – Auswahl prämierter Weine:

2016	Durbacher Bienengarten, Spätburgunder, Ausl	●	ROTB	15	31-18	35 €	**Gold Extra**
2016	Durbacher Bienengarten, Klingelberger, Eisw	●	WSS	10	26-17	45 €	**Gold**
2018	Durbacher Bienengarten, Scheurebe, Spl	●	WSS	11	6-19	13 €	**Gold**

Weingut Schwörer · Josef Rohrer

Grol 8, 77770 **Durbach,** Tel. +49781/42362, Fax +49781/33408, info@weingut-schwoerer.de, www.weingut-schwoerer.de

DLG-Bundesweinprämierung 2019: 6 x Gold, 2 x Silber – Auswahl prämierter Weine:

2017	Durbacher Spätburgunder „HS", QbA	●	ROTB	13	14-18	10 €	**Gold**
2017	Cabernet Sauvignon, QbA	●	ROTB	14	14-19	13 €	**Gold**
2017	Durbacher Plauelrain, Spätburgunder, QbA	●	ROTB	14	9-19	12 €	**Gold**

Weingut Leopold Schätzle

Wilhelmshöfe 1, 79346 **Endingen,** Tel. +497642/3361, Fax +497642/2460, leopold@schaetzle-weingut.de, www.schaetzle-weingut.de

DLG-Bundesweinprämierung 2019: 1 x Gold Extra, 8 x Gold, 6 x Silber, 3 x Prämiert – Auswahl prämierter Weine:

2018	Endinger Engelsberg, Scheurebe, Spl	●	WSS	13	19-19	11 €	**Gold Extra**
2018	Riesling - Scheurebe - Muskateller „Vier JZ am Schluchsee", QbA	●	WSS	13	4-19	10 €	**Gold**
2015	Endinger Steingrube, Spätburgunder, Ausl	●	ROTH	15	51-17	23 €	**Gold**

Jahrgang	Lage, Rebsorte, Qualitätsbezeichnung	Wein-Art	Vol%*	AP-Nr.	Preis*	DLG-Prämierung

Weinmanufaktur Gengenbach-Offenburg eG

Am Winzerkeller 2, 77723 **Gengenbach,** Tel. +497803/96580, Fax +497803/965858, info@weinmanufaktur-gengenbach.de, www.weinmanufaktur-gengenbach.de

DLG-Bundesweinprämierung 2019: 1 x Gold Extra, 4 x Gold, 9 x Silber, 3 x Prämiert – Auswahl prämierter Weine:

Jahrgang	Lage, Rebsorte, Qualitätsbezeichnung	Wein-Art	Vol%*	AP-Nr.	Preis*	DLG-Prämierung
2015	Zeller Abtsberg, Syrah „Premium SL“, QbA	ROTB	14	152-18	18 €	**Gold Extra**
2018	Fessenbacher Chardonnay, Kab	WSS	13	21-19	7 €	**Gold**
2017	Zeller Abtsberg, Scheurebe, Spl	WSS	11	122-18	9 €	**Gold**

Winzerverein Hagnau eG

Strandbadstr. 7, 88709 **Hagnau,** Tel. +497532/1030, Fax +497532/1341, info@hagnauer.de, www.hagnauer.de

DLG-Bundesweinprämierung 2019: 1 x Gold, 2 x Silber:

Jahrgang	Lage, Rebsorte, Qualitätsbezeichnung	Wein-Art	Vol%*	AP-Nr.	Preis*	DLG-Prämierung
2017	Hagnauer Burgstall, Müller-Thurgau „Edition“, QbA	WSS	12	118-18	7 €	**Gold**
2017	Hagnauer Burgstall, Sauvignon Blanc, QbA	WSS	13	107-18	13 €	**Silber**
2017	Hagnauer Burgstall, Müller-Thurgau „Edition“, QbA	WSS	13	117-18	7 €	**Silber**

Weingut Vollmayer

Elisabethenberg 1, 78247 **Hilzingen,** Tel. +497731/64147, Fax +497731/64147, www.weingut-vollmayer.de

DLG-Bundesweinprämierung 2019: 1 x Silber, 2 x Prämiert:

Jahrgang	Lage, Rebsorte, Qualitätsbezeichnung	Wein-Art	Vol%*	AP-Nr.	Preis*	DLG-Prämierung
2018	Hohentweiler Elisabethenberg, Grauburgunder, QbA	WSS	13	13-19	10 €	**Silber**
2015	Spätburgunder, Ausl	ROTB	16	8-19	35 €	**Prämiert**
2018	Hohentweiler Elisabethenberg, Weißwein „Cuvée Isabell“, QbA	WSS	11	5-19	10 €	**Prämiert**

Waldulmer Winzergenossenschaft eG

Weinstr. 37, 77876 **Kappelrodeck,** Tel. +497842/94890, Fax +497842/948920, mail@waldulmer.de, www.waldulmer.de

DLG-Bundesweinprämierung 2019: 1 x Gold, 1 x Silber, 1 x Prämiert:

Jahrgang	Lage, Rebsorte, Qualitätsbezeichnung	Wein-Art	Vol%*	AP-Nr.	Preis*	DLG-Prämierung
2015	Waldulmer Pfarrberg, Spätburgunder, Ausl	ROTH	15	25-18	14 €	**Gold**
2017	Waldulmer Pfarrberg, Pinot noir, Kab	BDN	12	22-18	7 €	**Silber**
2017	Spätburgunder, QbA	ROSÉ	11	44-18	6 €	**Prämiert**

Staatsweingut Karlsruhe-Durlach

Posseltstr. 19, 76227 **Karlsruhe,** Tel. +49721/940570, Fax +49721/940579, Staatsweingut@l-Bank.de, www.turmbergwein.de

DLG-Bundesweinprämierung 2019: 3 x Gold, 10 x Silber – Auswahl prämierter Weine:

Jahrgang	Lage, Rebsorte, Qualitätsbezeichnung	Wein-Art	Vol%*	AP-Nr.	Preis*	DLG-Prämierung
2018	Durlacher Turmberg, Muskat-Ottonel * * *, QbA	WSS	11	16-19	11 €	**Gold**
2018	Grauburgunder * *, QbA	WSS	13	9-19	10 €	**Gold**
2018	Durlacher Turmberg, Weißburgunder * * * „SL“, QbA	WSS	14	12-19	12 €	**Gold**

Weingut Bös

Wiesenäcker 2, 69254 **Malsch,** Tel. +497253/278818, Fax +497253/278819, info@weingut-boes.de, www.weingut-boes.de

DLG-Bundesweinprämierung 2019: 9 x Gold, 6 x Silber, 5 x Prämiert – Auswahl prämierter Weine:

Jahrgang	Lage, Rebsorte, Qualitätsbezeichnung	Wein-Art	Vol%*	AP-Nr.	Preis*	DLG-Prämierung
2017	Malscher Ölbaum, Cabernet Franc, QbA	ROT	13	27-18	a.A.	**Gold**
2017	Malscher Ölbaum, Rotwein „Cuvée St. Ambrosius“, QbA	ROT	14	26-18	a.A.	**Gold**
2018	Malscher Ölbaum, Auxerrois „Patriarch“, QbA	WSS	12	5-19	a.A.	**Gold**

Trocken · Halbtrocken · Lieblich/Mild · Edelsüß · * Alkoholgehalt + Preisangabe gerundet · a.A.: Preis auf Anfrage

Jahrgang	Lage, Rebsorte, Qualitätsbezeichnung	Wein-Art	Vol%*	AP-Nr.	Preis*	DLG-Prämierung

Winzergenossenschaft Britzingen Markgräflerland eG

Markgräflerstr. 25/29, 79379 **Müllheim,** Tel. +497631/17710, Fax +497631/4013, info@britzinger-wein.de, www.britzinger-wein.de

DLG-Bundesweinprämierung 2019: 2 x Gold Extra, 7 x Gold, 5 x Silber, 2 x Prämiert – Auswahl prämierter Weine:

Jahrgang	Lage, Rebsorte, Qualitätsbezeichnung	Wein-Art	Vol%*	AP-Nr.	Preis*	DLG-Prämierung
2018	Britzinger Sonnhole, Muskateller, Kab	WSS	10	48-18	7 €	Gold Extra
2018	Britzinger Spätburgunder, Kab	WH	11	17-19	6 €	Gold Extra
2017	Badenweiler Römerberg, Grauer Burgunder, Spl	WSSH	13	34-18	9 €	Gold

Oberkircher Winzer eG

Renchener Str. 42, 77704 **Oberkirch,** Tel. +497802/92580, Fax +497802/925838, info@oberkircher-winzer.de, www.oberkircher-winzer.de

DLG-Bundesweinprämierung 2019: 3 x Gold Extra, 12 x Gold, 15 x Silber, 7 x Prämiert – Auswahl prämierter Weine:

Jahrgang	Lage, Rebsorte, Qualitätsbezeichnung	Wein-Art	Vol%*	AP-Nr.	Preis*	DLG-Prämierung
2018	Weißer Burgunder „Vinum Nobile", QbA	WSS	14	28-19	7 €	Gold Extra
2016	Syrah „Vinum Nobile", QbA	ROT	14	20-18	10 €	Gold Extra
2018	Grauer Burgunder „Vinum Nobile", QbA	WSS	14	114-18	7 €	Gold Extra

Winzerkeller Hex vom Dasenstein eG

Burgunderplatz 1, 77876 **Kappelrodeck,** Tel. +497842/99380, Fax +497842/993838, info@dasenstein.de, www.dasenstein.de

DLG-Bundesweinprämierung 2019: 18 x Gold, 9 x Silber, 4 x Prämiert – Auswahl prämierter Weine:

Jahrgang	Lage, Rebsorte, Qualitätsbezeichnung	Wein-Art	Vol%*	AP-Nr.	Preis*	DLG-Prämierung
2018	Chardonnay „Villa Heynburg", QbA	WSS	14	352-19	10 €	Gold
2018	Spätburgunder „Rebgeister der Schlossbergschule", Spl	ROSÉ	13	21-19	8 €	Gold
2018	Ruländer, Spl	WSS	12	331-19	8 €	Gold

Winzergenossenschaft Rammersweier eG

Weinstr. 87, 77654 **Offenburg,** Tel. +49781/31424, Fax +49781/34674, wg.rammersweier@t-online.de, www.wg-rammersweier.de

DLG-Bundesweinprämierung 2019: 3 x Gold, 5 x Silber, 4 x Prämiert – Auswahl prämierter Weine:

Jahrgang	Lage, Rebsorte, Qualitätsbezeichnung	Wein-Art	Vol%*	AP-Nr.	Preis*	DLG-Prämierung
2018	Spätburgunder, Kab	WH	11	21-19	6 €	Gold
2018	Klingelberger, Kab	WSS	13	23-19	7 €	Gold
2016	Spätburgunder, Spl	ROT	13	60-18	9 €	Gold

Weingut Bimmerle

Kirchstr. 4, 77871 **Renchen-Erlach,** Tel. +497843/654, Fax +497843/1502, info@wein-bimmerle.de, www.wein-bimmerle.de

DLG-Bundesweinprämierung 2019: 3 x Silber, 3 x Prämiert – Auswahl prämierter Weine:

Jahrgang	Lage, Rebsorte, Qualitätsbezeichnung	Wein-Art	Vol%*	AP-Nr.	Preis*	DLG-Prämierung
2017	Riesling Reservé, QbA	WSS	13	1-18	16 €	Silber
2015	Spätburgunder Reservé, QbA	ROTB	14	7-17	35 €	Silber
2017	Chardonnay Reservé, QbA	WSSH	14	3-18	19 €	Silber

Sasbacher Winzerkeller eG

Jechtinger Str. 26, 79361 **Sasbach,** Tel. +497642/90310, Fax +497642/903150, info@sasbacher.de, www.sasbacher.de

DLG-Bundesweinprämierung 2019: 1 x Gold Extra, 3 x Gold, 14 x Silber, 4 x Prämiert – Auswahl prämierter Weine:

Jahrgang	Lage, Rebsorte, Qualitätsbezeichnung	Wein-Art	Vol%*	AP-Nr.	Preis*	DLG-Prämierung
2016	Sasbacher Rote Halde, Spätburgunder „Edition Orchidea", Spl	ROT	14	31-18	16 €	Gold Extra
2018	Sasbacher Rote Halde, Spätburgunder, Kab	ROSÉ	13	22-19	7 €	Gold
2018	Sasbacher Limburg, Grauer Burgunder, Spl	WSS	15	13-19	8 €	Gold

● Trocken ● Halbtrocken ● Lieblich/Mild ● Edelsüß *Alkoholgehalt + Preisangabe gerundet a. A.: Preis auf Anfrage

Alde Gott Winzer Schwarzwald eG

Talstr. 2, 77887 **Sasbachwalden,** Tel. +497841/20290, Fax +497841/202930, info@aldegott.de, www.aldegott.de

DLG-Bundesweinprämierung 2019: 1 x Gold Extra, 5 x Gold, 14 x Silber, 6 x Prämiert – Auswahl prämierter Weine:

Jahrgang	Lage, Rebsorte, Qualitätsbezeichnung	Geschmack	Wein-Art	Vol%*	AP-Nr.	Preis*	DLG-Prämierung
2018	Gewürztraminer, QbA	● Trocken	WSSH	16	53-19	12 €	Gold Extra
2018	Spätburgunder, Ausl	● Edelsüß	ROT	12	42-19	12 €	Gold
2017	Grauburgunder, Spl	● Trocken	WSSH	14	22-19	10 €	Gold

Weingut Angelika Vogel

Halberstunger Str. 5, 76547 **Sinzheim,** Tel. +497221/81760, Fax +497221/81569, Weingut-Vogel@t-online.de, www.weingut-vogel.de

DLG-Bundesweinprämierung 2019: 1 x Silber, 1 x Prämiert:

Jahrgang	Lage, Rebsorte, Qualitätsbezeichnung	Geschmack	Wein-Art	Vol%*	AP-Nr.	Preis*	DLG-Prämierung
2018	Sinzheimer Frühmessler, Spätburgunder, Ausl	● Trocken	ROTH	15	12-19	10 €	Silber
2018	Sinzheimer Grauburgunder, Kab	● Trocken	WSS	13	5-19	5 €	Prämiert

Burkheimer Winzer am Kaiserstuhl eG

Winzerstr. 8, 79235 **Vogtsburg,** Tel. +497662/93930, Fax +497662/939325, info@burkheimerwinzer.de, www.burkheimerwinzer.de

DLG-Bundesweinprämierung 2019: 1 x Gold, 3 x Silber, 2 x Prämiert – Auswahl prämierter Weine:

Jahrgang	Lage, Rebsorte, Qualitätsbezeichnung	Geschmack	Wein-Art	Vol%*	AP-Nr.	Preis*	DLG-Prämierung
2017	Burkheimer Schlossgarten, Chardonnay „VINI GRANDE", QbA	● Trocken	WSSB	14	53-18	16 €	Gold
2018	Burkheimer Schlossgarten, Auxerrois, Kab	● Trocken	WSS	13	14-19	7 €	Silber
2018	Burkheimer Feuerberg, Scheurebe Alte Rebe, Spl	● Trocken	WSS	15	35-19	9 €	Silber

Winzergenossenschaft Oberbergen im Kaiserstuhl eG

Badbergstr. 2, 79235 **Vogtsburg,** Tel. +497662/94600, Fax +497662/946024, info@wg-oberbergen.com, www.wg-oberbergen.com

DLG-Bundesweinprämierung 2019: 2 x Gold, 12 x Silber, 3 x Prämiert – Auswahl prämierter Weine:

Jahrgang	Lage, Rebsorte, Qualitätsbezeichnung	Geschmack	Wein-Art	Vol%*	AP-Nr.	Preis*	DLG-Prämierung
2017	Oberbergener Bassgeige, Chardonnay „Edition BL", Spl	● Trocken	WSS	14	87-18	13 €	Gold
2017	Oberbergener Bassgeige, Spätburgunder, QbA	● Trocken	ROTH	13	66-19	a. A.	Gold
2017	Oberbergener Bassgeige, Weißer Burgunder „Edition TT", QbA	● Trocken	WSSH	14	175-18	13 €	Silber

Winzergenossenschaft Achkarren im Kaiserstuhl eG

Schlossbergstr. 2, 79235 **Vogtsburg-Achkarren,** Tel. +497662/930427, Fax +497662/930493, info@winzergenossenschaft-achkarren.de, www.achkarrer-wein.com

DLG-Bundesweinprämierung 2019: 8 x Gold, 10 x Silber, 6 x Prämiert – Auswahl prämierter Weine:

Jahrgang	Lage, Rebsorte, Qualitätsbezeichnung	Geschmack	Wein-Art	Vol%*	AP-Nr.	Preis*	DLG-Prämierung
2018	Achkarrer Castellberg, Grauer-Burgunder, Kab	● Trocken	WSS	14	29-19	7 €	Gold
2017	Achkarrer Schlossberg, Spätburgunder, QbA	● Trocken	ROT	13	109-18	9 €	Gold
2018	Achkarrer Schlossberg, Muskateller „Edition Bestes Fass", Ausl	● Edelsüß	WSS	7	67-19	13 €	Gold

Kaiserstühler Winzerverein Oberrotweil eG

Bahnhofstr. 31, 79235 **Vogtsburg-Oberrotweil,** Tel. +497662/93200, Fax +497662/8414, info@winzerverein-oberrotweil.de, www.Winzerverein-Oberrotweil.de

DLG-Bundesweinprämierung 2019: 14 x Gold, 13 x Silber, 5 x Prämiert – Auswahl prämierter Weine:

Jahrgang	Lage, Rebsorte, Qualitätsbezeichnung	Geschmack	Wein-Art	Vol%*	AP-Nr.	Preis*	DLG-Prämierung
2018	Oberrotweiler Käsleberg, Gewürztraminer, Kab	● Lieblich/Mild	WSS	13	136-18	a. A.	Gold
2018	Oberrotweiler Blanc de Noir, QbA	● Trocken	BDN	14	22-19	7 €	Gold
2018	Oberrotweiler Käsleberg, Grauer Burgunder, Kab	● Trocken	WSS	14	9-19	7 €	Gold

● Trocken ● Halbtrocken ● Lieblich/Mild ● Edelsüß * Alkoholgehalt + Preisangabe gerundet a. A.: Preis auf Anfrage

Jahrgang	Lage, Rebsorte, Qualitätsbezeichnung		Wein-Art	Vol%*	AP-Nr.	Preis*	DLG-Prämierung

Franken

Silvaner spielt die Hauptrolle

Ein besonderes Kennzeichen Frankens sind die unterschiedlichen Bodenstrukturen mit Buntsandstein, Muschelkalk und Keuper, die man zwischen Aschaffenburg und Schweinfurt auf relativ kleinem Raum vorfindet. Im Mittelpunkt steht für die fränkischen Winzer die Rebsorte Silvaner, deren Weine hier eine einzigartige und typische Ausprägung erhalten. Es sind das kontinental geprägte Klima, das sich durch den Wechsel von warmen Sommern und kühlen Wintern auszeichnet, und die unterschiedlichen Bodenarten, die für mineralische und charakteristische Silvaner-Weine sorgen. Die Anbaufläche Frankens beträgt etwa 6.100 Hektar. Weitere regionaltypische Sorten sind Müller-Thurgau, Scheurebe, Riesling und Spätburgunder.

Sekte

■ Weingut Ruppert

Obere Stadtmauer 15, 97762 **Hammelburg,** Tel. +499732/7374, Fax +499732/7337, info@weingut-ruppert.de, www.weingut-ruppert.com

DLG-Bundesweinprämierung 2019: 1 x Prämiert:

2017	Höllricher Boxberg, Weißer Burgunder, brut	●	WSS	12	35-18	15 €	**Prämiert**

■ Weingut Hans Wirsching KG

Ludwigstr. 16, 97346 **Iphofen,** Tel. +499323/87330, Fax +499323/873390, info@wirsching.de, www.wirsching.de

DLG-Bundesweinprämierung 2019: 1 x Silber:

2016	Silvaner, extra brut	●	WSS	12	29-19	14 €	**Silber**

■ Winzerkeller Sommerach eG

Zum Katzenkopf 1, 97334 **Sommerach,** Tel. +499381/80610, Fax +499381/4551, info@winzer-sommerach.de, www.winzerkeller-sommerach.de

DLG-Bundesweinprämierung 2019: 1 x Prämiert:

2015	Crémant Pinot, brut nature	●	WSS	13	25-19	17 €	**Prämiert**

■ Familienweingut Braun · Heike und Thomas Braun

Blütenstr. 22, 97332 **Volkach-Fahr,** Tel. +499381/80730, Fax +499381/807320, info@weingut-braun.de, www.weingut-braun.de

DLG-Bundesweinprämierung 2019: 1 x Gold Extra:

2016	Gelber Muskateller, brut	●	WSS	12	1-18	12 €	**Gold Extra**

Jahrgang	Lage, Rebsorte, Qualitätsbezeichnung		Wein-Art	Vol%*	AP-Nr.	Preis*	DLG-Prämierung

Weine

■ Weingut-Weinkellerei e.K. Georg Apfelbacher

Neuseser Str. 3, 97337 **Dettelbach,** Tel. +499324/98220, Fax +499324/982279, info@apfelbacher-wein.de, www.apfelbacher-wein.de

DLG-Bundesweinprämierung 2019: 1 x Silber, 2 x Prämiert:

2017	Dettelbacher Sonnenleite, Grauer Burgunder, Spl	●	WSS	12	32-18	a.A.	**Silber**
2017	Dettelbacher Sonnenleite, Weißer Burgunder, Spl	●	WSS	12	33-18	a.A.	**Prämiert**
2016	Dettelbacher Berg-Rondell, Spätburgunder, QbA	●	ROTH	14	35-18	a.A.	**Prämiert**

■ Weingut Ruppert

Obere Stadtmauer 15, 97762 **Hammelburg,** Tel. +499732/7374, Fax +499732/7337, info@weingut-ruppert.de, www.weingut-ruppert.com

DLG-Bundesweinprämierung 2019: 1 x Gold, 2 x Silber, 1 x Prämiert – Auswahl prämierter Weine:

2017	Hammelburger Heroldsberg, Sauvignon Blanc, QbA	●	WSSH	12	29-18	15 €	**Gold**
2018	Hammelburger Trautlestal, Ortega, Kab	●	WSS	12	32-18	a.A.	**Silber**
2017	Riesling „KALKSTEIN“, Kab	●	WSS	11	4-18	8 €	**Silber**

■ Weinbau Johannes Barth

Obere Gräbengasse 9, 97346 **Iphofen,** Tel. +499323/3862, Fax +499323/8709820, Sabine@Weinbau-Barth.de, www.Weinbau-Barth.de

DLG-Bundesweinprämierung 2019: 1 x Silber:

2017	Iphöfer Kronsberg, Riesling, Spl	●	WSS	13	7-18	10 €	**Silber**

■ Weinbau & Edelbrennerei · Margot & Michael Heindel GbR

Hauptstr. 9, 91472 **Ipsheim,** Tel. +499846/1323, Fax +499846/978610, Heindel-weinbau@t-online.de

DLG-Bundesweinprämierung 2019: 3 x Prämiert:

2017	Bad Windsheimer Rosenberg, Regent „JULI - weit weg“, QbA	●	ROTB	14	11-19	15 €	**Prämiert**
2018	Ipsheimer Burg Hoheneck, Silvaner „JULI - acht Zeilen“, QbA	●	WSSH	12	9-19	11 €	**Prämiert**
2018	Weimersheimer Roter Berg, M.-Thurg. „JULI - roter Boden“, QbA	●	WSS	12	10-19	7 €	**Prämiert**

■ Winzerhof Burrlein

Hauptstr. 149, 97320 **Mainstockheim,** Tel. +499321/5578, Fax +499321/5510, mail@burrlein.com, www.burrlein.com

DLG-Bundesweinprämierung 2019: 2 x Silber:

2017	Mainstockheimer Hofstück, Riesling, Kab	●	WSS	12	19-18	8 €	**Silber**
2015	Mainstockheimer Hofstück, Silvaner „Schlossportal“, QbA	●	WSSH	14	16-17	17 €	**Silber**

■ Weingut Meier Schmidt

Ulsenheim 114, 91478 **Markt Nordheim,** Tel. +499842/2479, weingut@meier-schmidt.de, www.meier-schmidt.de

DLG-Bundesweinprämierung 2019: 1 x Silber, 1 x Prämiert:

2016	Silvaner „Meisterschluck No.3“, QbA	●	WSSB	14	25-17	29 €	**Silber**
2018	Sommerhäuser Steinbach, Riesling, QbA	●	WSS	13	31-19	10 €	**Prämiert**

Weingut Weisensee

Winzerstr. 11, 97334 **Sommerach,** Tel. +499381/9276, Fax +499381/1716242, info@weingut-weisensee.de, www.weingut-weisensee.de

DLG-Bundesweinprämierung 2019: 2 x Gold, 4 x Silber, 1 x Prämiert – Auswahl prämierter Weine:

Jahrgang	Lage, Rebsorte, Qualitätsbezeichnung		Wein-Art	Vol%*	AP-Nr.	Preis*	DLG-Prämierung
2018	Silvaner „vom Middelwaach", Spl	●	WSSH	14	6-19	9 €	**Gold**
2018	Traminer, Spl	●	WSS	13	7-19	8 €	**Gold**
2017	Domina, QbA	●	ROTB	13	5-19	10 €	**Silber**

Weingut Zehnthof

Hauptstr. 17, 97334 **Sommerach,** Tel. +499381/2830, Fax +499381/715794, info@zehnthof-weickert.de, www.zehnthof-weickert.de

DLG-Bundesweinprämierung 2019: 9 x Gold, 20 x Silber, 9 x Prämiert – Auswahl prämierter Weine:

Jahrgang	Lage, Rebsorte, Qualitätsbezeichnung		Wein-Art	Vol%*	AP-Nr.	Preis*	DLG-Prämierung
2018	Volkacher Kirchberg, Blauer Silvaner, Kab	●	WSS	14	26-19	7 €	**Gold**
2018	Volkacher Kirchberg, Riesling, Kab	●	WSS	13	30-19	8 €	**Gold**
2018	Sommeracher Katzenkopf, Spätburgunder, Ausl	●	WH	11	23-19	10 €	**Gold**

Weingut Christoph Steinmann

Neuenbergshof, 97286 **Sommerhausen,** Tel. +499333/436, Fax +499333/785, Weingut.Steinmann@t-online.de, www.weingut-steinmann.de

DLG-Bundesweinprämierung 2019: 1 x Gold, 1 x Silber:

Jahrgang	Lage, Rebsorte, Qualitätsbezeichnung		Wein-Art	Vol%*	AP-Nr.	Preis*	DLG-Prämierung
2017	Sommerhäuser Steinbach, Domina, QbA	●	ROTH	13	19-18	8 €	**Gold**
2017	Sommerhäuser Steinbach, Riesling, Spl	●	WSS	13	15-18	9 €	**Silber**

Weingut Hermann Bauer

Veitshöchheimer Str. 46, 97291 **Thüngersheim,** Tel. +499364/9393, Fax +499364/9301, weinguthbauer@t-online.de, www.weingut-hermann-bauer.de

DLG-Bundesweinprämierung 2019: 2 x Silber, 1 x Prämiert:

Jahrgang	Lage, Rebsorte, Qualitätsbezeichnung		Wein-Art	Vol%*	AP-Nr.	Preis*	DLG-Prämierung
2018	Thüngersheimer Ravensburg, Silvaner, Spl	●	WSS	13	22-19	7 €	**Silber**
2018	Thüngersheimer Johannisberg, Scheurebe, Spl	●	WSS	12	16-19	a. A.	**Silber**
2018	Thüngersheimer Ravensburg, Domina, Spl	●	ROT	13	15-19	a. A.	**Prämiert**

Weingut Gebr. Geiger jun.

Veitshöchheimer Str. 16, 97291 **Thüngersheim,** Tel. +499364/7666, Fax +499364/6616, info@gebr-geiger-jun.de, www.weingut-gebr-geiger-jun.de

DLG-Bundesweinprämierung 2019: 3 x Gold, 10 x Silber, 4 x Prämiert – Auswahl prämierter Weine:

Jahrgang	Lage, Rebsorte, Qualitätsbezeichnung		Wein-Art	Vol%*	AP-Nr.	Preis*	DLG-Prämierung
2018	Retzbacher Benediktusberg, Traminer, Ausl	●	WSS	9	818-19	13 €	**Gold**
2018	Thüngersheimer Scharlachberg, Bacchus, Kab	●	WSS	11	814-19	6 €	**Gold**
2018	Retzbacher Benediktusberg, Silvaner „Solistin", Spl	●	WSS	15	836-19	13 €	**Gold**

Weingut A. + M. Klüpfel GbR

Plangasse 4, 97291 **Thüngersheim,** Tel. +499364/9837, Fax +499364/810581, mail@weingutkluepfel.de, www.weingutkluepfel.de

DLG-Bundesweinprämierung 2019: 1 x Prämiert:

Jahrgang	Lage, Rebsorte, Qualitätsbezeichnung		Wein-Art	Vol%*	AP-Nr.	Preis*	DLG-Prämierung
2017	Thüngersheimer Johannisberg, Silvaner, Spl	●	WSS	13	8-18	7 €	**Prämiert**

● Trocken ● Halbtrocken ● Lieblich/Mild ● Edelsüß * Alkoholgehalt + Preisangabe gerundet a. A.: Preis auf Anfrage

Jahrgang	Lage, Rebsorte, Qualitätsbezeichnung		Wein-Art	Vol%*	AP-Nr.	Preis*	DLG-Prämierung

Weingut Geiger & Söhne

Veitshöchheimer Str. 1, 97291 **Thüngersheim,** Tel. +499364/9605, Fax +499364/6673, info@geigerundsoehne.de, www.geigerundsoehne.de

DLG-Bundesweinprämierung 2019: 6 x Gold, 7 x Silber, 3 x Prämiert – Auswahl prämierter Weine:

Jahrgang	Lage, Rebsorte, Qualitätsbezeichnung		Wein-Art	Vol%*	AP-Nr.	Preis*	DLG-Prämierung
2018	Thüngersheimer Johannisberg, Scheurebe „Erste Geige", Spl	●	WSS	14	19-19	10 €	**Gold**
2018	Thüngersheimer Scharlachberg, Bacchus „Mundfein", Kab	●	WSS	12	5-19	7 €	**Gold**
2018	Thüngersheimer Johannisberg, Silvaner „Mundart", Kab	●	WSS	13	4-19	7 €	**Gold**

Weingut Hirn & Hundertwasser-Shop · Im Weinparadies

Dipbacher Str. 8, 97247 **Untereisenheim,** Tel. +499386/388, Fax +499386/1280, info@weingut-hirn.de, www.weingut-hirn.de

DLG-Bundesweinprämierung 2019: 1 x Gold, 4 x Silber, 2 x Prämiert – Auswahl prämierter Weine:

Jahrgang	Lage, Rebsorte, Qualitätsbezeichnung		Wein-Art	Vol%*	AP-Nr.	Preis*	DLG-Prämierung
2018	Untereisenheimer Höll, Bacchus, Kab	●	WSS	11	3-19	7 €	**Gold**
2018	Untereisenheimer Höll, Riesling Erste Lage, Ausl	●	WSS	10	5-19	15 €	**Silber**
2018	Untereisenheimer Höll, Kerner Alte Reben, Ausl	●	WSS	12	7-19	15 €	**Silber**

Weingut Andreas Braun · G. Rappert

Ringstr. 19, 97332 **Volkach,** Tel. +499381/531, Fax +499381/3519, andreasbraun-Volkach@t-online.de, www.franken-weingut-braun.de

DLG-Bundesweinprämierung 2019: 2 x Gold, 13 x Silber, 4 x Prämiert – Auswahl prämierter Weine:

Jahrgang	Lage, Rebsorte, Qualitätsbezeichnung		Wein-Art	Vol%*	AP-Nr.	Preis*	DLG-Prämierung
2018	Volkacher Kirchberg, Gewürztraminer, Spl	●	WSS	13	15-19	a.A.	**Gold**
2018	Volkacher Ratsherr, Riesling, Kab	●	WSS	12	26-19	a.A.	**Gold**
2018	Volkacher Kirchberg, Domina, Kab	●	ROT	12	45-19	a.A.	**Silber**

Weingut „Am Lump" · Albrecht Sauer

Bocksbeutelstr. 60, 97332 **Volkach-Escherndorf,** Tel. +499381/9035, Fax +499381/6135, mail@weingut-am-lump.de, www.weingut-am-lump.de

DLG-Bundesweinprämierung 2019: 6 x Gold, 6 x Silber, 4 x Prämiert – Auswahl prämierter Weine:

Jahrgang	Lage, Rebsorte, Qualitätsbezeichnung		Wein-Art	Vol%*	AP-Nr.	Preis*	DLG-Prämierung
2018	Escherndorfer Lump, Scheurebe, Kab	●	WSS	12	20-19	5 €	**Gold**
2018	Escherndorfer Fürstenberg, Kerner feinherb, Kab	●	WSS	12	14-19	5 €	**Gold**
2018	Dettelbacher Sonnenleite, Schwarzriesling, Kab	●	ROT	13	26-19	6 €	**Gold**

Familienweingut Braun · Heike und Thomas Braun

Blütenstr. 22, 97332 **Volkach-Fahr,** Tel. +499381/80730, Fax +499381/807320, info@weingut-braun.de, www.weingut-braun.de

DLG-Bundesweinprämierung 2019: 2 x Gold, 7 x Silber, 6 x Prämiert – Auswahl prämierter Weine:

Jahrgang	Lage, Rebsorte, Qualitätsbezeichnung		Wein-Art	Vol%*	AP-Nr.	Preis*	DLG-Prämierung
2018	Volkacher Ratsherr, Silvaner „WAHR", Kab	●	WSS	12	29-19	7 €	**Gold**
2018	Volkacher Ratsherr, Traminer „REIF", Ausl	●	WSS	12	21-19	12 €	**Gold**
2018	Goldmuskateller „MUTIG", Spl	●	WSS	10	62-19	12 €	**Silber**

Jahrgang | Lage, Rebsorte, Qualitätsbezeichnung | Wein-Art | Vol%* | AP-Nr. | Preis* | DLG-Prämierung

Hessische Bergstraße

Frühling in Rebenland und Geopark

An der Hessischen Bergstraße soll der Frühling eintreffen, wenn es andernorts in Deutschland noch winterlich ist. Magnolienblüten zeugen von einem milden Klima. Zwischen Rhein, Main und Neckar gibt man in windgeschützter Lage der Riesling-Rebe Priorität. Auf den eher leichteren Böden haben generell Weißweinsorten wie Rivaner, Silvaner, Grau- und Weißburgunder den Vorrang. Mit einer etwa 450 Hektar großen Rebfläche ist die Hessische Bergstraße heute das kleinste Weinanbaugebiet in Deutschland.

Weine

■ Vinum Autmundis · Die Odenwälder Winzergenossenschaft eG

Riegelgartenweg 1, 64823 **Groß-Umstadt,** Tel. +496078/2349, Fax +496078/2496, info@vinum-autmundis.de, www.vinum-autmundis.de

DLG-Bundesweinprämierung 2019: 5 x Gold, 6 x Silber, 8 x Prämiert – Auswahl prämierter Weine:

Jahrgang	Lage, Rebsorte, Qualitätsbezeichnung		Wein-Art	Vol%*	AP-Nr.	Preis*	DLG-Prämierung
2017	Umstädter Herrenberg, Regent, QbA	●	ROT	13	60-18	8 €	**Gold**
2016	Umstädter Rotwein „Cuvée Noir", QbA	●	ROTH	14	56-18	15 €	**Gold**
2018	Umstädter Kerner, Spl	●	WSS	10	61-18	6 €	**Gold**

■ Bergsträßer Winzer eG

Darmstädter Str. 56, 64646 **Heppenheim,** Tel. +496252/79940, Fax +496252/799451, verkauf@bweg.de, www.bweg.de

DLG-Bundesweinprämierung 2019: 1 x Silber, 1 x Prämiert:

Jahrgang	Lage, Rebsorte, Qualitätsbezeichnung		Wein-Art	Vol%*	AP-Nr.	Preis*	DLG-Prämierung
2018	Weißwein feinherb „Vinas First", QbA	●	WSS	11	11-19	a. A.	**Silber**
2018	Weißwein „Vinas Dry & White", QbA	●	WSS	12	12-19	a. A.	**Prämiert**

■ Weingut Simon-Bürkle

Wiesenpromenade 13, 64673 **Zwingenberg,** Tel. +496251/76446, Fax +496251/788641, info@simon-buerkle.de, www.simon-buerkle.de

DLG-Bundesweinprämierung 2019: 2 x Gold, 5 x Silber, 5 x Prämiert – Auswahl prämierter Weine:

Jahrgang	Lage, Rebsorte, Qualitätsbezeichnung		Wein-Art	Vol%*	AP-Nr.	Preis*	DLG-Prämierung
2018	Zwingenberger Rotling, QbA	●	Rotling	13	13-18	8 €	**Gold**
2018	Riesling, QbA	●	WSS	12	2-19	7 €	**Gold**
2018	Zwingenberger Steingeröll, Weißburgunder, Spl	●	WSS	14	7-19	11 €	**Silber**

Jahrgang	Lage, Rebsorte, Qualitätsbezeichnung		Wein-Art	Vol%*	AP-Nr.	Preis*	DLG-Prämierung

Mosel

Lagennamen mit Berühmtheitsfaktor

Typisch für das Weinanbaugebiet Mosel, Saar und Ruwer sind die berühmten Steillagen. Hier wird bereits seit dem 1. Jahrhundert Wein angebaut. Beeindruckende Hänge wie der Bremmer Calmont weisen eine Steigung von 60 Prozent und mehr auf. Die Wärme speichernden Schieferböden geben der Riesling-Rebe, die hier überwiegt, optimale Bedingungen. Im Resultat stehen reife, fruchtige und mineralische Weine, von denen einige Weltruf genießen. Die Rebfläche beträgt rund 8.800 Hektar und ist neben Riesling mit Müller-Thurgau, Elbling, Kerner und zunehmend auch mit Rotweinreben bepflanzt.

Sekte

■ Wein & Sektgut Rauen

Im Würzgarten 2, 54340 **Detzem,** Tel. +496507/3278, Fax +49/, info@weingut-rauen.de, www.weingut-rauen.de

DLG-Bundesweinprämierung 2019: 1 x Gold Extra, 1 x Gold, 2 x Silber – Auswahl prämierter Sekte:

2015	Riesling Crémant, brut	●	WSS	13	34-17	10 €	Gold Extra
2015	Riesling Crémant, brut	●	WSS	13	10-18	10 €	Gold
2017	Riesling Crémant, brut	●	WSS	13	10-19	10 €	Silber

■ St. Laurentius Sekt GmbH

Laurentiusstr. 4, 54340 **Leiwen,** Tel. +496507/3836, Fax +496507/3896, mail@st-laurentius-sekt.de, www.st-laurentius-sekt.de

DLG-Bundesweinprämierung 2019: 1 x Gold Extra, 4 x Gold, 1 x Prämiert – Auswahl prämierter Sekte:

2016	Riesling, brut	●	WSS	12	1-19	13 €	Gold Extra
2016	Cuvée Pinot, brut	●	WSS	12	6-19	15 €	Gold
2015	Chardonnay Crémant, brut	●	WSS	12	17-19	14 €	Gold

■ Sektkellerei Bernard-Massard GmbH

Jakobstr. 6-8, 54290 **Trier,** Tel. +49651/7196155, Fax +49651/7196310, schultz@bm-trier.de, www.bernard-massard.de

DLG-Bundesweinprämierung 2019: 2 x Gold, 1 x Silber:

2016	Crémant Riesling, brut	●	WSS	12	6-18	12 €	Gold
2016	Riesling, brut	●	WSS	12	4-18	8 €	Gold
2015	Crémant Cuvée „1919", brut	●	WSS	12	5-18	16 €	Silber

● Brut nature / Extra Brut / Brut ● Extra trocken / Trocken ● Halbtrocken / Mild *Alkoholgehalt + Preisangabe gerundet a. A.: Preis auf Anfrage

Jahrgang	Lage, Rebsorte, Qualitätsbezeichnung	Wein-Art	Vol%*	AP-Nr.	Preis*	DLG-Prämierung

Weine

■ Weingut von Schleinitz-Reufels OHG · Konrad Hähn

Kirchstr. 15 - 17, 56330 **Kobern-Gondorf,** Tel. +492607/972020, Fax +492607/972022, weingut@vonschleinitz.com, www.vonschleinitz.com

DLG-Bundesweinprämierung 2019: 1 x Gold, 1 x Silber, 2 x Prämiert – Auswahl prämierter Weine:

Jahrgang	Lage, Rebsorte, Qualitätsbezeichnung	Wein-Art	Vol%*	AP-Nr.	Preis*	DLG-Prämierung
2018	Koberner Weißenberg, Riesling * * *, Ausl	● WSS	8	8-19	21 €	**Gold**
2018	Koberner Uhlen, Riesling, Kab	● WSS	11	6-19	14 €	**Silber**
2018	Koberner Uhlen, Riesling „Rotlay", QbA	● WSS	13	7-19	19 €	**Prämiert**

■ Weingut Toni Müller · Helmut Müller

Am Mühlbach 96, 56072 **Koblenz-Güls,** Tel. +49261/408808, Fax +49261/5798922, weinguttmueller@t-online.de, www.weingut-toni-mueller.de

DLG-Bundesweinprämierung 2019: 11 x Gold, 11 x Silber, 7 x Prämiert – Auswahl prämierter Weine:

Jahrgang	Lage, Rebsorte, Qualitätsbezeichnung	Wein-Art	Vol%*	AP-Nr.	Preis*	DLG-Prämierung
2018	Gülser Bienengarten, Riesling Hochgewächs, QbA	● WSS	10	16-19	7 €	**Gold**
2018	Gülser Bienengarten, Kerner, Spl	● WSS	9	25-19	9 €	**Gold**
2018	Gülser Bienengarten, Muscaris, Ausl	● WSS	7	17-19	19 €	**Gold**

■ Weingut Görgen · Werner Görgen

Weinbergstr. 1a, 54518 **Platten,** Tel. +496535/807, Fax +496535/94152, info@weingut-goergen.com, www.weingut-goergen.com

DLG-Bundesweinprämierung 2019: 1 x Gold, 1 x Silber, 1 x Prämiert:

Jahrgang	Lage, Rebsorte, Qualitätsbezeichnung	Wein-Art	Vol%*	AP-Nr.	Preis*	DLG-Prämierung
2016	Spätburgunder, QbA	● ROT	13	21-17	8 €	**Gold**
2018	Lieserer Schlossberg, Riesling, Spl	● WSS	8	3-19	a. A.	**Silber**
2017	Riesling feinherb, Spl	● WSS	9	05-18	a. A.	**Prämiert**

■ Weingut Starkenburger Hof · Andreas Wagner

Starkenburger Hof 1a, 56843 **Starkenburg,** Tel. +496541/6150, Fax +496541/4688, a.wagner@starkenburger-hof.de

DLG-Bundesweinprämierung 2019: 2 x Silber, 2 x Prämiert – Auswahl prämierter Weine:

Jahrgang	Lage, Rebsorte, Qualitätsbezeichnung	Wein-Art	Vol%*	AP-Nr.	Preis*	DLG-Prämierung
2018	Enkircher Zeppwingert, Riesling Hochgewächs, QbA	● WSS	13	26-19	6 €	**Silber**
2018	Enkircher Herrenberg, Riesling, Ausl	● WSS	15	27-19	8 €	**Silber**
2018	Enkircher Steffensberg, Riesling, Spl	● WSS	15	23-19	7 €	**Prämiert**

■ Weingut Weirich Weine

Auf'm Rech 3b, 56843 **Starkenburg über der Mosel,** Tel. +496541/6298, Fax +496541/810286, info@weirich-weine.de, www.weirich-weine.de

DLG-Bundesweinprämierung 2019: 1 x Gold Extra, 6 x Gold, 3 x Silber, 2 x Prämiert – Auswahl prämierter Weine:

Jahrgang	Lage, Rebsorte, Qualitätsbezeichnung	Wein-Art	Vol%*	AP-Nr.	Preis*	DLG-Prämierung
2018	Riesling „WiL MA'n Weirich Wein", QbA	● WSS	12	26-19	13 €	**Gold Extra**
2018	Enkircher Zeppwingert, Riesling, Ausl	● WSS	8	23-19	10 €	**Gold**
2018	Rivaner, QbA	● WSS	12	2-19	6 €	**Gold**

■ Weingut Anton Maringer

Olkstr. 1, 54349 **Trittenheim,** Tel. +496507/2520, Fax +496507/6884

DLG-Bundesweinprämierung 2019: 1 x Gold, 1 x Prämiert:

Jahrgang	Lage, Rebsorte, Qualitätsbezeichnung	Wein-Art	Vol%*	AP-Nr.	Preis*	DLG-Prämierung
2017	Trittenheimer Apotheke, Riesling, Spl	● WSS	9	2-18	9 €	**Gold**
2017	Dhroner Hofberger, Riesling, Spl	● WSS	12	5-18	9 €	**Prämiert**

Jahrgang	Lage, Rebsorte, Qualitätsbezeichnung		Wein-Art	Vol%*	AP-Nr.	Preis*	DLG-Prämierung

Weingut Walter Wirtz

St.-Johannis-Graben 12, 56856 **Zell-Kaimt,** Tel. +496542/41255, Fax +496542/41255

DLG-Bundesweinprämierung 2019: 1 x Prämiert:

2018	Zeller Schwarze Katz, Riesling Alte Reben, Spl	● Edelsüß	WSS	8	6-19	6 €	**Prämiert**

Weingut Albert Kallfelz

Hauptstr. 60-62, 56856 **Zell-Merl,** Tel. +496542/93880, Fax +496542/938850, info@kallfelz.de, www.kallfelz.de

DLG-Bundesweinprämierung 2019: 6 x Gold, 18 x Silber, 4 x Prämiert – Auswahl prämierter Weine:

2018	Merler Stephansberg, Riesling *, QbA	● Trocken	WSS	12	73-19	9 €	**Gold**
2017	Merler Königslay-Terrassen, Riesling Großes Gewächs, QbA	● Trocken	WSS	12	64-18	19 €	**Gold**
2018	Riesling „KALLFELZ < Urgestein >“, Spl	● Edelsüß	WSS	10	46-19	18 €	**Gold**

Jahrgang	Lage, Rebsorte, Qualitätsbezeichnung		Wein-Art	Vol%*	AP-Nr.	Preis*	DLG-Prämierung

Nahe

Reichtum von Wein & Edelstein

Von einem zum nächsten Weinberg können an der Nahe die Böden von Schiefer zu Porphyr oder Quarz wechseln. In der Nähe des Flusses wurden einst sogar Edelsteine abgebaut. Dieser Facettenreichtum hat einen deutlichen Einfluss auf die Weine. Je nach Lage und Boden sind die Weinberge mit Silvaner, Scheurebe, Riesling, den Burgundersorten, Dornfelder oder Portugieser bestockt. Durch die Flussnähe entsteht ein mildes und ausgeglichenes Klima. Das Anbaugebiet Nahe erstreckt sich über etwa 4.200 Hektar.

Sekte

Wein- u. Sektgut Karl-Kurt Bamberger & Sohn

Römerstr. 10, 55566 **Meddersheim,** Tel. +496751/2624, Fax +496751/2141, kontakt@weingut-bamberger.de, www.weingut-bamberger.de

DLG-Bundesweinprämierung 2019: 2 x Silber, 1 x Prämiert:

2015	Riesling, brut	● (gelb)	WSS	12	27-18	14 €	**Silber**
2015	Cuvée Pinot, brut	● (gelb)	BDN	13	10-18	14 €	**Silber**
2015	Weißsekt „# attitude zerodosage", brut nature	● (gelb)	WSS	13	26-18	17 €	**Prämiert**

Weingut Schmidt GbR

Luitpoldstr. 24, 67823 **Obermoschel,** Tel. +496362/1265, Fax +496362/4145, info@weingut-schmidt.net, www.weingut-schmidt.net

DLG-Bundesweinprämierung 2019: 1 x Silber:

2016	Obermoscheler Paradiesgarten, Riesling, trocken	● (grün)	WSS	11	62-18	9 €	**Silber**

Weingut Emmerich-Koebernik

Hauptstr. 44, 55596 **Waldböckelheim,** Tel. +496758/426, Fax +496758/7697, weingut@emmerich-koebernik.de, www.emmerich-koebernik.de

DLG-Bundesweinprämierung 2019: 1 x Silber, 1 x Prämiert:

2016	Pinot, brut	● (gelb)	WSS	13	28-19	15 €	**Silber**
2017	Waldböckelheimer Kronenfels, Spätburgunder, extra trocken	● (grün)	WH	12	20-18	10 €	**Prämiert**

Jahrgang	Lage, Rebsorte, Qualitätsbezeichnung		Wein-Art	Vol%*	AP-Nr.	Preis*	DLG-Prämierung

Weine

Weingut Horst Zehmer · Eike Mayer

Mahlborner Hof, 55545 **Bad Kreuznach,** Tel. +49671/65834, Fax +49671/75923, info@weingut-zehmer.de, www.weingut-zehmer.de

DLG-Bundesweinprämierung 2019: 1 x Silber, 2 x Prämiert:

Jahrgang	Lage, Rebsorte, Qualitätsbezeichnung		Wein-Art	Vol%*	AP-Nr.	Preis*	DLG-Prämierung
2016	Kreuznacher Katzenhölle, Spätburgunder, QbA	●	ROTB	14	43-18	a. A.	**Silber**
2018	Kreuznacher Katzenhölle, Riesling Alte Reben, Spl	●	WSS	13	13-19	6 €	**Prämiert**
2018	Kreuznacher Kronenberg, Weißer Burgunder, Spl	●	WSS	13	2-19	6 €	**Prämiert**

Weingut Enk

Weinbergstr. 13, 55452 **Dorsheim,** Tel. +496721/45470, Fax +496721/47884, info@weingut-theo-enk.de, www.weingut-theo-enk.de

DLG-Bundesweinprämierung 2019: 1 x Gold, 13 x Silber, 1 x Prämiert – Auswahl prämierter Weine:

Jahrgang	Lage, Rebsorte, Qualitätsbezeichnung		Wein-Art	Vol%*	AP-Nr.	Preis*	DLG-Prämierung
2018	Dorsheimer Goldloch, Riesling feinherb, QbA	●	WSS	12	10-19	9 €	**Gold**
2018	Weißburgunder & Chardonnay, QbA	●	WSS	14	22-19	8 €	**Silber**
2018	Laubenheimer Karthäuser, Weißburgunder, QbA	●	WSS	15	12-19	8 €	**Silber**

Weingut Carsten Schmitt

Naheweinstr. 27, 55452 **Guldental,** Tel. +496707/1288, Fax +496707/8647, info@weingut-carsten-schmitt.de

DLG-Bundesweinprämierung 2019: 1 x Silber:

Jahrgang	Lage, Rebsorte, Qualitätsbezeichnung		Wein-Art	Vol%*	AP-Nr.	Preis*	DLG-Prämierung
	Guldentaler Schlosskapelle, Rotwein „Marlien Rouge“, QbA	●	ROTH	12	18-18	8 €	**Silber**

Weingut Schmidt GbR

Luitpoldstr. 24, 67823 **Obermoschel,** Tel. +496362/1265, Fax +496362/4145, info@weingut-schmidt.net, www.weingut-schmidt.net

DLG-Bundesweinprämierung 2019: 5 x Silber, 5 x Prämiert – Auswahl prämierter Weine:

Jahrgang	Lage, Rebsorte, Qualitätsbezeichnung		Wein-Art	Vol%*	AP-Nr.	Preis*	DLG-Prämierung
2018	Weißer Burgunder, QbA	●	WSS	14	25-19	6 €	**Silber**
2018	Obermoscheler Silberberg, Riesling „Enders“, QbA	●	WSS	13	26-19	7 €	**Silber**
2018	Grauer Burgunder, QbA	●	WSS	13	40-19	6 €	**Silber**

Weingut Emmerich-Koebernik

Hauptstr. 44, 55596 **Waldböckelheim,** Tel. +496758/426, Fax +496758/7697, weingut@emmerich-koebernik.de, www.emmerich-koebernik.de

DLG-Bundesweinprämierung 2019: 3 x Gold, 7 x Silber, 5 x Prämiert – Auswahl prämierter Weine:

Jahrgang	Lage, Rebsorte, Qualitätsbezeichnung		Wein-Art	Vol%*	AP-Nr.	Preis*	DLG-Prämierung
2018	Weißburgunder, QbA	●	WSS	13	6-19	7 €	**Gold**
2018	Weißburgunder feinherb, QbA	●	WSS	13	7-19	7 €	**Gold**
2018	„Bock auf Silvaner“, QbA	●	WSS	14	23-19	9 €	**Gold**

Jahrgang	Lage, Rebsorte, Qualitätsbezeichnung		Wein-Art	Vol%*	AP-Nr.	Preis*	DLG-Prämierung

Pfalz

Mediterraner Einfluss

Nicht umsonst gilt die Pfalz als Synonym für kulinarische Spezialitäten, regionaltypische Produkte und Rezepte. Schließlich gedeihen hier dank des milden Klimas mediterrane Früchte wie Feigen, Mandeln oder Zitronen. Auch in Sachen Wein hat die klimatisch begünstigte Region zwischen der Rheinebene und den Hängen des Pfälzer Walds einiges zu bieten: Auf einer Rebfläche von rund 23.600 Hektar wächst eine große Vielfalt an Rebsorten. Die wichtigsten sind Riesling, Müller-Thurgau, Kerner, Silvaner, Weißburgunder, Dornfelder, Portugieser und Spätburgunder. Die Pfalz ist eines der größten Weinanbaugebiete in Deutschland.

Sekte

■ Weingut Knöll & Vogel

Klingweg 3, 76887 **Bad Bergzabern,** Tel. +496343/1246, Fax +496343/2104, weingut@knoell-vogel.de, www.knoell-vogel.de

DLG-Bundesweinprämierung 2019: 1 x Gold, 2 x Silber:

2017	Gelber Muskateller, trocken	● (grün)	WSS	11	31-19	10 €	**Gold**
2017	Riesling, trocken	● (grün)	WSS	12	30-19	9 €	**Silber**
2016	Riesling, trocken	● (grün)	WSS	12	86-18	9 €	**Silber**

■ Vier Jahreszeiten Winzer eG

Limburgstr. 8, 67098 **Bad Dürkheim,** Tel. +496322/94900, Fax +496322/949037, info@vj-wein.de, www.vj-wein.de

DLG-Bundesweinprämierung 2019: 3 x Gold, 2 x Silber, 3 x Prämiert – Auswahl prämierter Sekte:

2017	Kirchheimer Schwarzerde, Riesling, extra trocken	● (grün)	WSS	13	181-19	a.A.	**Gold**
2017	Dornfelder, trocken	● (grün)	ROT	12	2-19	a.A.	**Gold**
2017	Gelber Muskateller „Doux“, mild	● (rot)	WSS	12	80-19	a.A.	**Gold**

■ Weingut Bärenhof · Helmut Bähr & Sohn

Weinstr. 4, 67098 **Bad Dürkheim,** Tel. +496322/4137, Fax +496322/8212, weingut@baerenhof.de, www.baerenhof.de

DLG-Bundesweinprämierung 2019: 1 x Gold, 1 x Silber, 1 x Prämiert:

2017	Cabernet Sauvignon, extra brut	● (gelb)	BDN	12	60-18	9 €	**Gold**
2017	Auxerrois, brut	● (gelb)	WSS	13	59-18	9 €	**Silber**
2017	Pinot, extra brut	● (gelb)	BDN	13	60-19	9 €	**Prämiert**

Jahrgang	Lage, Rebsorte, Qualitätsbezeichnung	Wein-Art	Vol%*	AP-Nr.	Preis*	DLG-Prämierung

Winzer eG Herrenberg-Honigsäckel

Weinstr. 12, 67098 **Bad Dürkheim,** Tel. +496322/94640, Fax +496322/946410, info@wg-ungstein.de, www.wg-ungstein.de

DLG-Bundesweinprämierung 2019: 3 x Gold, 2 x Silber – Auswahl prämierter Sekte:

Jahrgang	Lage, Rebsorte, Qualitätsbezeichnung	Wein-Art	Vol%*	AP-Nr.	Preis*	DLG-Prämierung
2016	Pinot, brut	WSS	14	73-18	10 €	**Gold**
	Spätburgunder, trocken	ROSÉ	15	100-18	9 €	**Gold**
2018	Glera, Qualitätsperlwein weiß trocken	QPW W	12	113-18	7 €	**Gold**

Weinkontor Edenkoben eG

Weinstr. 130, 67480 **Edenkoben,** Tel. +496323/94190, Fax +496323/941919, stefan.dicursi@weinkontor-edenkoben.de, www.weinkontor-edenkoben.de

DLG-Bundesweinprämierung 2019: 3 x Silber:

Jahrgang	Lage, Rebsorte, Qualitätsbezeichnung	Wein-Art	Vol%*	AP-Nr.	Preis*	DLG-Prämierung
2017	Silvaner, trocken	WSS	12	80-18	9 €	**Silber**
2017	Pinot Noir, trocken	ROSÉ	12	26-19	9 €	**Silber**
2016	Dornfelder, trocken	ROT	12	51-18	8 €	**Silber**

Wein- und Sektkellerei Gebrüder Anselmann GmbH

Staatsstr. 58 + 60, 67483 **Edesheim,** Tel. +496323/94120, Fax +496323/941219, info@weingut-anselmann.de, www.weingut-anselmann.de

DLG-Bundesweinprämierung 2019: 5 x Silber, 2 x Prämiert – Auswahl prämierter Sekte:

Jahrgang	Lage, Rebsorte, Qualitätsbezeichnung	Wein-Art	Vol%*	AP-Nr.	Preis*	DLG-Prämierung
2015	Riesling, trocken	WSS	10	56-18	9 €	**Silber**
2014	Merlot, trocken	ROSÉ	11	57-18	9 €	**Silber**
2017	Cabernet Sauvignon, brut	ROSÉ	12	33-19	9 €	**Silber**

Weingut Oberhofer · Stefan Oberhofer

Am Linsenberg 1, 67483 **Edesheim,** Tel. +496323/944911, Fax +496323/944949, info@weingutoberhofer.de, www.weingutoberhofer.de

DLG-Bundesweinprämierung 2019: 1 x Silber:

Jahrgang	Lage, Rebsorte, Qualitätsbezeichnung	Wein-Art	Vol%*	AP-Nr.	Preis*	DLG-Prämierung
2017	St. Laurent, trocken	ROT	12	16-19	10 €	**Silber**

Weinhaus Hermann Zöller

Marktstr. 16, 67489 **Kirrweiler,** Tel. 06321/58287, Fax 06321/58153, zoeller@weinhaus-zoeller.de, www.weinhaus-zoeller.de

DLG-Bundesweinprämierung 2019: 1 x Gold, 1 x Prämiert:

Jahrgang	Lage, Rebsorte, Qualitätsbezeichnung	Wein-Art	Vol%*	AP-Nr.	Preis*	DLG-Prämierung
2017	Gewürztraminer, extra trocken	WSS	14	32-18	a. A.	**Gold**
2017	Chardonnay, extra trocken	WSS	13	38-18	a. A.	**Prämiert**

Heim'sche Privat-Sektkellerei GmbH

Maximilianstr. 32, 67433 **Neustadt an der Weinstraße,** Tel. +496321/39260, Fax +496321/392610, info@heim-sekt.de, www.heim-sekt.de

DLG-Bundesweinprämierung 2019: 1 x Silber:

Jahrgang	Lage, Rebsorte, Qualitätsbezeichnung	Wein-Art	Vol%*	AP-Nr.	Preis*	DLG-Prämierung
2017	Chardonnay, brut	WSS	13	1-19	12 €	**Silber**

Hambacher Schloß Kellerei eG

Weinstr. 110, 67434 **Neustadt an der Weinstraße,** Tel. +496321/2343, Fax +496321/81950, info@hskeg.de, www.hskeg.de

DLG-Bundesweinprämierung 2019: 1 x Silber:

Jahrgang	Lage, Rebsorte, Qualitätsbezeichnung	Wein-Art	Vol%*	AP-Nr.	Preis*	DLG-Prämierung
2017	Dornfelder, trocken	ROT	12	44-19	8 €	**Silber**

Brut nature / Extra Brut / Brut · Extra trocken / Trocken · Halbtrocken / Mild · * Alkoholgehalt + Preisangabe gerundet · a. A.: Preis auf Anfrage

Jahrgang	Lage, Rebsorte, Qualitätsbezeichnung	Wein-Art	Vol%*	AP-Nr.	Preis*	DLG-Prämierung

Weingut Hellmer

Meckenheimer Str. 1, 67435 **Neustadt an der Weinstraße,** Tel. +496321/66027, Fax +496321/60191

DLG-Bundesweinprämierung 2019: 1 x Prämiert:

Jahrgang	Lage, Rebsorte, Qualitätsbezeichnung	Wein-Art	Vol%*	AP-Nr.	Preis*	DLG-Prämierung
2013	Riesling, brut	WSS	13	3-15	13 €	**Prämiert**

Sektkellerei Emil Schweickert GmbH

Pforzheimer Str. 5, 75223 **Niefern,** Tel. +497233/4220, Fax +497233/5138, info@sektkellerei-schweickert.de

DLG-Bundesweinprämierung 2019: 1 x Prämiert:

Jahrgang	Lage, Rebsorte, Qualitätsbezeichnung	Wein-Art	Vol%*	AP-Nr.	Preis*	DLG-Prämierung
	Chardonnay, brut	WSS	13	100-18	13 €	**Prämiert**

Bioland Weingut Neuspergerhof · Hans & Jochen Gradolph GbR

Neuspergerhof, 76865 **Rohrbach,** Tel. +496349/1645, Fax +496349/3668, info@neuspergerhof.de, www.neuspergerhof.de

DLG-Bundesweinprämierung 2019: 1 x Gold Extra:

Jahrgang	Lage, Rebsorte, Qualitätsbezeichnung	Wein-Art	Vol%*	AP-Nr.	Preis*	DLG-Prämierung
2017	Pinot Crémant, brut	WSS	13	20-18	a. A.	**Gold Extra**

Wein- und Sektgut Wilhelmshof

Queichstr. 1, 76833 **Siebeldingen,** Tel. +496345/919147, Fax +496345/919148, mail@wilhelmshof.de, www.wilhelmshof.de

DLG-Bundesweinprämierung 2019: 1 x Gold, 5 x Silber, 2 x Prämiert – Auswahl prämierter Sekte:

Jahrgang	Lage, Rebsorte, Qualitätsbezeichnung	Wein-Art	Vol%*	AP-Nr.	Preis*	DLG-Prämierung
2016	Siebeldinger Königsgarten, Pinot, brut	BDN	12	1-19	17 €	**Gold**
2014	Siebeldingen Im Sonnenschein, Weißburgunder „Privé Dosage zéro", brut nature	WSS	13	2-19	a. A.	**Silber**
2016	Siebeldinger Königsgarten, Spätburgunder, brut	ROSÉ	12	28-18	14 €	**Silber**

Weingut Alfons Ziegler

Jahnstr. 11, 67487 **St. Martin,** Tel. +496323/5337, Fax +496323/7667, info@weingut-ziegler.de, www.weingut-ziegler.de

DLG-Bundesweinprämierung 2019: 2 x Gold, 3 x Silber, 1 x Prämiert – Auswahl prämierter Sekte:

Jahrgang	Lage, Rebsorte, Qualitätsbezeichnung	Wein-Art	Vol%*	AP-Nr.	Preis*	DLG-Prämierung
2014	Maikammerer Heiligenberg, Riesling, brut	WSS	12	44-18	9 €	**Gold**
2017	Maikammerer Kapellenberg, Muskateller, trocken	WSS	13	47-19	9 €	**Gold**
	Cabernet Sauvignon, Qualitätsperlwein Rosé trocken	ROSÉ	11	42-18	7 €	**Silber**

Wachtenburg Winzer eG

Weinstr. 2, 67157 **Wachenheim,** Tel. +496322/979820, Fax +496322/9798225, info@wachtenburg-winzer.de, www.wachtenburg-winzer.de

DLG-Bundesweinprämierung 2019: 2 x Gold, 2 x Silber, 1 x Prämiert – Auswahl prämierter Sekte:

Jahrgang	Lage, Rebsorte, Qualitätsbezeichnung	Wein-Art	Vol%*	AP-Nr.	Preis*	DLG-Prämierung
2016	Weißburgunder, brut	WSS	12	170-18	9 €	**Gold**
2016	Cremant „Dosage zéro", brut nature	WSS	13	169-18	10 €	**Gold**
	Riesling, extra trocken	WSS	13	182-18	7 €	**Silber**

Wein- und Sektkellerei Holz-Weisbrodt

Leistadterstr. 25, 67273 **Weisenheim am Berg,** Tel. +496353/93610, Fax +496353/936161, info@holz-weisbrodt.de, www.holz-weisbrodt.de

DLG-Bundesweinprämierung 2019: 1 x Silber, 2 x Prämiert:

Jahrgang	Lage, Rebsorte, Qualitätsbezeichnung	Wein-Art	Vol%*	AP-Nr.	Preis*	DLG-Prämierung
2015	Pinot Noir, brut	BDN	13	52-18	12 €	**Silber**
2015	Cuvée Pinot, brut	WSS	13	53-18	13 €	**Prämiert**
2016	Pinot Meunier, brut	BDN	13	51-18	13 €	**Prämiert**

Brut nature / Extra Brut / Brut   Extra trocken / Trocken   Halbtrocken / Mild   *Alkoholgehalt + Preisangabe gerundet   a. A.: Preis auf Anfrage

Jahrgang	Lage, Rebsorte, Qualitätsbezeichnung		Wein-Art	Vol%*	AP-Nr.	Preis*	DLG-Prämierung

Weingut Graf von Weyher

Borngasse 7, 76835 **Weyher,** Tel. +496323/980064, Fax +496323/980065, info@graf-von-weyher.de, www.graf-von-weyher.de

DLG-Bundesweinprämierung 2019: 1 x Silber:

2017	Riesling, trocken	● grün	WSS	12	54-18	10 €	**Silber**

● gelb Brut nature / Extra Brut / Brut ● grün Extra trocken / Trocken ● rot Halbtrocken / Mild *Alkoholgehalt + Preisangabe gerundet a. A.: Preis auf Anfrage

Weine

Weingut Schimpf

Hauptstr. 73, 67482 **Altdorf,** Tel. +49173/8807139, Fax +496327/961190, info@weingut-schimpf.de, www.weingut-schimpf.de

DLG-Bundesweinprämierung 2019: 4 x Silber, 1 x Prämiert – Auswahl prämierter Weine:

2018	Silvaner, QbA	● gelb	WSS	12	4-19	6 €	**Silber**
2018	Weißer Burgunder Classic „Edition Bella", QbA	● grün	WSS	12	9-18	7 €	**Silber**
2018	St. Laurent, QbA	● gelb	ROSÉ	13	2-19	6 €	**Silber**

Weingut Knöll & Vogel

Klingweg 3, 76887 **Bad Bergzabern,** Tel. +496343/1246, Fax +496343/2104, weingut@knoell-vogel.de, www.knoell-vogel.de

DLG-Bundesweinprämierung 2019: 5 x Gold, 7 x Silber, 7 x Prämiert – Auswahl prämierter Weine:

2018	Bergzaberner Altenberg, Grauer Burgunder „fumé - Großer Vogel", QbA	● gelb	WSSH	13	21-19	13 €	**Gold**
2018	Dörrenbacher Guttenberg, Grauer Burgunder, QbA	● gelb	WSSH	13	17-19	8 €	**Gold**
2017	Dornfelder Classic, QbA	● grün	ROTH	13	60-19	6 €	**Gold**

Vier Jahreszeiten Winzer eG

Limburgstr. 8, 67098 **Bad Dürkheim,** Tel. +496322/94900, Fax +496322/949037, info@vj-wein.de, www.vj-wein.de

DLG-Bundesweinprämierung 2019: 5 x Gold Extra, 31 x Gold, 57 x Silber, 25 x Prämiert – Auswahl prämierter Weine:

2018	Wachenheimer Königswingert, Rieslaner, BA	● lila	WSS	9	158-19	a. A.	**Gold Extra**
2017	Cabernet Sauvignon, QbA	● gelb	ROT	13	21-19	a. A.	**Gold Extra**
2018	Dürkheimer Feuerberg, Schwarzriesling, QbA	● gelb	ROT	14	116-19	a. A.	**Gold Extra**

Winzer eG Herrenberg-Honigsäckel

Weinstr. 12, 67098 **Bad Dürkheim,** Tel. +496322/94640, Fax +496322/946410, info@wg-ungstein.de, www.wg-ungstein.de

DLG-Bundesweinprämierung 2019: 8 x Gold, 30 x Silber, 9 x Prämiert – Auswahl prämierter Weine:

2017	Ungsteiner Honigsäckel, Tempranillo, QbA	● gelb	ROT	14	78-18	10 €	**Gold**
2018	Dürkheimer Feuerberg, Gewürztraminer „Edition Herrenberg-Honigsäckel", Ausl	● gelb	WSS	13	9-19	15 €	**Gold**
2017	Ungsteiner Nussriegel, Blaufränkisch, QbA	● gelb	ROT	13	53-19	7 €	**Gold**

Weingut Darting · Helmut Darting

Am Falltor 4, 67098 **Bad Dürkheim,** Tel. +496322/979830, Fax +496322/9798326, info@darting.de, www.darting.de

DLG-Bundesweinprämierung 2019: 12 x Gold, 8 x Silber, 5 x Prämiert – Auswahl prämierter Weine:

2018	Dürkheimer Nonnengarten, Riesling, Kab	● rot	WSS	11	19-19	6 €	**Gold**
2018	Dürkheimer Nonnengarten, Gewürztraminer, Spl	● gelb	WSS	13	13-19	10 €	**Gold**
2016	Dürkheimer Feuerberg, Schwarzriesling, QbA	● gelb	ROT	14	37-18	8 €	**Gold**

● gelb Trocken ● grün Halbtrocken ● rot Lieblich/Mild ● lila Edelsüß *Alkoholgehalt + Preisangabe gerundet a. A.: Preis auf Anfrage

Weingut Bärenhof · Helmut Bähr & Sohn

Weinstr. 4, 67098 **Bad Dürkheim,** Tel. +496322/4137, Fax +496322/8212, weingut@baerenhof.de, www.baerenhof.de

DLG-Bundesweinprämierung 2019: 4 x Gold Extra, 28 x Gold, 28 x Silber, 15 x Prämiert – Auswahl prämierter Weine:

Jahrgang	Lage, Rebsorte, Qualitätsbezeichnung		Wein-Art	Vol%*	AP-Nr.	Preis*	DLG-Prämierung
2018	Morio-Muskat, QbA	🔴	WSS	9	23-19	4 €	Gold Extra
2018	Ungsteiner Herrenberg, Riesling, Spl	🟡	WSS	13	58-19	7 €	Gold Extra
2018	Ungsteiner Nussriegel, Saphira, Spl	🟡	WSS	14	31-19	7 €	Gold Extra

Weingut Kohl · Wolfgang Kohl

Am Sonnenberg 3, 67278 **Bockenheim,** Tel. +496359/4319, Fax +496359/4323, info@weingut-kohl-bockenheim.de, www.weingut-kohl-bockenheim.de

DLG-Bundesweinprämierung 2019: 1 x Silber, 4 x Prämiert – Auswahl prämierter Weine:

Jahrgang	Lage, Rebsorte, Qualitätsbezeichnung		Wein-Art	Vol%*	AP-Nr.	Preis*	DLG-Prämierung
2017	Bockenheimer Vogelsang, Merlot, QbA	🟡	ROTH	13	22-18	7 €	Silber
2017	Bockenheimer Schlossberg, Dunkelfelder, QbA	🟡	ROTH	13	14-18	7 €	Prämiert
2017	Bockenheimer Sonnenberg, Scheurebe, Spl	🔴	WSS	10	27-18	7 €	Prämiert

Weingut Sankt Annaberg

St.-Anna-Straße 203, 76835 **Burrweiler,** Tel. +496345/3258, Fax +496345/918145, sankt-annaberg@lergenmueller.de, www.sankt-annaberg.com

DLG-Bundesweinprämierung 2019: 1 x Gold, 2 x Silber:

Jahrgang	Lage, Rebsorte, Qualitätsbezeichnung		Wein-Art	Vol%*	AP-Nr.	Preis*	DLG-Prämierung
2018	Burrweiler St. Annaberg, Riesling „Terrassenlage", QbA	🟡	WSS	13	10-19	11 €	Gold
2018	Gleisweiler Hölle, Riesling Alte Reben, QbA	🟡	WSS	13	12-19	14 €	Silber
2018	Burrweiler Schäwer, Riesling, QbA	🟡	WSS	13	14-19	26 €	Silber

Weinkontor Edenkoben eG

Weinstr. 130, 67480 **Edenkoben,** Tel. +496323/94190, Fax +496323/941919, stefan.dicursi@weinkontor-edenkoben.de, www.weinkontor-edenkoben.de

DLG-Bundesweinprämierung 2019: 6 x Gold, 19 x Silber, 13 x Prämiert – Auswahl prämierter Weine:

Jahrgang	Lage, Rebsorte, Qualitätsbezeichnung		Wein-Art	Vol%*	AP-Nr.	Preis*	DLG-Prämierung
2018	Acolon „höllisch Rot & himmlisch Süß", QbA	🔴	ROT	10	38-19	5 €	Gold
2016	Edenkobener Schloss Ludwigshöhe, Spätburgunder, QbA	🟡	ROT	12	1-19	5 €	Gold
2017	Bereich Südliche Weinstraße, Dornfelder, QbA	🟡	ROT	13	103-18	5 €	Gold

Vinification Ludwigshöhe

Villastr. 62, 67480 **Edenkoben,** Tel. +496323/804615, Fax +496323/804536, weingut@cuvee.de, www.cuvee.de

DLG-Bundesweinprämierung 2019: 1 x Gold Extra, 7 x Gold, 4 x Silber, 1 x Prämiert – Auswahl prämierter Weine:

Jahrgang	Lage, Rebsorte, Qualitätsbezeichnung		Wein-Art	Vol%*	AP-Nr.	Preis*	DLG-Prämierung
2018	Weißburgunder & Chardonnay „Weiß No.2", QbA	🔴	WSS	12	7-19	12 €	Gold Extra
2017	Cabernet Cubin & Frühburgunder & Merlot „Wild", QbA	🟢	ROT	13	4-18	9 €	Gold
2017	Merlot & Cabernet Sauvignon & Spätburgunder „No.1", QbA	🟡	ROT	14	8-18	14 €	Gold

Weingut Werner Anselmann

Staatsstr. 58 und 60, 67483 **Edesheim,** Tel. +496323/94120, Fax +496323/941219, info@weingut-anselmann.de, www.weingut-anselmann.de

DLG-Bundesweinprämierung 2019: 3 x Gold Extra, 15 x Gold, 31 x Silber, 18 x Prämiert – Auswahl prämierter Weine:

Jahrgang	Lage, Rebsorte, Qualitätsbezeichnung		Wein-Art	Vol%*	AP-Nr.	Preis*	DLG-Prämierung
2016	Edesheimer Ordensgut, Cabernet Sauvignon, QbA	🟡	ROT	14	27-19	6 €	Gold Extra
2018	Edesheimer Ordensgut, St. Laurent, QbA	🟡	ROT	14	26-19	5 €	Gold Extra
2018	Edesheimer Rosengarten, Riesling, TBA	🟣	WSS	10	4-19	30 €	Gold Extra

🟡 Trocken 🟢 Halbtrocken 🔴 Lieblich/Mild 🟣 Edelsüß *Alkoholgehalt + Preisangabe gerundet a.A.: Preis auf Anfrage

Jahrgang	Lage, Rebsorte, Qualitätsbezeichnung		Wein-Art	Vol%*	AP-Nr.	Preis*	DLG-Prämierung

Wein- und Sektkellerei Gebrüder Anselmann GmbH

Staatsstr. 58 + 60, 67483 **Edesheim,** Tel. +496323/94120, Fax +496323/941219, info@weingut-anselmann.de, www.weingut-anselmann.de

DLG-Bundesweinprämierung 2019: 1 x Gold Extra, 8 x Gold, 33 x Silber, 21 x Prämiert – Auswahl prämierter Weine:

2018	Dornfelder, QbA	●	ROT	14	11-19	5 €	Gold Extra
2017	Silvaner, QbA	●	WSS	14	63-18	4 €	Gold
2017	Spätburgunder, QbA	●	ROT	14	87-18	2 €	Gold

Weingut Oberhofer · Stefan Oberhofer

Am Linsenberg 1, 67483 **Edesheim,** Tel. +496323/944911, Fax +496323/944949, info@weingutoberhofer.de, www.weingutoberhofer.de

DLG-Bundesweinprämierung 2019: 7 x Gold, 3 x Silber, 5 x Prämiert – Auswahl prämierter Weine:

2018	Cabernet Sauvignon & Merlot, QbA	●	ROSÉ	12	5-19	8 €	Gold
2017	Cabernet Blanc, QbA	●	WSS	13	23-18	8 €	Gold
2018	Edesheimer Rosengarten, Rieslaner, Ausl	●	WSS	15	8-19	11 €	Gold

Weingut Joachim Ruzika

Ludwigstr. 31, 67483 **Edesheim,** Tel. +496323/989088, Fax +496323/989087, info@weingut-ruzika.de, www.weingut-ruzika.de

DLG-Bundesweinprämierung 2019: 2 x Silber, 7 x Prämiert – Auswahl prämierter Weine:

2018	Grauer Burgunder, QbA	●	WSS	13	6-19	6 €	Silber
2017	Edesheimer Mandelhang, Dornfelder, QbA	●	ROT	13	23-18	6 €	Silber
2017	Spätburgunder, Spl	●	ROTB	13	21-19	12 €	Prämiert

Forster Winzerverein eG

Weinstr. 57, 67147 **Forst,** Tel. +496326/306, Fax +496326/1391, info@forster-winzer.de, www.forster-winzer.de

DLG-Bundesweinprämierung 2019: 1 x Gold Extra, 14 x Gold, 9 x Silber, 7 x Prämiert – Auswahl prämierter Weine:

2018	Deidesheimer Herrgottsacker, Riesling, Kab	●	WSS	12	15-19	6 €	Gold Extra
2017	Merlot, QbA	●	ROT	14	51-19	5 €	Gold
2018	Forster Mariengarten, Weißburgunder, Spl	●	WSS	14	32-19	9 €	Gold

Weingut Schenk-Siebert

Leiningerstr. 16, 67269 **Grünstadt,** Tel. +496359/2159, Fax +496359/83034, schenk-siebert@t-online.de, www.weingut-schenk-siebert.de

DLG-Bundesweinprämierung 2019: 4 x Gold, 5 x Silber, 1 x Prämiert – Auswahl prämierter Weine:

2016	Sausenheimer Klostergarten, Cabernet Sauvignon, QbA	●	ROTB	14	14-19	a. A.	Gold
2017	Grünstadter Röth, Spätburgunder, QbA	●	ROTB	14	31-19	14 €	Gold
2018	Sausenheimer Riesling feinherb, QbA	●	WSS	12	18-19	8 €	Gold

Winzergenossenschaft Herxheim am Berg eG

Weinstr. 1, 67273 **Herxheim,** Tel. +496353/989100, Fax +496353/989131, info@wg-herxheim.de, www.wg-herxheim.de

DLG-Bundesweinprämierung 2019: 5 x Gold, 12 x Silber, 9 x Prämiert – Auswahl prämierter Weine:

2017	Herxheimer Himmelreich, Chardonnay „500 - Noblesse", Spl	●	WSSH	13	56-18	15 €	Gold
2018	Herxheimer Kobnert, Auxerrois, QbA	●	WSS	13	47-19	6 €	Gold
2016	Frühburgunder, QbA	●	ROTH	13	46-18	6 €	Gold

● Trocken ● Halbtrocken ● Lieblich/Mild ● Edelsüß * Alkoholgehalt + Preisangabe gerundet a. A.: Preis auf Anfrage

Weingut Bosch · Hans-Dieter Bosch

Mörzheimer Str. 5, 76831 **Ilbesheim**

DLG-Bundesweinprämierung 2019: 2 x Silber, 1 x Prämiert:

Jahrgang	Lage, Rebsorte, Qualitätsbezeichnung		Wein-Art	Vol%*	AP-Nr.	Preis*	DLG-Prämierung
2018	Ilbesheimer Rittersberg, Bacchus, QbA	●	WSS	10	19-19	4 €	**Silber**
2018	Ilbesheimer Rittersberg, Gewürztraminer, Spl	●	WSS	11	12-19	5 €	**Silber**
2018	Göcklinger Kaiserberg, St. Laurent, QbA	●	ROT	12	8-19	5 €	**Prämiert**

Winzergenossenschaft Kallstadt eG

Weinstr. 126, 67169 **Kallstadt,** Tel. +496322/9797941, Fax +496322/9797930, info@wg-kallstadt.de, www.wg-kallstadt.de

DLG-Bundesweinprämierung 2019: 4 x Gold, 13 x Silber, 6 x Prämiert – Auswahl prämierter Weine:

Jahrgang	Lage, Rebsorte, Qualitätsbezeichnung		Wein-Art	Vol%*	AP-Nr.	Preis*	DLG-Prämierung
2018	Schwarzriesling feinherb, QbA	●	ROT	12	8-19	5 €	**Gold**
2018	Dornfelder „SOMMERLIEBE“, QbA	●	ROSÉ	12	26-19	5 €	**Gold**
2018	Weißburgunder „EDITION“, QbA	●	WSS	13	73-19	7 €	**Gold**

Weinhaus Hermann Zöller

Marktstr. 16, 67489 **Kirrweiler,** Tel. 06321/58287, Fax 06321/58153, zoeller@weinhaus-zoeller.de, www.weinhaus-zoeller.de

DLG-Bundesweinprämierung 2019: 3 x Gold Extra, 3 x Gold – Auswahl prämierter Weine:

Jahrgang	Lage, Rebsorte, Qualitätsbezeichnung		Wein-Art	Vol%*	AP-Nr.	Preis*	DLG-Prämierung
2018	Kirrweiler Mandelberg, Weißburgunder, Spl	●	WSS	14	14-19	a.A.	**Gold Extra**
2018	Grauburgunder, Spl	●	WSS	13	15-19	a.A.	**Gold Extra**
2018	Edesheimer Ordensgut, Gewürztraminer, Spl	●	WSS	11	16-19	a.A.	**Gold Extra**

Weingut Hubert Müller

Bahnhofstr. 3, 67487 **Maikammer,** Tel. +496321/5472, Fax +496321/58665, info@mueller-maikammer.de, www.mueller-maikammer.de

DLG-Bundesweinprämierung 2019: 2 x Silber, 3 x Prämiert – Auswahl prämierter Weine:

Jahrgang	Lage, Rebsorte, Qualitätsbezeichnung		Wein-Art	Vol%*	AP-Nr.	Preis*	DLG-Prämierung
2015	Maikammerer Heiligenberg, Spätburgunder Réserve „vom sandigen Lösslehm“, Spl	●	ROTB	14	46-18	11 €	**Silber**
2017	Merlot „Tradition“, QbA	●	ROTH	14	38-18	7 €	**Silber**
2016	St. Laurent „Tradition“, QbA	●	ROTH	13	36-18	6 €	**Prämiert**

Weingut August Ziegler

Bahnhofstr. 5, 67487 **Maikammer,** Tel. +496321/95780, Fax +496321/957878, info@august-ziegler.de, www.august-ziegler.de

DLG-Bundesweinprämierung 2019: 20 x Gold, 16 x Silber, 5 x Prämiert – Auswahl prämierter Weine:

Jahrgang	Lage, Rebsorte, Qualitätsbezeichnung		Wein-Art	Vol%*	AP-Nr.	Preis*	DLG-Prämierung
2018	Maikammerer Mandelhöhe, Sauvignon Blanc, QbA	●	WSS	12	10-19	a.A.	**Gold**
2018	Weißwein „Cuvée Sundowner“, QbA	●	WSS	12	7-19	a.A.	**Gold**
2018	Alsterweiler Kapellenberg, Chardonnay, QbA	●	WSS	14	15-19	a.A.	**Gold**

Weingut Bergdolt-Reif und Nett

Dudostr. 24, 67435 **Neustadt an der Weinstraße,** Tel. +496327/2803, Fax +496327/1485, info@weingut-brn.de, www.weingut-brn.de

DLG-Bundesweinprämierung 2019: 7 x Silber, 2 x Prämiert – Auswahl prämierter Weine:

Jahrgang	Lage, Rebsorte, Qualitätsbezeichnung		Wein-Art	Vol%*	AP-Nr.	Preis*	DLG-Prämierung
2018	Gewürztraminer „AVANTGARDE - Sträßchen“, QbA	●	WSS	12	4-19	15 €	**Silber**
2017	Kirrweiler Mandelberg, Spätburgunder „PRESTIGE“, QbA	●	ROTB	13	34-19	30 €	**Silber**
2018	Muskateller feinherb „Black Edition“, QbA	●	WSS	12	5-19	10 €	**Silber**

● Trocken ● Halbtrocken ● Lieblich/Mild ● Edelsüß *Alkoholgehalt + Preisangabe gerundet a.A.: Preis auf Anfrage

Jahrgang	Lage, Rebsorte, Qualitätsbezeichnung		Wein-Art	Vol%*	AP-Nr.	Preis*	DLG-Prämierung

Hambacher Schloss Kellerei eG

Weinstr. 110, 67434 **Neustadt an der Weinstraße,** Tel. +496321/2343, Fax +496321/81950, info@hskeg.de, www.hskeg.de

DLG-Bundesweinprämierung 2019: 2 x Gold, 20 x Silber, 15 x Prämiert – Auswahl prämierter Weine:

Jahrgang	Lage, Rebsorte, Qualitätsbezeichnung		Wein-Art	Vol%*	AP-Nr.	Preis*	DLG-Prämierung
2018	Neustadter Spätburgunder, QbA	●	ROT	14	21-19	6 €	**Gold**
2018	Gewürztraminer, Spl	●	WSS	12	27-19	7 €	**Gold**
2018	Diedesfelder Paradies, Cabertin, QbA	●	ROT	14	41-19	7 €	**Silber**

Weingut Hellmer

Meckenheimer Str. 1, 67435 **Neustadt an der Weinstraße,** Tel. +496321/66027, Fax +496321/60191

DLG-Bundesweinprämierung 2019: 2 x Gold, 1 x Silber, 4 x Prämiert – Auswahl prämierter Weine:

Jahrgang	Lage, Rebsorte, Qualitätsbezeichnung		Wein-Art	Vol%*	AP-Nr.	Preis*	DLG-Prämierung
2017	Riesling, QbA	●	WSS	12	6-18	8 €	**Gold**
2011	Pinot Grigio, TBA	●	WSS	7	1-12	40 €	**Gold**
2015	Spätburgunder „Besser SpätalsnieBurgunder“, QbA	●	ROTH	14	8-18	10 €	**Silber**

Weinbiet Manufaktur eG

An der Eselshaut 57, 67435 **Neustadt-Mußbach,** Tel. +496321/67970, Fax +496321/60179, info@weinbiet.de, www.weinbiet.de

DLG-Bundesweinprämierung 2019: 3 x Gold, 18 x Silber, 3 x Prämiert – Auswahl prämierter Weine:

Jahrgang	Lage, Rebsorte, Qualitätsbezeichnung		Wein-Art	Vol%*	AP-Nr.	Preis*	DLG-Prämierung
2017	Haardter Bürgergarten, Riesling, QbA	●	WSS	12	55-18	6 €	**Gold**
2017	Haardter Herrenletten, Riesling, QbA	●	WSS	12	61-18	7 €	**Gold**
2017	Weißburgunder, QbA	●	WSS	13	134-18	6 €	**Gold**

Weingut Mühlhäuser

Hauptstr. 50+51, 76889 **Niederhorbach,** Tel. +496343/7328, lucas@winzerhof-muehlhaeuser.de

DLG-Bundesweinprämierung 2019: 1 x Silber, 2 x Prämiert:

Jahrgang	Lage, Rebsorte, Qualitätsbezeichnung		Wein-Art	Vol%*	AP-Nr.	Preis*	DLG-Prämierung
2017	Spätburgunder, QbA	●	ROTB	14	9-19	10 €	**Silber**
2018	Rosé, QbA	●	ROSÉ	13	11-19	4 €	**Prämiert**
2018	Sauvignon Blanc & Weißburgunder „Senior Heinz“, QbA	●	WSS	13	6-19	5 €	**Prämiert**

Emil Wissing GmbH · Weinkellerei

Weinstr. 2, 76889 **Oberotterbach,** Tel. +496342/92130, Fax +496342/921350, anja.wissing@wissing-wein.de, www.wissing-wein.de

DLG-Bundesweinprämierung 2019: 3 x Silber, 3 x Prämiert – Auswahl prämierter Weine:

Jahrgang	Lage, Rebsorte, Qualitätsbezeichnung		Wein-Art	Vol%*	AP-Nr.	Preis*	DLG-Prämierung
2017	Dornfelder, QbA	●	ROT	12	9-19	a.A.	**Silber**
2018	Morio Muskat, QbA	●	WSS	10	18-19	a.A.	**Silber**
2018	Grauburgunder, QbA	●	WSS	12	10-19	a.A.	**Silber**

Weingut Kastanienhof · Karl-Heinz und Knut Fader

Theresienstr. 62, 76835 **Rhodt,** Tel. +496323/5193, Fax +496323/980841, info@wein-fader.de, www.weingut-fader.de

DLG-Bundesweinprämierung 2019: 3 x Gold, 9 x Silber – Auswahl prämierter Weine:

Jahrgang	Lage, Rebsorte, Qualitätsbezeichnung		Wein-Art	Vol%*	AP-Nr.	Preis*	DLG-Prämierung
2016	Rotwein „Cuvée Triologie Noir“, QbA	●	ROTH	14	59-18	10 €	**Gold**
2018	Riesling „Buntsandstein“, Kab	●	WSS	12	20-19	6 €	**Gold**
2018	Rhodter Schlossberg, Riesling, Spl	●	WSS	13	41-19	7 €	**Gold**

● Trocken ● Halbtrocken ● Lieblich/Mild ● Edelsüß *Alkoholgehalt + Preisangabe gerundet a.A.: Preis auf Anfrage

Jahrgang	Lage, Rebsorte, Qualitätsbezeichnung		Wein-Art	Vol%*	AP-Nr.	Preis*	DLG-Prämierung

Bioland Weingut Neuspergerhof · Hans & Jochen Gradolph GbR

Neuspergerhof, 76865 **Rohrbach,** Tel. +496349/1645, Fax +496349/3668, info@neuspergerhof.de, www.neuspergerhof.de

DLG-Bundesweinprämierung 2019: 3 x Gold, 2 x Silber – Auswahl prämierter Weine:

Jahrgang	Lage, Rebsorte, Qualitätsbezeichnung		Wein-Art	Vol%*	AP-Nr.	Preis*	DLG-Prämierung
2018	Rohrbacher Mandelpfad, Cabernet Blanc, QbA	●	WSS	13	23-18	10 €	**Gold**
2017	Rohrbacher Riesling Réserve „Galgengrund", QbA	●	WSSB	13	16-18	13 €	**Gold**
2018	Rohrbacher Mandelpfad, Grauburgunder „Kalkmergel", QbA	●	WSS	13	25-18	9 €	**Gold**

Wein- und Sektgut Wilhelmshof

Queichstr. 1, 76833 **Siebeldingen,** Tel. +496345/919147, Fax +496345/919148, mail@wilhelmshof.de, www.wilhelmshof.de

DLG-Bundesweinprämierung 2019: 4 x Gold, 7 x Silber, 4 x Prämiert – Auswahl prämierter Weine:

Jahrgang	Lage, Rebsorte, Qualitätsbezeichnung		Wein-Art	Vol%*	AP-Nr.	Preis*	DLG-Prämierung
2017	Weißer Burgunder Alte Reben, Spl	●	WSSH	14	21-18	19 €	**Gold**
2015	Siebeldingen Im Sonnenschein, Spätburgunder, Spl	●	ROTB	14	18-18	21 €	**Gold**
2015	Spätburgunder Alte Reben „Wilhelm", Spl	●	ROTB	14	19-18	a. A.	**Gold**

„Altes Schlößchen" · Ludwig Schneider GmbH

Maikammerer Str. 7, 67487 **St. Martin,** Tel. +496323/94300, Fax +496323/943050, info@altes-schloesschen.com, www.altes-schloesschen.com

DLG-Bundesweinprämierung 2019: 10 x Gold, 14 x Silber, 6 x Prämiert – Auswahl prämierter Weine:

Jahrgang	Lage, Rebsorte, Qualitätsbezeichnung		Wein-Art	Vol%*	AP-Nr.	Preis*	DLG-Prämierung
2017	Weißburgunder „König" „Feldspiel", QbA	●	WSS	14	97-18	10 €	**Gold**
2017	Rotwein „Königs-Cuvée", QbA	●	ROTB	14	14-19	15 €	**Gold**
2018	Grüner Silvaner feinherb „Springer", Kab	●	WSS	13	10-19	5 €	**Gold**

Weingut Alfons Hormuth · Andreas Hormuth

Edenkobener Str. 11, 67487 **St. Martin,** Tel. +496323/5309, Fax +496323/3238, info@alfons-hormuth.de, www.alfons-hormuth.de

DLG-Bundesweinprämierung 2019: 1 x Silber:

Jahrgang	Lage, Rebsorte, Qualitätsbezeichnung		Wein-Art	Vol%*	AP-Nr.	Preis*	DLG-Prämierung
2017	St. Martiner Baron, Gewürztraminer „Passion", QbA	●	WSS	15	40-18	a. A.	**Silber**

Weingut Alfons Ziegler

Jahnstr. 11, 67487 **St. Martin,** Tel. +496323/5337, Fax +496323/7667, info@weingut-ziegler.de, www.weingut-ziegler.de

DLG-Bundesweinprämierung 2019: 9 x Gold, 17 x Silber, 2 x Prämiert – Auswahl prämierter Weine:

Jahrgang	Lage, Rebsorte, Qualitätsbezeichnung		Wein-Art	Vol%*	AP-Nr.	Preis*	DLG-Prämierung
2016	Cabernet Sauvignon „Signatur-Z", QbA	●	ROTB	14	45-19	14 €	**Gold**
2018	St. Martiner Schloss Ludwigshöhe, Gewürztraminer, Spl	●	WSS	13	31-19	7 €	**Gold**
2018	St. Martiner Baron, Weißer Burgunder, Kab	●	WSS	13	9-19	6 €	**Gold**

Weingut Egidiushof · Christian Egidius Schwab

Maikammerer Str. 36, 67487 **St. Martin,** Tel. +496323/2949, Fax +496323/980049, weingut.egidiushof@t-online.de, www.weingut-egidiushof.de

DLG-Bundesweinprämierung 2019: 3 x Silber, 1 x Prämiert – Auswahl prämierter Weine:

Jahrgang	Lage, Rebsorte, Qualitätsbezeichnung		Wein-Art	Vol%*	AP-Nr.	Preis*	DLG-Prämierung
2018	St. Martiner Baron, Saint Laurent, QbA	●	ROT	12	23-19	6 €	**Silber**
2018	Scheurebe, QbA	●	WSS	11	29-19	5 €	**Silber**
2018	Scheurebe, QbA	●	WSS	12	28-19	5 €	**Silber**

● Trocken ● Halbtrocken ● Lieblich/Mild ● Edelsüß *Alkoholgehalt + Preisangabe gerundet a. A.: Preis auf Anfrage

Herrengut St. Martin

Maikammererstr. 5, 67487 **St. Martin,** Tel. +496323/804425, Fax +496323/804536, weingut@herrengut.de, www.herrengut.de

DLG-Bundesweinprämierung 2019: 7 x Gold, 12 x Silber, 3 x Prämiert – Auswahl prämierter Weine:

Jahrgang	Lage, Rebsorte, Qualitätsbezeichnung	Wein-Art	Vol%*	AP-Nr.	Preis*	DLG-Prämierung
2018	St. Martiner Schloss Ludwigshöhe, Spätburgunder, QbA	BDN	13	18-19	7 €	**Gold**
2018	St. Martiner Baron, Chardonnay feinherb „In den Rothäckern“, Spl	WSS	13	45-19	10 €	**Gold**
2018	St. Martiner Baron, Riesling feinherb, QbA	WSS	12	22-19	7 €	**Gold**

Wachtenburg Winzer eG

Weinstr. 2, 67157 **Wachenheim,** Tel. +496322/979820, Fax +496322/9798225, info@wachtenburg-winzer.de, www.wachtenburg-winzer.de

DLG-Bundesweinprämierung 2019: 8 x Gold, 13 x Silber, 5 x Prämiert – Auswahl prämierter Weine:

Jahrgang	Lage, Rebsorte, Qualitätsbezeichnung	Wein-Art	Vol%*	AP-Nr.	Preis*	DLG-Prämierung
2017	Wachenheimer Schenkenböhl, Chardonnay, QbA	WSS	13	152-18	5 €	**Gold**
2016	Merlot Réserve „Premium Wachtenburg“, QbA	ROT	15	10-19	18 €	**Gold**
2018	Wachenheimer Riesling feinherb „Edition SL“, QbA	WSS	12	32-19	a. A.	**Gold**

Weingut Karl Pfaffmann

Allmendstr. 1, 76833 **Walsheim,** Tel. +496341/61856, Fax +496341/62609, info@weingut-karl-pfaffmann.de, www.karl-pfaffmann.de

DLG-Bundesweinprämierung 2019: 12 x Gold, 13 x Silber, 6 x Prämiert – Auswahl prämierter Weine:

Jahrgang	Lage, Rebsorte, Qualitätsbezeichnung	Wein-Art	Vol%*	AP-Nr.	Preis*	DLG-Prämierung
2016	Cabernet Sauvignon - Merlot Grande Réserve „Cuvée Lara“, QbA	ROTB	15	55-18	22 €	**Gold**
2017	Walsheimer Silberberg, Chardonnay „S“, QbA	WSS	14	12-18	9 €	**Gold**
2015	Walsheimer Silberberg, Pinot Noir Grande Réserve „Charlotte“, QbA	ROTB	14	62-17	a. A.	**Gold**

Weingut Pfleger-Karr

Kirchheimer Str. 10, 67273 **Weisenheim am Berg,** Tel. +496353/7497, Fax +496353/6624, weingut@pfleger-karr.de, www.pfleger-karr.de

DLG-Bundesweinprämierung 2019: 1 x Gold Extra, 5 x Gold, 7 x Silber, 2 x Prämiert – Auswahl prämierter Weine:

Jahrgang	Lage, Rebsorte, Qualitätsbezeichnung	Wein-Art	Vol%*	AP-Nr.	Preis*	DLG-Prämierung
2018	Herxheimer Honigsack, Silvaner „Chez l´église“, Spl	WSS	14	6-19	9 €	**Gold Extra**
2018	Weisenheimer Mandelgarten, Morio-Muskat, Kab	WSS	11	10-19	5 €	**Gold**
2018	Weisenheimer Riesling & Weißburgunder „White Pearl“, Spl	WSS	10	21-19	7 €	**Gold**

Weingut Graf von Weyher

Borngasse 7, 76835 **Weyher,** Tel. +496323/980064, Fax +496323/980065, info@graf-von-weyher.de, www.graf-von-weyher.de

DLG-Bundesweinprämierung 2019: 1 x Gold Extra, 11 x Gold, 6 x Silber, 4 x Prämiert – Auswahl prämierter Weine:

Jahrgang	Lage, Rebsorte, Qualitätsbezeichnung	Wein-Art	Vol%*	AP-Nr.	Preis*	DLG-Prämierung
2018	Weyherer Michelsberg, Sauvignon blanc, QbA	WSS	13	19-19	8 €	**Gold Extra**
2016	Rhodter Rosengarten, Saint Laurent, QbA	ROTH	13	40-18	11 €	**Gold**
2018	Rhodter Schlossberg, Cabernet blanc, QbA	WSS	13	20-19	8 €	**Gold**

Jahrgang	Lage, Rebsorte, Qualitätsbezeichnung		Wein-Art	Vol%*	AP-Nr.	Preis*	DLG-Prämierung

Rheingau

Tradition im Rieslinganbau

Das im 12. Jahrhundert gegründete Kloster Eberbach ist ein Symbol der Rheingauer Weinkultur. Burgundische Zisterziensermönche brachten ihr wertvolles Wissen und ihre Erfahrung in der Weinerzeugung aus ihrer Heimat mit. Hier im Rheingau fanden sie ideale Böden und klimatische Bedingungen für den Riesling, der bis heute die Leitrebsorte dieses Anbaugebiets ist. Die Region zwischen Flörsheim und Lorchhausen an den Ausläufern des Taunus umfasst eine gut 3.200 Hektar große Rebfläche. Eine Institution mit internationalem Ruf ist die Lehr- und Forschungsanstalt für Weinbau in Geisenheim.

Sekte

■ Weingut Karl-Werner Faust

Schiersteiner Str. 25, 65344 **Eltville-Martinsthal,** Tel. +496123/72371, Fax +496123/73492, weingut-faust@t-online.de, www.weingut-faust.de

DLG-Bundesweinprämierung 2019: 1 x Prämiert:

Jahrgang	Lage, Rebsorte, Qualitätsbezeichnung		Wein-Art	Vol%*	AP-Nr.	Preis*	DLG-Prämierung
2017	Martinsthaler Wildsau, Riesling, brut	●	WSS	12	10-19	a.A.	**Prämiert**

■ Weingut Georg Müller Stiftung · Peter Winter

Eberbacher Str. 7-9, 65347 **Hattenheim,** Tel. +496723/2020, Fax +496723/2035, info@georg-mueller-stiftung.de, www.georg-mueller-stiftung.de

DLG-Bundesweinprämierung 2019: 1 x Silber:

Jahrgang	Lage, Rebsorte, Qualitätsbezeichnung		Wein-Art	Vol%*	AP-Nr.	Preis*	DLG-Prämierung
2013	Hattenheimer Rheingarten, Riesling, brut	●	WSS	12	101-17	a.A.	**Silber**

■ Weingut Schreiber

Johanneshof, 65239 **Hochheim,** Tel. +496146/9171, Fax +496146/61737, info@Weingut-Schreiber.de, www.weingut-schreiber.de

DLG-Bundesweinprämierung 2019: 1 x Silber:

Jahrgang	Lage, Rebsorte, Qualitätsbezeichnung		Wein-Art	Vol%*	AP-Nr.	Preis*	DLG-Prämierung
2017	Hochheimer Stein, Riesling, brut nature	●	WSS	13	5-19	a.A.	**Silber**

■ Weingut Hans-Norbert Mack

Taunusstr. 95, 65375 **Hallgarten,** Tel. +496723/886758, Fax +496723/886835, weingut-mack@t-online.de, www.weingut-mack-hallgarten.de

DLG-Bundesweinprämierung 2019: 1 x Silber:

Jahrgang	Lage, Rebsorte, Qualitätsbezeichnung		Wein-Art	Vol%*	AP-Nr.	Preis*	DLG-Prämierung
2018	Pinot Noir „Nadine's Secco", Qualitätsperlwein Rosé trocken	●	QPW Rosé	13	01-18	6 €	**Silber**

■ Fürst von Metternich Sektkellerei GmbH · Johannisberg im Rheingau

Biebricher Allee 142, 65187 **Wiesbaden,** Tel. +49611/63311, Fax +49611/63411, info@fuerst-von-metternich.de, www.fuerst-von-metternich.de

DLG-Bundesweinprämierung 2019: 1 x Prämiert:

Jahrgang	Lage, Rebsorte, Qualitätsbezeichnung		Wein-Art	Vol%*	AP-Nr.	Preis*	DLG-Prämierung
2017	Chardonnay, brut	●	WSS	12	15-19	15 €	**Prämiert**

● Brut nature / Extra Brut / Brut ● Extra trocken / Trocken ● Halbtrocken / Mild *Alkoholgehalt + Preisangabe gerundet a.A.: Preis auf Anfrage

Weine

Weingut Offenstein Erben · Familie Thomas Schumacher

Holzstr. 14, 65343 **Eltville am Rhein,** Tel. +496123/2137, Fax +496123/81593, wein@offenstein-erben.de, www.offenstein-erben.de

DLG-Bundesweinprämierung 2019: 1 x Gold, 8 x Silber, 5 x Prämiert – Auswahl prämierter Weine:

Jahrgang	Lage, Rebsorte, Qualitätsbezeichnung		Wein-Art	Vol%*	AP-Nr.	Preis*	DLG-Prämierung
2018	Eltviller Sonnenberg, Riesling, QbA	●	WSS	13	10-19	11 €	**Gold**
2017	Eltviller Sonnenberg, Riesling „Avantgarde", QbA	●	WSS	13	15-18	15 €	**Silber**
2018	Eltviller Riesling „Bestes Fass", QbA	●	WSS	13	7-19	9 €	**Silber**

Weingut Georg Müller Stiftung · Peter Winter

Eberbacher Str. 7-9, 65347 **Hattenheim,** Tel. +496723/2020, Fax +496723/2035, info@georg-mueller-stiftung.de, www.georg-mueller-stiftung.de

DLG-Bundesweinprämierung 2019: 1 x Gold Extra, 2 x Gold, 9 x Silber, 8 x Prämiert – Auswahl prämierter Weine:

Jahrgang	Lage, Rebsorte, Qualitätsbezeichnung		Wein-Art	Vol%*	AP-Nr.	Preis*	DLG-Prämierung
2018	Hattenheimer Wisselbrunnen, Riesling, TBA	●	WSS	7	13-19	a. A.	**Gold Extra**
2017	Hattenheimer Wisselbrunnen, Riesling, BA	●	WSS	8	10-18	a. A.	**Gold**
2016	Hattenheimer Hassel, Spätburgunder „GG", QbA	●	ROT	13	13-18	a. A.	**Gold**

Weingut Schreiber

Johanneshof, 65239 **Hochheim,** Tel. +496146/9171, Fax +496146/61737, info@weingut-schreiber.de, www.weingut-schreiber.de

DLG-Bundesweinprämierung 2019: 1 x Gold, 1 x Prämiert:

Jahrgang	Lage, Rebsorte, Qualitätsbezeichnung		Wein-Art	Vol%*	AP-Nr.	Preis*	DLG-Prämierung
2018	Hochheimer Reichestal, Riesling Alte Reben, QbA	●	WSS	13	20-19	a. A.	**Gold**
2018	Spätburgunder feinherb, QbA	●	ROSÉ	11	15-19	a. A.	**Prämiert**

Weingut Peter Flick

Holger-Crafoord-Str. 4, 65239 **Hochheim am Main,** Tel. +496146/6590, Fax +496146/601570, info@wein-vom-flick.de, www.wein-vom-flick.de

DLG-Bundesweinprämierung 2019: 2 x Gold, 2 x Silber, 3 x Prämiert – Auswahl prämierter Weine:

Jahrgang	Lage, Rebsorte, Qualitätsbezeichnung		Wein-Art	Vol%*	AP-Nr.	Preis*	DLG-Prämierung
2018	Wickerer Stein, Riesling, Spl	●	WSS	8	1-19	9 €	**Gold**
2018	Riesling Classic, QbA	●	WSS	12	20-19	7 €	**Gold**
2018	Wickerer Mönchsgewann, Riesling, Kab	●	WSS	12	11-19	7 €	**Silber**

Weingut Hans-Norbert Mack

Taunusstr. 95, 65375 **Hallgarten,** Tel. +496723/886758, Fax +496723/886835, weingut-mack@t-online.de, www.weingut-mack-hallgarten.de

DLG-Bundesweinprämierung 2019: 5 x Gold, 10 x Silber, 2 x Prämiert – Auswahl prämierter Weine:

Jahrgang	Lage, Rebsorte, Qualitätsbezeichnung		Wein-Art	Vol%*	AP-Nr.	Preis*	DLG-Prämierung
2018	Hallgartener Mehrhölzchen, Riesling, Kab	●	WSS	13	12-19	5 €	**Gold**
2018	Hallgartener Jungfer, Riesling feinherb „Unser Macki", Kab	●	WSS	13	14-19	5 €	**Gold**
2018	Hattenheimer Heiligenberg, Blanc de Blancs feinherb, Spl	●	WSS	12	3-19	6 €	**Gold**

Henkell Sektkellerei KG für Weine der Deinhard Sektkellerei KG

Biebricher Allee 142, 65187 **Wiesbaden,** Tel. +49611/63311, Fax +49611/63411, info@deinhard.de, www.deinhard.com

DLG-Bundesweinprämierung 2019: 1 x Prämiert:

Jahrgang	Lage, Rebsorte, Qualitätsbezeichnung		Wein-Art	Vol%*	AP-Nr.	Preis*	DLG-Prämierung
2018	Riesling „Moscato", QbA	●	WSS	11	1-19	9 €	**Prämiert**

● Trocken ● Halbtrocken ● Lieblich/Mild ● Edelsüß * Alkoholgehalt + Preisangabe gerundet a. A.: Preis auf Anfrage

Jahrgang	Lage, Rebsorte, Qualitätsbezeichnung		Wein-Art	Vol%*	AP-Nr.	Preis*	DLG-Prämierung

Rheinhessen

Silvaner & Scheurebe ergänzen Portfolio

Das größte deutsche Weinanbaugebiet ist zusammen mit der rheinland-pfälzischen Landeshauptstadt Mainz Mitglied der internationalen Vereinigung Great Wine Capitals. Der fachliche Austausch mit Kollegen ist hier immer gefragt, wenn es um das Qualitätsmanagement im Weinbau geht. In der Hügellandschaft zwischen Alzey, Worms, Mainz und Bingen wachsen auf rund 26.600 Hektar zahlreiche Rebsorten von Müller-Thurgau über Scheurebe bis zum Blauen Spätburgunder. Große Aufmerksamkeit gilt der Silvaner-Rebe, die hier beste Ergebnisse zeigt, aber auch dem Riesling und den Burgundersorten, für die man ein klares Profil auf hohem Niveau geschaffen hat.

Sekte

Weingut Familie Erbeldinger · Stefan Erbeldinger

West 3, 67595 **Bechtheim-West,** Tel. +496244/4932, Fax +496244/7131, info@weingut-erbeldinger.de, www.weingut-erbeldinger.de

DLG-Bundesweinprämierung 2019: 3 x Silber, 4 x Prämiert – Auswahl prämierter Sekte:

Jahrgang	Lage, Rebsorte, Qualitätsbezeichnung		Wein-Art	Vol%*	AP-Nr.	Preis*	DLG-Prämierung
	Riesling, trocken	●	WSS	12	2-19	10 €	**Silber**
	Riesling, halbtrocken	●	WSS	12	3-19	a. A.	**Silber**
	Weißburgunder, extra trocken	●	WSS	13	4-19	10 €	**Silber**

Weingut Acker – Martinushof · Thilo Acker

Gaustr. 79, 55294 **Bodenheim,** Tel. +496135/2350, Fax +496135/2363, info@weingut-acker.de, www.weingut-acker.de

DLG-Bundesweinprämierung 2019: 2 x Silber, 2 x Prämiert – Auswahl prämierter Sekte:

Jahrgang	Lage, Rebsorte, Qualitätsbezeichnung		Wein-Art	Vol%*	AP-Nr.	Preis*	DLG-Prämierung
2016	Bodenheimer Hoch, Riesling, brut	●	WSS	13	37-18	10 €	**Silber**
2016	Bodenheimer Hoch, Riesling, extra trocken	●	WSS	13	36-18	10 €	**Silber**
2014	Gau-Bischofsheimer Glockenberg, Weißer Burgunder Crémant, brut nature	●	WSS	13	40-17	14 €	**Prämiert**

Weingut Braunewell

Am Römerberg 34, 55270 **Essenheim,** Tel. +496136/88917, Fax +496136/81226, info@weingut-braunewell.de, www.weingut-braunewell.de

DLG-Bundesweinprämierung 2019: 1 x Silber, 1 x Prämiert:

Jahrgang	Lage, Rebsorte, Qualitätsbezeichnung		Wein-Art	Vol%*	AP-Nr.	Preis*	DLG-Prämierung
2016	Riesling, brut	●	WSS	12	57-18	12 €	**Silber**
2016	Blanc de Blancs, Barrique brut nature	●	WSSB	12	2-19	18 €	**Prämiert**

● Brut nature / Extra Brut / Brut ● Extra trocken / Trocken ● Halbtrocken / Mild *Alkoholgehalt + Preisangabe gerundet a. A.: Preis auf Anfrage

Jahrgang	Lage, Rebsorte, Qualitätsbezeichnung		Wein-Art	Vol%*	AP-Nr.	Preis*	DLG-Prämierung

Wein- & Sektgut Nikolaushof · Klaus Hattemer

Ockenheimer Str. 8, 55435 **Gau-Algesheim,** Tel. +496725/2872, Fax +496725/307340, hattemer@weingut-nikolaushof.de, www.weingut-nikolaushof.de

DLG-Bundesweinprämierung 2019: 2 x Gold Extra, 1 x Gold, 3 x Silber, 1 x Prämiert – Auswahl prämierter Sekte:

2017	Gau-Algesheimer Goldberg, Riesling, trocken	●	WSS	13	1-19	9 €	Gold Extra
2016	Gau-Algesheimer Johannisberg, Chardonnay, extra trocken	●	WSS	13	35-18	9 €	Gold Extra
2017	Blanc de Noir Cuvée „Genuss Pur", trocken	●	BDN	13	3-19	10 €	Gold

Weingut Karsten Belzer

Promenade 38, 67583 **Guntersblum,** Tel. +496249/905210, Fax +49/, info@weingut-belzer.de, www.weingut-belzer.de

DLG-Bundesweinprämierung 2019: 1 x Silber:

2018	Perlwein weiß „BelZecco", Qualitätsperlwein weiß halbtrocken	●	QPW W	10	2-19	5 €	Silber

Klosterweingut Jakobsberg · Missionsbenediktiner der Erzabtei St. Ottilien

Am Zollstock 8, 55437 **Ockenheim,** Tel. +496725/993838, Fax +496725/95658, info@klosterweingut.de, www.klosterweingut.de

DLG-Bundesweinprämierung 2019: 2 x Silber:

2018	Cuvée weiß „Serenissima", Qualitätsperlwein weiß trocken	●	QPW W	13	10-19	6 €	Silber
2017	Cuvée weiß „Serenissima", Qualitätsperlwein weiß trocken	●	QPW W	12	14-18	6 €	Silber

Strauch Sektmanufaktur

Dalbergstr. 14-18, 67574 **Osthofen,** Tel. +496242/913000, Fax +496242/9130020, info@strauchsektmanufaktur.de, www.strauchsektmanufaktur.de

DLG-Bundesweinprämierung 2019: 1 x Prämiert:

2014	Mettenheimer Michelsberg, Riesling alte Rebe „Vieilles Vignes", extra brut	●	WSS	12	11-18	28 €	Prämiert

Weingut Eppelmann GbR · Inhaber Timo & Simone Eppelmann

Kirchgasse 10, 55271 **Stadecken-Elsheim,** Tel. +496136/2778, Fax +496136/3403, info@eppelmann.de, www.eppelmann.de

DLG-Bundesweinprämierung 2019: 2 x Silber, 2 x Prämiert – Auswahl prämierter Sekte:

2016	Pinot, brut nature	●	WSS	12	27-18	15 €	Silber
2017	Muskateller, trocken	●	WSS	12	6-19	15 €	Silber
2016	Rosésekt, brut	●	ROSÉ	12	28-18	15 €	Prämiert

Jahrgang	Lage, Rebsorte, Qualitätsbezeichnung		Wein-Art	Vol%*	AP-Nr.	Preis*	DLG-Prämierung

Weine

Weingut Jung & Knobloch GbR

Langgasse 46, 55234 **Albig,** Tel. +496731/6661, Fax +496731/45923, info@weingut-jung-knobloch.de, www.weingut-jung-knobloch.de

DLG-Bundesweinprämierung 2019: 3 x Gold, 3 x Silber, 2 x Prämiert – Auswahl prämierter Weine:

Jahrgang	Lage, Rebsorte, Qualitätsbezeichnung		Wein-Art	Vol%*	AP-Nr.	Preis*	DLG-Prämierung
2018	Albiger Hundskopf, Cabernet Mitos, Eisw	●	ROT	15	34-19	54 €	**Gold**
2018	Albiger Petersberg, Huxelrebe, Eisw	●	WSS	12	32-19	20 €	**Gold**
2015	Albiger Schloss Hammerstein, Spätburgunder „Premium", QbA	●	ROTH	13	43-18	14 €	**Gold**

Weingut Ökonomierat Johann Geil I. Erben

Kuhpfortenstr. 11, 67595 **Bechtheim,** Tel. +496242/1546, Fax +496242/6935, info@geil-weine.de, www.geil-weine.de

DLG-Bundesweinprämierung 2019: 1 x Gold Extra, 2 x Gold, 16 x Silber, 1 x Prämiert – Auswahl prämierter Weine:

Jahrgang	Lage, Rebsorte, Qualitätsbezeichnung		Wein-Art	Vol%*	AP-Nr.	Preis*	DLG-Prämierung
2018	Bechtheimer Geyersberg, Rieslaner, TBA	●	WSS	9	15-19	27 €	**Gold Extra**
2018	Bechtheimer Rosengarten, Riesling, QbA	●	WSS	13	40-19	19 €	**Gold**
2018	Bechtheimer Geyersberg, Riesling, Ausl	●	WSS	9	17-19	10 €	**Gold**

Weingut Familie Erbeldinger · Stefan Erbeldinger

West 3, 67595 **Bechtheim-West,** Tel. +496244/4932, Fax +496244/7131, info@weingut-erbeldinger.de, www.weingut-erbeldinger.de

DLG-Bundesweinprämierung 2019: 7 x Gold, 12 x Silber, 3 x Prämiert – Auswahl prämierter Weine:

Jahrgang	Lage, Rebsorte, Qualitätsbezeichnung		Wein-Art	Vol%*	AP-Nr.	Preis*	DLG-Prämierung
2016	Westhofener Aulerde, Riesling „privat", QbA	●	WSSH	13	32-17	16 €	**Gold**
2016	Gundheimer St. Laurent, QbA	●	ROT	13	21-19	8 €	**Gold**
2015	Gundheimer Sonnenberg, Spätburgunder „privat", QbA	●	ROTH	14	45-18	19 €	**Gold**

Weingut Bastianshauser Hof · Sebastian & Ralf Erbeldinger

West 18, 67595 **Bechtheim-West,** Tel. +496244/4942, Fax +496244/5697, info@bastianshauserhof.de, www.bastianshauserhof.de

DLG-Bundesweinprämierung 2019: 1 x Gold, 2 x Silber:

Jahrgang	Lage, Rebsorte, Qualitätsbezeichnung		Wein-Art	Vol%*	AP-Nr.	Preis*	DLG-Prämierung
2018	Riesling & Gewürztraminer „DUFTMARKE", QbA	●	WSS	13	13-19	10 €	**Gold**
2016	Spätburgunder „1899", QbA	●	ROTH	14	46-18	12 €	**Silber**
2018	Riesling „1899", QbA	●	WSS	13	27-19	10 €	**Silber**

Weingut Ernst Bretz

Langgasse 35, 55234 **Bechtolsheim,** Tel. +496733/356, Fax +496733/8444, info@weingutbretz.de, www.weingutbretz.de

DLG-Bundesweinprämierung 2019: 2 x Gold Extra, 16 x Gold, 27 x Silber, 18 x Prämiert – Auswahl prämierter Weine:

Jahrgang	Lage, Rebsorte, Qualitätsbezeichnung		Wein-Art	Vol%*	AP-Nr.	Preis*	DLG-Prämierung
2015	Bechtolsheimer Petersberg, Ortega, TBA	●	WSS	8	74-18	a. A.	**Gold Extra**
2016	Bechtolsheimer Petersberg, Frühburgunder, QbA	●	ROT	14	75-19	a. A.	**Gold Extra**
2015	Bechtolsheimer Petersberg, Cabernet Sauvignon & Merlot, QbA	●	ROTB	14	50-19	a. A.	**Gold**

Weingut Heinz Josef Gabel

Langgasse 6, 55294 **Bodenheim,** Tel. +496135/1735, Fax +496135/704833

DLG-Bundesweinprämierung 2019: 4 x Prämiert – Auswahl prämierter Weine:

Jahrgang	Lage, Rebsorte, Qualitätsbezeichnung		Wein-Art	Vol%*	AP-Nr.	Preis*	DLG-Prämierung
2018	Bodenheimer Kreuzberg, Portugieser feinherb, QbA	●	WH	12	24-18	a. A.	**Prämiert**
2017	Bodenheimer Sankt Alban, Rotwein Cuvée, QbA	●	ROT	13	16-18	4 €	**Prämiert**
2017	Bodenheimer Hoch, Spätburgunder, QbA	●	ROT	13	19-18	4 €	**Prämiert**

● Trocken ● Halbtrocken ● Lieblich/Mild ● Edelsüß * Alkoholgehalt + Preisangabe gerundet a. A.: Preis auf Anfrage

Jahrgang	Lage, Rebsorte, Qualitätsbezeichnung		Wein-Art	Vol%*	AP-Nr.	Preis*	DLG-Prämierung

Weingut Reinhold + Michael Kern GbR

Gaustr. 81, 55294 **Bodenheim,** Tel. +496135/3149, Fax +496135/3309, weingut-kern-bodenheim@t-online.de

DLG-Bundesweinprämierung 2019: 3 x Silber, 6 x Prämiert – Auswahl prämierter Weine:

Jahrgang	Lage, Rebsorte, Qualitätsbezeichnung		Wein-Art	Vol%*	AP-Nr.	Preis*	DLG-Prämierung
2018	Müller-Thurgau, QbA	●	WSS	10	5-19	4 €	**Silber**
2018	Niersteiner Klostergarten, Chardonnay, Spl	●	WSS	12	8-19	5 €	**Silber**
2016	Bodenheimer Kapelle, Silvaner „Heiligabendwein“, Ausl	●	WSS	13	18-17	15 €	**Silber**

Weingut Gerold Spies · Inhaber Tobias Leib

Flachsgasse 2, 67596 **Dittelsheim-Heßloch,** Tel. +496244/7497, Fax +496244/57058, weingut.spies@t-online.de, www.weingut-spies.com

DLG-Bundesweinprämierung 2019: 1 x Gold Extra, 6 x Gold, 12 x Silber, 2 x Prämiert – Auswahl prämierter Weine:

Jahrgang	Lage, Rebsorte, Qualitätsbezeichnung		Wein-Art	Vol%*	AP-Nr.	Preis*	DLG-Prämierung
2018	Bechtheimer Chardonnay, Spl	●	WSS	14	11-19	a.A.	**Gold Extra**
2018	Dittelsheimer Mönchhube, Grauburgunder, Spl	●	WSSH	14	33-19	a.A.	**Gold**
2018	Dittelsheimer Leckerberg, Riesling, QbA	●	WSS	13	15-19	a.A.	**Gold**

Cisterzienser Weingut Michel · Ulrich Michel

Dalbergstr. 28, 67596 **Dittelsheim-Heßloch,** Tel. +496244/4921, Fax +496244/5499, info@cisterzienser-weingut.de, www.cisterzienser-weingut.de

DLG-Bundesweinprämierung 2019: 2 x Gold, 2 x Silber, 3 x Prämiert – Auswahl prämierter Weine:

Jahrgang	Lage, Rebsorte, Qualitätsbezeichnung		Wein-Art	Vol%*	AP-Nr.	Preis*	DLG-Prämierung
2017	Weißburgunder „S“, QbA	●	WSS	14	28-18	9 €	**Gold**
2015	Spätburgunder „S“, QbA	●	ROTH	13	39-18	13 €	**Gold**
2017	Sauvignon Blanc, QbA	●	WSS	13	9-19	9 €	**Silber**

Weingut Jürgen Sander

Bahnhofstr. 10, 67585 **Dorn-Dürkheim,** Tel. +496733/6923, Fax +49/, jurgen_sander@yahoo.de

DLG-Bundesweinprämierung 2019: 2 x Gold:

Jahrgang	Lage, Rebsorte, Qualitätsbezeichnung		Wein-Art	Vol%*	AP-Nr.	Preis*	DLG-Prämierung
2016	Alsheimer Sonnenberg, Spätburgunder, Eisw	●	BDN	7	4-17	24 €	**Gold**
2017	Alsheimer Römerberg, Riesling, BA	●	WSS	8	2-18	19 €	**Gold**

Weingut Walter Strub · Gunther Strub

An der Kirchpforte 10, 55270 **Engelstadt,** Tel. +496130/597, Fax +496130/8133, info@weingut-strub.de, www.weingut-strub.de

DLG-Bundesweinprämierung 2019: 9 x Gold, 9 x Silber, 4 x Prämiert – Auswahl prämierter Weine:

Jahrgang	Lage, Rebsorte, Qualitätsbezeichnung		Wein-Art	Vol%*	AP-Nr.	Preis*	DLG-Prämierung
2018	Engelstadter Römerberg, Grauer Burgunder, Spl	●	WSS	14	11-19	6 €	**Gold**
2018	Engelstadter Römerberg, Sauvignon blanc feinherb, Spl	●	WSS	13	4-19	7 €	**Gold**
2017	Ingelheimer Kaiserpfalz, Portugieser, QbA	●	ROT	13	12-19	5 €	**Gold**

Weingut Werner GbR · Dietmar und Florian Werner

Langgasse 40, 55237 **Flonheim,** Tel. +496734/401, Fax +496734/6429, weingut-werner@web.de

DLG-Bundesweinprämierung 2019: 2 x Gold, 1 x Silber, 2 x Prämiert – Auswahl prämierter Weine:

Jahrgang	Lage, Rebsorte, Qualitätsbezeichnung		Wein-Art	Vol%*	AP-Nr.	Preis*	DLG-Prämierung
2018	Flonheimer Grauer Burgunder, QbA	●	WSS	13	1-19	6 €	**Gold**
2018	Flonheimer Weißer Burgunder, QbA	●	WSS	13	2-19	6 €	**Gold**
2018	Flonheimer Geisterberg, Riesling „vom Rotliegenden“, QbA	●	WSS	13	19-19	13 €	**Silber**

Jahrgang	Lage, Rebsorte, Qualitätsbezeichnung		Wein-Art	Vol%*	AP-Nr.	Preis*	DLG-Prämierung

Weingut Fleischmann

Kloppgasse 8, 55435 **Gau-Algesheim,** Tel. +496725/3276, Fax +496725/3029790, info@fleischmann-weine.de, www.fleischmann-weine.de

DLG-Bundesweinprämierung 2019: 1 x Gold Extra, 16 x Gold, 12 x Silber, 9 x Prämiert – Auswahl prämierter Weine:

Jahrgang	Lage, Rebsorte, Qualitätsbezeichnung		Wein-Art	Vol%*	AP-Nr.	Preis*	DLG-Prämierung
2018	Gau-Algesheimer Abtei, Grüner Silvaner, QbA	●	WSS	13	16-19	4 €	**Gold Extra**
2018	Gau-Algesheimer Johannisberg, Spätburgunder, Ausl	●	BDN	8	11-19	7 €	**Gold**
2018	Gau-Algesheimer Abtei, Chardonnay „S", QbA	●	WSS	14	23-19	5 €	**Gold**

Wein & Sektgut Nikolaushof · Klaus Hattemer

Ockenheimer Str. 8, 55435 **Gau-Algesheim,** Tel. +496725/2872, Fax +496725/307340, hattemer@weingut-nikolaushof.de, www.weingut-nikolaushof.de

DLG-Bundesweinprämierung 2019: 5 x Gold, 9 x Silber, 3 x Prämiert – Auswahl prämierter Weine:

Jahrgang	Lage, Rebsorte, Qualitätsbezeichnung		Wein-Art	Vol%*	AP-Nr.	Preis*	DLG-Prämierung
2017	Gau-Algesheimer Goldberg, Spätburgunder „S", QbA	●	ROTB	13	36-19	10 €	**Gold**
2018	Ingelheimer Frühburgunder „Edition", Spl	●	ROTH	11	37-19	6 €	**Gold**
2018	Gau-Algesheimer Goldberg, Riesling „Selektion", QbA	●	WSS	13	25-19	10 €	**Gold**

Weingut Karsten Belzer

Promenade 38, 67583 **Guntersblum,** Tel. +496249/905210, Fax +49/, info@weingut-belzer.de, www.weingut-belzer.de

DLG-Bundesweinprämierung 2019: 2 x Gold, 2 x Silber, 1 x Prämiert – Auswahl prämierter Weine:

Jahrgang	Lage, Rebsorte, Qualitätsbezeichnung		Wein-Art	Vol%*	AP-Nr.	Preis*	DLG-Prämierung
2018	Riesling Classic, QbA	●	WSS	13	6-19	5 €	**Gold**
2018	Guntersblumer Bacchus, QbA	●	WSS	10	18-19	4 €	**Gold**
2018	Guntersblumer Gewürztraminer feinherb, Spl	●	WSS	13	31-19	5 €	**Silber**

Weingut Karl-Heinz Frey OHG

Hauptstr. 81, 67583 **Guntersblum,** Tel. +496249/2234, Fax +496249/7410, kh.frey@freywein.de, www.freywein.de

DLG-Bundesweinprämierung 2019: 2 x Prämiert:

Jahrgang	Lage, Rebsorte, Qualitätsbezeichnung		Wein-Art	Vol%*	AP-Nr.	Preis*	DLG-Prämierung
2018	Gewürztraminer, Spl	●	WSS	15	2-19	11 €	**Prämiert**
	Portugieser & Schwarzriesling, QbA	●	ROSÉ	13	18-19	7 €	**Prämiert**

Weingut Carsten Marfilius

Aspisheimer Str. 25, 55457 **Horrweiler,** Tel. +496727/251, Fax +496727/952320, mail@weingut-marfilius.de

DLG-Bundesweinprämierung 2019: 1 x Silber:

Jahrgang	Lage, Rebsorte, Qualitätsbezeichnung		Wein-Art	Vol%*	AP-Nr.	Preis*	DLG-Prämierung
2018	Horrweiler St. Rochuskapelle, Regent „Wilde Beere", Ausl	●	ROT	14	3-18	5 €	**Silber**

Weingut Burgberg · Eimann & Söhne

Aufhofstr.26, 55218 **Ingelheim,** Tel. +496132/2837, Fax +496132/799510, wolfgang.eimann@weinguteimann.de, www.weinguteimann.de

DLG-Bundesweinprämierung 2019: 1 x Prämiert:

Jahrgang	Lage, Rebsorte, Qualitätsbezeichnung		Wein-Art	Vol%*	AP-Nr.	Preis*	DLG-Prämierung
2017	Ingelheimer Sonnenhang, Silvaner, Spl	●	WSS	12	2-18	5 €	**Prämiert**

Weingut Horter

Bahnhofstr. 6, 55278 **Köngernheim,** Tel. +496737/406, Fax +496737/712207, weingut-horter@t-online.de

DLG-Bundesweinprämierung 2019: 2 x Silber, 2 x Prämiert – Auswahl prämierter Weine:

Jahrgang	Lage, Rebsorte, Qualitätsbezeichnung		Wein-Art	Vol%*	AP-Nr.	Preis*	DLG-Prämierung
2018	Köngernheimer Goldgrube, Sauvignon Blanc, Spl	●	WSS	13	40-18	8 €	**Silber**
2018	Friesenheimer Knopf, Merlot, Ausl	●	ROT	14	41-18	11 €	**Silber**
2016	Köngernheimer Goldgrube, Riesling, QbA	●	WSS	12	36-17	6 €	**Prämiert**

● Trocken ● Halbtrocken ● Lieblich/Mild ● Edelsüß *Alkoholgehalt + Preisangabe gerundet a. A.: Preis auf Anfrage

Weingut Zehe-Clauß · Birgit Zehe-Clauß & Marcus Clauß

Rheinhessenstr. 109, 55129 **Mainz-Hechtsheim,** Tel. +496131/9728942, Fax +496131/9728943, mc@zehe-clauss.de, www.zehe-clauss.de

DLG-Bundesweinprämierung 2019: 10 x Gold, 5 x Silber, 5 x Prämiert – Auswahl prämierter Weine:

Jahrgang	Lage, Rebsorte, Qualitätsbezeichnung	Wein-Art	Vol%*	AP-Nr.	Preis*	DLG-Prämierung
2018	Weißwein „Meenzer Mädchen", QbA	WSS	11	34-19	7 €	**Gold**
2018	Merlot & Cabernet Sauvignon, QbA	ROSÉ	14	19-19	7 €	**Gold**
2017	Laubenheimer Edelmann, Lemberger „First Clauß", QbA	ROTB	14	30-19	17 €	**Gold**

Weingut Möhn · Inh. Berthold Möhn

Pfarrer-Goedeckerstr. 13, 55130 **Mainz-Laubenheim,** Tel. +496131/883003, Fax +496131/698314, info@weingut-moehn.de, www.weingut-moehn.de

DLG-Bundesweinprämierung 2019: 1 x Prämiert:

Jahrgang	Lage, Rebsorte, Qualitätsbezeichnung	Wein-Art	Vol%*	AP-Nr.	Preis*	DLG-Prämierung
2018	Bodenheimer Mönchspfad, Silvaner Alte Reben, QbA	WSS	13	5-19	7 €	**Prämiert**

Weingut Maurer GbR

Rheinstr. 25, 55278 **Mommenheim,** Tel. +496138/8137, Fax +496138/8137, Weingut.maurer@t-online.de, www.maurer-weine.de

DLG-Bundesweinprämierung 2019: 1 x Gold, 1 x Silber, 1 x Prämiert:

Jahrgang	Lage, Rebsorte, Qualitätsbezeichnung	Wein-Art	Vol%*	AP-Nr.	Preis*	DLG-Prämierung
2018	Mommenheimer Weißburgunder, Spl	WSS	12	1-19	6 €	**Gold**
2018	Mommenheimer Sauvignon Blanc, Spl	WSS	13	3-19	7 €	**Silber**
2018	Rosé, QbA	ROSÉ	12	10-19	5 €	**Prämiert**

Weingut Eulenmühle · Kurt u. Christian Debo

Eulenmühle, 55268 **Nieder-Olm,** Tel. +496136/7879, Fax +496136/916850, weingut@eulenmuehle.com

DLG-Bundesweinprämierung 2019: 1 x Silber:

Jahrgang	Lage, Rebsorte, Qualitätsbezeichnung	Wein-Art	Vol%*	AP-Nr.	Preis*	DLG-Prämierung
2018	Nieder-Olmer Klosterberg, Müller-Thurgau, QbA	WSS	11	39-18	4 €	**Silber**

Weingut Karl Jung & Sohn

Hauptstr. 7, 55283 **Nierstein,** Tel. +496133/60459, mail@Weingut-Jung.de, www.Weingut-Jung.de

DLG-Bundesweinprämierung 2019: 1 x Gold, 2 x Silber:

Jahrgang	Lage, Rebsorte, Qualitätsbezeichnung	Wein-Art	Vol%*	AP-Nr.	Preis*	DLG-Prämierung
2018	Niersteiner Orbel, Riesling, Spl	WSS	13	17-19	6 €	**Gold**
2018	Blauer Spätburgunder, QbA	WH	12	2-19	5 €	**Silber**
2018	Niersteiner Bildstock, Kerner, Spl	WSS	11	20-19	5 €	**Silber**

Weingut Paul Frank

Jahnstr. 27, 55283 **Nierstein-Schwabsburg,** Tel. +496133/60085, Fax +496133/60087, kontakt@weingut-paulfrank.de, www.weingut-paulfrank.de

DLG-Bundesweinprämierung 2019: 1 x Silber, 2 x Prämiert:

Jahrgang	Lage, Rebsorte, Qualitätsbezeichnung	Wein-Art	Vol%*	AP-Nr.	Preis*	DLG-Prämierung
2018	Niersteiner Grüner Silvaner, QbA	WSS	12	3-19	5 €	**Silber**
2018	Niersteiner Schloss Schwabsburg, Riesling „vom Roten Hang", QbA	WSS	12	1-19	7 €	**Prämiert**
2016	Niersteiner Spiegelberg, Spätburgunder, QbA	ROTB	12	8-18	8 €	**Prämiert**

Trocken · Halbtrocken · Lieblich/Mild · Edelsüß · *Alkoholgehalt + Preisangabe gerundet · a.A.: Preis auf Anfrage

Weingut Bungert-Mauer

Bergstr. 24, 55437 **Ockenheim,** Tel. +496725/2616, Fax +496725/2426, weingut@bungert-mauer.de, www.bungert-mauer.de

DLG-Bundesweinprämierung 2019: 1 x Gold Extra, 15 x Gold, 15 x Silber, 3 x Prämiert – Auswahl prämierter Weine:

Jahrgang	Lage, Rebsorte, Qualitätsbezeichnung		Wein-Art	Vol%*	AP-Nr.	Preis*	DLG-Prämierung
2016	Ockenheimer Klosterweg, Blauer Spätburgunder, QbA	● Trocken	ROT	14	38-18	13 €	Gold Extra
2018	Ockenheimer Scheurebe, QbA	● Trocken	WSS	14	16-19	6 €	Gold
2016	Ockenheimer St. Jakobsberg, Pinot Noir, QbA	● Trocken	ROTB	14	39-18	18 €	Gold

Weingut Karl-Wilhelm Müller · Eckhard und Daniel Müller

Bahnhofstr. 43, 55437 **Ockenheim,** Tel. +496725/2503, Fax +496725/6941, post@weingut-kwmueller.de, www.weingut-kwmueller.de

DLG-Bundesweinprämierung 2019: 2 x Gold, 1 x Silber:

Jahrgang	Lage, Rebsorte, Qualitätsbezeichnung		Wein-Art	Vol%*	AP-Nr.	Preis*	DLG-Prämierung
2016	Ockenheimer St. Jakobsberg, Frühburgunder, Spl	● Trocken	ROT	14	32-17	8 €	Gold
2018	Ockenheimer Hockenmühle, Optima, BA	● Edelsüß	WSS	10	29-19	13 €	Gold
2018	Ockenheimer St. Jakobsberg, Morio-Muskat, Spl	● Lieblich/Mild	WSS	12	17-19	7 €	Silber

Klosterweingut Jakobsberg · Missionsbenediktiner der Erzabtei St. Ottilien

Am Zollstock 8, 55437 **Ockenheim,** Tel. +496725/993838, Fax +496725/95658, info@klosterweingut.de, www.klosterweingut.de

DLG-Bundesweinprämierung 2019: 1 x Gold Extra, 2 x Gold, 5 x Silber, 6 x Prämiert – Auswahl prämierter Weine:

Jahrgang	Lage, Rebsorte, Qualitätsbezeichnung		Wein-Art	Vol%*	AP-Nr.	Preis*	DLG-Prämierung
	Rotwein Cuvée „Erzabt Wolfgang", QbA	● Trocken	ROTB	14	15-18	8 €	Gold Extra
2018	Weißwein Cuvée feinherb „Di piu", QbA	● Lieblich/Mild	WSS	13	8-19	4 €	Gold
2018	Muskat Ottonel feinherb, Spl	● Lieblich/Mild	WSS	13	1-19	7 €	Gold

Weingut Gunther Schrauth

Kreuznacher Str. 30, 55546 **Pfaffen-Schwabenheim,** Tel. +496701/961026, Fax +496701/7199, info@weingut-schrauth.de, http://www.weingut-schrauth.de

DLG-Bundesweinprämierung 2019: 1 x Gold, 1 x Silber, 2 x Prämiert – Auswahl prämierter Weine:

Jahrgang	Lage, Rebsorte, Qualitätsbezeichnung		Wein-Art	Vol%*	AP-Nr.	Preis*	DLG-Prämierung
2017	St. Laurent, QbA	● Trocken	BDN	12	7-18	a.A.	Gold
2018	Silvaner, QbA	● Trocken	WSS	13	2-19	6 €	Silber
2018	Grauer Burgunder Classic, QbA	● Trocken	WSS	13	4-19	6 €	Prämiert

Weingut Paulinenhof · Rolf Bernhard

Paulinenhof, 55278 **Selzen,** Tel. +496737/396, Fax +496737/809193, info@weingut-paulinenhof.de, www.weingut-paulinenhof.de

DLG-Bundesweinprämierung 2019: 2 x Silber, 3 x Prämiert – Auswahl prämierter Weine:

Jahrgang	Lage, Rebsorte, Qualitätsbezeichnung		Wein-Art	Vol%*	AP-Nr.	Preis*	DLG-Prämierung
2018	Weißer Burgunder, QbA	● Trocken	WSS	13	9-19	5 €	Silber
2018	Grauer Burgunder Classic, QbA	● Trocken	WSS	13	8-19	5 €	Silber
2015	Pinot noir, QbA	● Trocken	ROTB	12	15-18	5 €	Prämiert

Weingut Manz · Erich & Eric Manz GbR

Lettengasse 6, 55278 **Weinolsheim,** Tel. +496249/7981, Fax +496249/80022, weingut@manz-weinolsheim.de, www.manz-weinolsheim.de

DLG-Bundesweinprämierung 2019: 1 x Gold Extra, 14 x Gold, 28 x Silber, 6 x Prämiert – Auswahl prämierter Weine:

Jahrgang	Lage, Rebsorte, Qualitätsbezeichnung		Wein-Art	Vol%*	AP-Nr.	Preis*	DLG-Prämierung
2018	Oppenheimer Herrenberg, Spätburgunder, TBA	● Edelsüß	ROT	8	31-19	a.A.	Gold Extra
2016	Oppenheimer Herrenberg, Cabernet Sauvignon, QbA	● Trocken	ROTB	15	44-18	a.A.	Gold
2018	Weißburgunder „Löss", QbA	● Trocken	WSS	13	25-19	a.A.	Gold

● Trocken ● Halbtrocken ● Lieblich/Mild ● Edelsüß *Alkoholgehalt + Preisangabe gerundet a.A.: Preis auf Anfrage

Jahrgang	Lage, Rebsorte, Qualitätsbezeichnung	Wein-Art	Vol%*	AP-Nr.	Preis*	DLG-Prämierung

Winzer der Rheinhessischen Schweiz eG

Kreuzstr. 12, 55597 **Wöllstein,** Tel. +496703/960177, Fax +496703/960179,
info@winzer-der-rheinhessischen-schweiz.de, www.winzer-der-rheinhessischen-schweiz.de

DLG-Bundesweinprämierung 2019: 3 x Silber, 5 x Prämiert – Auswahl prämierter Weine:

Jahrgang	Lage, Rebsorte, Qualitätsbezeichnung	Wein-Art	Vol%*	AP-Nr.	Preis*	DLG-Prämierung
2017	Dornfelder „Collection C", QbA	● ROT	11	12-18	6 €	**Silber**
2016	St. Laurent, QbA	● ROT	11	34-18	6 €	**Silber**
2017	Rotling feinherb „Rot küsst Weiß", QbA	● Rotling	11	27-18	6 €	**Silber**

Residenzweingut Bechtel · Manfred Bechtel

Wormser Landstr. 48, 67551 **Worms,** Tel. +496241/33034, Fax +496241/36012,
Kontakt@weingutbechtel.de

DLG-Bundesweinprämierung 2019: 2 x Gold, 2 x Silber, 6 x Prämiert – Auswahl prämierter Weine:

Jahrgang	Lage, Rebsorte, Qualitätsbezeichnung	Wein-Art	Vol%*	AP-Nr.	Preis*	DLG-Prämierung
2018	Scheurebe, Spl	● WSS	10	30-19	7 €	**Gold**
2018	Spätburgunder & Scheurebe, Spl	● Rotling	11	20-19	7 €	**Gold**
2017	Merlot, QbA	● ROT	15	23-18	7 €	**Silber**

Weingut Stefan Kraus

Wonnegaustr. 72, 67550 **Worms-Abenheim,** Tel. +496242/7653, Fax +496242/60406,
info@weingut-kraus.de, www.weingut-kraus.de

DLG-Bundesweinprämierung 2019: 1 x Silber, 1 x Prämiert:

Jahrgang	Lage, Rebsorte, Qualitätsbezeichnung	Wein-Art	Vol%*	AP-Nr.	Preis*	DLG-Prämierung
2018	Osthofener Kirchberg, Chardonnay feinherb, Spl	● WSS	14	3-19	5 €	**Silber**
2018	Dornfelder, QbA	● ROT	10	18-18	5 €	**Prämiert**

Saale-Unstrut

Weinbau seit 1.000 Jahren

An Saale und Unstrut, in der Heimat von sagenumwobenen Burgen, prächtigen Schlössern, Kirchen und der berühmten Himmelsscheibe von Nebra, hat der Weinbau eine über 1.000-jährige Tradition. Rund 740 Hektar sind hier mit Reben bestockt. Typisch sind im nördlichsten Weinanbaugebiet Europas Weißweine wie Müller-Thurgau, Silvaner, Weißburgunder, Riesling, Kerner, Bacchus und Traminer. Das kleine Weinland fußt auf Buntsandstein- und Muschelkalkböden, die seit jeher gute Bedingungen für die Erzeugung von mineralischen Weinen bieten.

Sekte

Landesweingut Kloster Pforta GmbH

Saalberge 73, 06628 **Bad Kösen,** Tel. +4934463/3000, Fax +4934463/30025, service@kloster-pforta.de, www.kloster-pforta.de

DLG-Bundesweinprämierung 2019: 1 x Silber, 2 x Prämiert:

Jahrgang	Lage, Rebsorte, Qualitätsbezeichnung		Wein-Art	Vol%*	AP-Nr.	Preis*	DLG-Prämierung
2017	Weißer Elbling, brut	●	WSS	12	27-18	a.A.	**Silber**
2017	Blanc de Noir Sekt „André", brut	●	BDN	12	L10-18	a.A.	**Prämiert**
2017	Weißsekt „Cuvée Tradition", extra trocken	●	WSS	12	28-18	a.A.	**Prämiert**

Winzervereinigung Freyburg-Unstrut eG

Querfurter Str. 10, 06632 **Freyburg,** Tel. +4934464/3060, Fax +4934464/30666, info@winzervereinigung-freyburg.de, www.winzervereinigung-freyburg.de

DLG-Bundesweinprämierung 2019: 1 x Gold, 2 x Silber:

Jahrgang	Lage, Rebsorte, Qualitätsbezeichnung		Wein-Art	Vol%*	AP-Nr.	Preis*	DLG-Prämierung
2017	Auxerrois „WERKSTÜCK WEIMAR Festtag", extra trocken	●	WSS	11	204-18	15 €	**Gold**
2017	Kerner, extra brut	●	WSS	13	2-19	12 €	**Silber**
2017	Weißburgunder, brut	●	WSS	13	1-19	12 €	**Silber**

Wein- & Sektgut Hubertus Triebe · Grit Triebe

Mittelweg 18, 06712 **Zeitz-Würchwitz,** Tel. +4934426/21420, Fax +4934426/21499, Bauer.Triebe@t-online.de, www.weingut-triebe.de

DLG-Bundesweinprämierung 2019: 1 x Silber:

Jahrgang	Lage, Rebsorte, Qualitätsbezeichnung		Wein-Art	Vol%*	AP-Nr.	Preis*	DLG-Prämierung
	Weißsekt „Cuvée Herzog Christian", extra brut	●	WSS	13	18-19	16 €	**Silber**

Jahrgang	Lage, Rebsorte, Qualitätsbezeichnung		Wein-Art	Vol%*	AP-Nr.	Preis*	DLG-Prämierung

Weine

Weingut Goldschmidt

Liedersdorfer Str. 15, 06542 **Allstedt-Beyernaumburg**, Tel. +493464/570724, Fax +493464/570758, info@obst-wein-goldschmidt.de, www.obst-wein-goldschmidt.de

DLG-Bundesweinprämierung 2019: 2 x Silber, 4 x Prämiert – Auswahl prämierter Weine:

Jahrgang	Lage, Rebsorte, Qualitätsbezeichnung		Wein-Art	Vol%*	AP-Nr.	Preis*	DLG-Prämierung
2018	Freyburger Schweigenberg, Riesling, Kab	● (Trocken)	WSS	11	2-19	9 €	**Silber**
2018	Freyburger Schweigenberg, Regent, Kab	● (Trocken)	ROT	12	9-19	8 €	**Silber**
2018	Müller-Thurgau „Kuckuckswein", QbA	● (Trocken)	WSS	10	6-19	7 €	**Prämiert**

Landesweingut Kloster Pforta GmbH

Saalberge 73, 06628 **Bad Kösen,** Tel. +4934463/3000, Fax +4934463/30025, service@kloster-pforta.de, www.kloster-pforta.de

DLG-Bundesweinprämierung 2019: 1 x Gold, 2 x Silber, 5 x Prämiert – Auswahl prämierter Weine:

Jahrgang	Lage, Rebsorte, Qualitätsbezeichnung		Wein-Art	Vol%*	AP-Nr.	Preis*	DLG-Prämierung
2018	Bacchus, QbA	● (Trocken)	WSS	12	13-19	9 €	**Gold**
2018	Müller-Thurgau, QbA	● (Trocken)	WSS	12	1-19	8 €	**Silber**
2017	Saalhäuser Blauer Spätburgunder, QbA	● (Trocken)	ROTH	13	8-19	15 €	**Silber**

Thüringer Weingut Bad Sulza GmbH

Sonnendorf 17, 99518 **Bad Sulza,** Tel. +4936461/20600, Fax +4936461/20861, info@thueringer-wein.de, www.thueringer-wein.de

DLG-Bundesweinprämierung 2019: 1 x Gold, 1 x Silber, 1 x Prämiert – Auswahl prämierter Weine:

Jahrgang	Lage, Rebsorte, Qualitätsbezeichnung		Wein-Art	Vol%*	AP-Nr.	Preis*	DLG-Prämierung
2018	Sauvignon Blanc & Traminer, QbA	● (Trocken)	WSSB	14	32-19	17 €	**Gold**
2018	Jenaer Grafenberg, Riesling, QbA	● (Trocken)	WSS	13	28-19	10 €	**Silber**
2015	Rotwein „MiCaDo", QbA	● (Trocken)	ROT	13	53-17	19 €	**Prämiert**

Weingut Schulze GmbH

Naumburgerstr. 42, 06712 **Döschwitz,** Tel. +4934425/27326, Fax +4934425/30375, info@weingut-schulze.de, www.weingut-schulze.de

DLG-Bundesweinprämierung 2019: 1 x Gold Extra, 5 x Gold, 12 x Silber, 4 x Prämiert – Auswahl prämierter Weine:

Jahrgang	Lage, Rebsorte, Qualitätsbezeichnung		Wein-Art	Vol%*	AP-Nr.	Preis*	DLG-Prämierung
2018	Kloster Posaer Klosterberg Zeitz, Weißburgunder, Ausl	● (Trocken)	WSS	14	4-19	9 €	**Gold Extra**
2018	Bad Kösener Schöne Aussicht, Cabernet Blanc, Ausl	● (Trocken)	WSS	14	10-19	9 €	**Gold**
2018	Bad Kösener Schöne Aussicht, Müller Thurgau, BA	● (Edelsüß)	WSS	12	26-19	13 €	**Gold**

Winzervereinigung Freyburg eG

Querfurter Str. 10, 06632 **Freyburg,** Tel. +4934464/3060, Fax +4934464/30666, info@winzervereinigung-freyburg.de, www.winzervereinigung-freyburg.de

DLG-Bundesweinprämierung 2019: 4 x Gold, 17 x Silber, 15 x Prämiert – Auswahl prämierter Weine:

Jahrgang	Lage, Rebsorte, Qualitätsbezeichnung		Wein-Art	Vol%*	AP-Nr.	Preis*	DLG-Prämierung
2018	Bacchus, QbA	● (Halbtrocken)	WSS	12	10-19	6 €	**Gold**
2017	Weimarer Poetenweg, Sauvignon Blanc „WERKSTÜCK WEIMAR", QbA	● (Trocken)	WSS	12	110-18	8 €	**Gold**
2018	Bereich Schloss Neuenburg, Weißburgunder, QbA	● (Trocken)	WSS	12	101-19	6 €	**Gold**

Weingut Waschfeld

Schleberoda 16, 06632 **Freyburg (Unstrut),** Tel. +4934464/28212, Fax +4934464/28214, info@weingut-waschfeld.de, www.weingut-waschfeld.de

DLG-Bundesweinprämierung 2019: 1 x Prämiert:

Jahrgang	Lage, Rebsorte, Qualitätsbezeichnung		Wein-Art	Vol%*	AP-Nr.	Preis*	DLG-Prämierung
2018	Freyburger Mühlberg, Riesling feinherb, Spl	● (Lieblich/Mild)	WSS	12	1-19	10 €	**Prämiert**

● Trocken ● Halbtrocken ● Lieblich/Mild ● Edelsüß *Alkoholgehalt + Preisangabe gerundet a. A.: Preis auf Anfrage

Jahrgang	Lage, Rebsorte, Qualitätsbezeichnung		Wein-Art	Vol%*	AP-Nr.	Preis*	DLG-Prämierung

Weinbau Dr. Lindicke

Am Plessower Eck 2, 14542 **Werder (Havel),** Tel. +493327/741410, Fax +493327/741412, weinbau@Lindicke.de, weinbau-lindicke.de

DLG-Bundesweinprämierung 2019: 1 x Gold, 3 x Silber, 1 x Prämiert – Auswahl prämierter Weine:

Jahrgang	Lage, Rebsorte, Qualitätsbezeichnung		Wein-Art	Vol%*	AP-Nr.	Preis*	DLG-Prämierung
2018	Werderaner Galgenberg, Muscaris, QbA	● (Lieblich/Mild)	WSS	11	7-19	9 €	**Gold**
2018	Werderaner Wachtelberg, Müller-Thurgau, QbA	● (Halbtrocken)	WSS	11	1-19	9 €	**Silber**
2018	Werderaner Wachtelberg, Rosé, QbA	● (Lieblich/Mild)	ROSÉ	11	13-19	8 €	**Silber**

Weinhaus Preiss-Daimler

Wilsdruffer Str. 11, 01723 **Wilsdruff OT Grumbach,** Tel. +4935204/96515, Fax +4935204/96566, stefan.thomas@pd-group.com

DLG-Bundesweinprämierung 2019: 1 x Prämiert:

Jahrgang	Lage, Rebsorte, Qualitätsbezeichnung		Wein-Art	Vol%*	AP-Nr.	Preis*	DLG-Prämierung
2018	Karsdorfer Hohe Gräte, Silvaner, Spl	● (Halbtrocken)	WSS	12	35-18	9 €	**Prämiert**

Jahrgang	Lage, Rebsorte, Qualitätsbezeichnung		Wein-Art	Vol%*	AP-Nr.	Preis*	DLG-Prämierung

Sachsen

Kleine Mengen und rare Sorten

Aus einem der kleinsten deutschen Weinanbaugebiete kommen naturgemäß keine großen Mengen. Die Gewächse aus Sachsen sind eine Besonderheit. Insbesondere aus weißen Burgunderreben und Traminer werden die Spitzenweine der Region gekeltert. Daneben findet man seltenere Rebsortenweine aus Gutedel oder Goldriesling, den es nur hier gibt. Die Weindörfer, Winzer und Vinotheken, die diese Weine erzeugen oder ausschenken, findet man entlang der Sächsischen Weinstraße zwischen Pirna und Diesbar-Seußlitz. Rund 500 Hektar sind mit Reben bestockt.

Sekte

■ Sächsische Winzergenossenschaft Meißen eG

Bennoweg 9, 01662 **Meißen,** Tel. +493521/780970, Fax +493521/7809733, info@winzer-meissen.de, www.winzer-meissen.de

DLG-Bundesweinprämierung 2019: 2 x Gold, 1 x Silber, 1 x Prämiert – Auswahl prämierter Sekte:

Jahrgang	Lage, Rebsorte, Qualitätsbezeichnung		Wein-Art	Vol%*	AP-Nr.	Preis*	DLG-Prämierung
	Morio Muskat „Benno von Meißen“, trocken	●	WSS	12	6-18	15 €	**Gold**
	Morio Muskat „Benno von Meißen“, extra trocken	●	WSS	12	5-18	15 €	**Gold**
	Morio Muskat „Benno von Meißen“, halbtrocken	●	WSS	12	7-18	15 €	**Silber**

■ Schloss Wackerbarth

Wackerbarthstr. 1, 01445 **Radebeul,** Tel. +49351/89550, Fax +49351/8955150, aumueller@schloss-wackerbarth.de, www.schloss-wackerbarth.de

DLG-Bundesweinprämierung 2019: 1 x Gold, 2 x Silber, 1 x Prämiert – Auswahl prämierter Sekte:

Jahrgang	Lage, Rebsorte, Qualitätsbezeichnung		Wein-Art	Vol%*	AP-Nr.	Preis*	DLG-Prämierung
	Weißsekt „August der Starke“, trocken	●	WSS	12	20-17	16 €	**Gold**
	Weißsekt „Hommage Au Bussard 1836“, extra trocken	●	WSS	12	19-17	13 €	**Silber**
	Rosésekt „Gräfin Cosel“, trocken	●	ROSÉ	12	1-18	19 €	**Silber**

■ Weingut Schloß Proschwitz · Prinz zur Lippe

Dorfanger 19, 01665 **Zadel über Meißen,** Tel. +493521/76760, Fax +493521/767676, weingut@schloss-proschwitz.de, www.schloss-proschwitz.de

DLG-Bundesweinprämierung 2019: 1 x Prämiert:

Jahrgang	Lage, Rebsorte, Qualitätsbezeichnung		Wein-Art	Vol%*	AP-Nr.	Preis*	DLG-Prämierung
2014	Pinot, trocken	●	ROSÉ	14	8-19	a. A.	**Prämiert**

Jahrgang	Lage, Rebsorte, Qualitätsbezeichnung	Wein-Art	Vol%*	AP-Nr.	Preis*	DLG-Prämierung

Weine

Sächsische Winzergenossenschaft Meißen eG

Bennoweg 9, 01662 **Meißen,** Tel. +493521/780970, Fax +493521/7809733, info@winzer-meissen.de, www.winzer-meissen.de

DLG-Bundesweinprämierung 2019: 2 x Silber, 5 x Prämiert – Auswahl prämierter Weine:

Jahrgang	Lage, Rebsorte, Qualitätsbezeichnung	Wein-Art	Vol%*	AP-Nr.	Preis*	DLG-Prämierung
2018	Bereich Meißen, Morio Muskat, QbA	● (Trocken) WSS	11	23-19	10 €	**Silber**
2017	Bereich Meißen, Cabernet Blanc, QbA	● (Halbtrocken) WSS	12	28-19	9 €	**Silber**
2018	Bereich Meißen, Goldriesling, QbA	● (Trocken) WSS	12	1-19	9 €	**Prämiert**

Schloss Wackerbarth

Wackerbarthstr. 1, 01445 **Radebeul,** Tel. +49351/89550, Fax +49351/8955150, aumueller@schloss-wackerbarth.de, www.schloss-wackerbarth.de

DLG-Bundesweinprämierung 2019: 3 x Gold, 7 x Silber, 8 x Prämiert – Auswahl prämierter Weine:

Jahrgang	Lage, Rebsorte, Qualitätsbezeichnung	Wein-Art	Vol%*	AP-Nr.	Preis*	DLG-Prämierung
2018	Bacchus, QbA	● (Trocken) WSS	11	36-18	13 €	**Gold**
2018	Kerner, QbA	● (Trocken) WSS	13	4-19	12 €	**Gold**
2018	Goldriesling, QbA	● (Trocken) WSS	12	1-19	15 €	**Gold**

Weingut Karl Friedrich Aust

Weinbergstr. 10, 01445 **Radebeul,** Tel. +49351/89390100, Fax +49351/89390098 kontakt@weingut-aust.de, www.weingut-aust.de

DLG-Bundesweinprämierung 2019: 1 x Silber:

Jahrgang	Lage, Rebsorte, Qualitätsbezeichnung	Wein-Art	Vol%*	AP-Nr.	Preis*	DLG-Prämierung
2017	Spätburgunder, QbA	● (Trocken) ROT	11	12-18	20 €	**Silber**

Weingut Hoflößnitz GmbH

Knohllweg 37, 01445 **Radebeul,** Tel. +49351/8398341, Fax +49351/8398330, info@hofloessnitz.de, www.hofloessnitz.de

DLG-Bundesweinprämierung 2019: 2 x Gold, 2 x Silber, 1 x Prämiert – Auswahl prämierter Weine:

Jahrgang	Lage, Rebsorte, Qualitätsbezeichnung	Wein-Art	Vol%*	AP-Nr.	Preis*	DLG-Prämierung
2018	Radebeuler Johannisberg, Müller-Thurgau „Berg & Lust", QbA	● (Trocken) WSS	12	1-19	10 €	**Gold**
2018	Radebeuler Goldener Wagen, Traminer, Spl	● (Lieblich/Mild) WSS	12	5-19	17 €	**Gold**
2018	Radebeuler Lößnitz, Schieler, QbA	● (Trocken) Rotling	12	2-19	13 €	**Silber**

Weingut Schloss Proschwitz Prinz zur Lippe

Dorfanger 19, 01665 **Zadel über Meißen,** Tel. +493521/76760, Fax +493521/767676, weingut@schloss-proschwitz.de, www.schloss-proschwitz.de

DLG-Bundesweinprämierung 2019: 1 x Gold, 1 x Silber:

Jahrgang	Lage, Rebsorte, Qualitätsbezeichnung	Wein-Art	Vol%*	AP-Nr.	Preis*	DLG-Prämierung
2016	Spätburgunder, QbA	● (Trocken) ROT	11	32-19	a.A.	**Gold**
2016	Spätburgunder, QbA	● (Trocken) ROTB	11	12-19	a.A.	**Silber**

● Trocken ● Halbtrocken ● Lieblich/Mild ● Edelsüß * Alkoholgehalt + Preisangabe gerundet a.A.: Preis auf Anfrage

Württemberg

Erfolgreich im Ländle

Viele Württemberger Weine stammen aus einer der zahlreichen Weingärtnergenossenschaften, in denen sich bereits im 19. Jahrhundert kleine Nebenerwerbsbetriebe und Winzer zusammengeschlossen haben, um rationeller arbeiten zu können. Bis heute sind die Genossenschaften ein erfolgreiches Konzept. Der Schwerpunkt des Anbaugebiets liegt auf den Rotweinen. Typische einheimische Sorten sind Trollinger, Lemberger, Schwarzriesling und Spätburgunder. Ein prägendes Element sind auch die historischen Terrassenweinberge, auf denen herausragende Weine entstehen. Insgesamt kultiviert man Weingärten und Rebflächen auf 11.300 Hektar.

Sekte

Privatkellerei Klaus Keicher GmbH

Am Ohrberg 2, 74235 **Erlenbach,** Tel. +497132/951110, Fax +497132/951118, info@privatkellerei-keicher.de

DLG-Bundesweinprämierung 2019: 5 x Gold, 4 x Silber – Auswahl prämierter Sekte:

Jahrgang	Lage, Rebsorte, Qualitätsbezeichnung	Wein-Art	Vol%*	AP-Nr.	Preis*	DLG-Prämierung
2017	Erlenbacher Kayberg, Muskateller, halbtrocken	WSS	12	104-19	12 €	**Gold**
2017	Sauvignon blanc, extra trocken	WSS	13	107-18	12 €	**Gold**
2016	Erlenbacher Kayberg, Muskattrollinger, trocken	WH	13	105-19	12 €	**Gold**

Bottwartaler Winzer eG

Oberstenfelder Str. 80, 71723 **Großbottwar,** Tel. +497148/96000, Fax +497148/960050, info@bottwartalerwinzer.de, www.bottwartalerwinzer.de

DLG-Bundesweinprämierung 2019: 1 x Silber, 2 x Prämiert:

Jahrgang	Lage, Rebsorte, Qualitätsbezeichnung	Wein-Art	Vol%*	AP-Nr.	Preis*	DLG-Prämierung
2017	Großbottwarer Wunnenstein, Riesling, trocken	WSS	13	101-19	9 €	**Silber**
2017	Spätburgunder, brut	BDN	13	100-19	9 €	**Prämiert**
2016	Großbottwarer Wunnenstein, Spätburgunder, trocken	ROSÉ	12	102-18	9 €	**Prämiert**

Besenwirtschaft Kuhberg-Schänke · Inhaber Alexander Mühlbeyer

Hauptstr. 8, 74831 **Gundelsheim-Bachenau,** Tel. +496269/90254, alexander.muehlbeyer@kuhberg-schaenke.de, www.kuhberg-schaenke.de

DLG-Bundesweinprämierung 2019: 1 x Silber:

Jahrgang	Lage, Rebsorte, Qualitätsbezeichnung	Wein-Art	Vol%*	AP-Nr.	Preis*	DLG-Prämierung
2017	Gundelsheimer Himmelreich, Schwarzriesling, trocken	WH	12	101-18	12 €	**Silber**

Jahrgang	Lage, Rebsorte, Qualitätsbezeichnung		Wein-Art	Vol%*	AP-Nr.	Preis*	DLG-Prämierung

Felsengartenkellerei Besigheim eG

Am Felsengarten 1, 74394 **Hessigheim,** Tel. +497143/81600, Fax +497143/816029, info@felsengartenkellerei.de, www.felsengartenkellerei.de

DLG-Bundesweinprämierung 2019: 5 x Silber, 2 x Prämiert – Auswahl prämierter Sekte:

2016	Rosésekt „Cuvée Rosé 49°, brut	● (gelb)	ROSÉ	13	110-18	13 €	**Silber**
	Rosé „Terra Secco", Qualitätsperlwein Rosé trocken	● (grün)	QPW Rosé	11	59-19	5 €	**Silber**
	Blanc de Noirs „Terra Secco", Qualitäts-PW Blanc de Noir tr.	● (grün)	QPW BDN	11	60-19	5 €	**Silber**

Lauffener Weingärtner eG

Im Brühl 48, 74348 **Lauffen,** Tel. +497133/1850, Fax +497133/18560, service@wg-lauffen.de, www.lauffener-wein.de

DLG-Bundesweinprämierung 2019: 3 x Gold, 1 x Silber – Auswahl prämierter Sekte:

	Pinot „Vinitiative Cuvée X", brut	● (gelb)	BDN	14	101-18	20 €	**Gold**
2017	Sauvignon Blanc, brut	● (gelb)	WSS	12	105-18	10 €	**Gold**
2017	Gewürztraminer, trocken	● (grün)	WSS	12	102-19	10 €	**Gold**

Sektkellerei Emil Schweickert GmbH

Pforzheimer Str. 5, 75223 **Niefern,** Tel. +497233/4220, Fax +497233/5138, info@sektkellerei-schweickert.de

DLG-Bundesweinprämierung 2019: 2 x Gold, 2 x Silber, 1 x Prämiert – Auswahl prämierter Sekte:

2017	Sauvignon blanc	● (grün)	WSS	12	200-19	10 €	**Gold**
2016	Rotsekt	● (grün)	ROT	13	201-19	9 €	**Gold**
2018	Lemberger, extra trocken	● (grün)	ROSÉ	13	100-19	9 €	**Silber**

Privatkellerei Rolf Willy GmbH

Schafhohle 26, 74226 **Nordheim,** Tel. +497133/95010, Fax +497133/950119, juergen@rolf-willy.de, www.rolf-willy.de

DLG-Bundesweinprämierung 2019: 1 x Gold, 2 x Silber, 1 x Prämiert – Auswahl prämierter Sekte:

2012	Pinot Noir - Pinot Meunier - Chardonnay „Cuvée Nummer Eins", brut	● (gelb)	BDN	13	114-18	18 €	**Gold**
2016	Riesling, brut	● (gelb)	WSS	12	106-19	9 €	**Silber**
2015	Samtrot, trocken	● (grün)	WH	13	113-19	10 €	**Silber**

Teilselbstvermarkter der Rolf Willy GmbH:

JupiterWeinkeller GmbH

Kelterstr. 2, 74336 **Brackenheim-Hausen,** Tel. +497135/974210, Fax +497135/9742190, info@jupiterweinkeller.de, www.jupiterweinkeller.de

DLG-Bundesweinprämierung 2019: 1 x Silber:

2015	Gewürztraminer, trocken	● (grün)	WSS	13	117-18	7 €	**Silber**

Weingut Katzer

Ochsenbacher Str. 46, 74343 **Sachsenheim-Hohenhaslach,** Tel. +497147/272035, Fax +497147/272038, info@weingut-katzer.de, www.weingut-katzer.de

DLG-Bundesweinprämierung 2019: 1 x Gold Extra, 1 x Silber:

2017	Hohenhaslacher Kirchberg, Lemberger „Goldener Tropfen", trocken	● (grün)	ROT	13	101-18	13 €	**Gold Extra**
2016	Hohenhaslacher Kirchberg, Muskateller „Goldener Tropfen", trocken	● (grün)	WSS	12	100-18	11 €	**Silber**

● (gelb) Brut nature / Extra Brut / Brut ● (grün) Extra trocken / Trocken ● (rot) Halbtrocken / Mild *Alkoholgehalt + Preisangabe gerundet a. A.: Preis auf Anfrage

Jahrgang	Lage, Rebsorte, Qualitätsbezeichnung		Wein-Art	Vol%*	AP-Nr.	Preis*	DLG-Prämierung

Heuchelberg Weingärtner eG

Neipperger Str. 25, 74193 **Schwaigern,** Tel. +497138/970248, Fax +497138/944012, florian.seber@heuchelberg.de, www.heuchelberg.de

DLG-Bundesweinprämierung 2019: 4 x Gold, 3 x Silber, 1 x Prämiert – Auswahl prämierter Sekte:

Jahrgang	Lage, Rebsorte, Qualitätsbezeichnung		Wein-Art	Vol%*	AP-Nr.	Preis*	DLG-Prämierung
2017	Schwaigerner Grafenberg, Riesling, trocken	🟢	WSS	13	105-18	9 €	**Gold**
2017	Schwaigerner Grafenberg, Riesling, brut	🟡	WSS	13	107-18	9 €	**Gold**
2017	Schwaigerner Grafenberg, Gewürztraminer, trocken	🟢	WSS	12	108-18	9 €	**Gold**

Sekt- und Weinmanufaktur Stengel

Ringstr. 7, 74189 **Weinsberg-Gellmersbach,** Tel. +497134/14765, Fax +497134/7019, info@stengel-sekt.de, www.wein-und-sektkellerei-stengel.de

DLG-Bundesweinprämierung 2019: 2 x Gold Extra, 2 x Gold, 3 x Silber, 6 x Prämiert – Auswahl prämierter Sekte:

Jahrgang	Lage, Rebsorte, Qualitätsbezeichnung		Wein-Art	Vol%*	AP-Nr.	Preis*	DLG-Prämierung
2017	Muskateller, trocken	🟢	WSS	11	101-19	16 €	**Gold Extra**
2017	Muskat Trollinger, trocken	🟢	ROSÉ	13	104-19	a.A.	**Gold Extra**
	Rosésekt „Cuvée Imperial", brut	🟡	ROSÉ	13	107-19	21 €	**Gold**

Remstalkellerei eG

Kaiserstr. 13, 71384 **Weinstadt,** Tel. +497151/690821, Fax +497151/690814, e.heubach@remstalkellerei.de, www.remstalkellerei.de

DLG-Bundesweinprämierung 2019: 2 x Gold, 1 x Silber, 1 x Prämiert – Auswahl prämierter Sekte:

Jahrgang	Lage, Rebsorte, Qualitätsbezeichnung		Wein-Art	Vol%*	AP-Nr.	Preis*	DLG-Prämierung
2017	Riesling, trocken	🟢	WSS	13	104-18	7 €	**Gold**
2017	Muskattrollinger, trocken	🟢	ROSÉ	12	103-18	a.A.	**Gold**
2017	Grunbacher Klingle, Grauer Burgunder, extra brut	🟡	WSS	12	105-18	8 €	**Silber**

🟡 Brut nature / Extra Brut / Brut 🟢 Extra trocken / Trocken 🔴 Halbtrocken / Mild *Alkoholgehalt + Preisangabe gerundet a.A.: Preis auf Anfrage

Weine

Weinkellerei Wangler

Sportplatzstr. 7, 74232 **Abstatt,** Tel. +497062/61790, Fax +497062/64817, info@wangler-abstatt.de, www.wangler-abstatt.de

DLG-Bundesweinprämierung 2019: 1 x Gold, 22 x Silber, 10 x Prämiert – Auswahl prämierter Weine:

Jahrgang	Lage, Rebsorte, Qualitätsbezeichnung		Wein-Art	Vol%*	AP-Nr.	Preis*	DLG-Prämierung
2018	Abstatter Schozachtal, Trollinger-Lemberger, QbA	🔴	ROT	12	20-19	5 €	**Gold**
2018	Riesling & Chardonnay, QbA	🟢	WSS	11	46-18	5 €	**Silber**
2018	Muskat-Trollinger, QbA	🔴	ROT	11	7-19	6 €	**Silber**

Weingut Friedauer · Andreas Friedauer

Riedweg 3, 74177 **Bad Friedrichshall,** Tel. +497136/965729, Fax +497136/965731, info@friedauer.de, www.friedauer.de

DLG-Bundesweinprämierung 2019: 6 x Silber, 8 x Prämiert – Auswahl prämierter Weine:

Jahrgang	Lage, Rebsorte, Qualitätsbezeichnung		Wein-Art	Vol%*	AP-Nr.	Preis*	DLG-Prämierung
2018	Sauvignon Blanc, QbA	🟡	WSS	13	5-19	7 €	**Silber**
2017	Heilbronner Staufenberg, Trollinger mit Lemberger, QbA	🟡	ROT	13	27-18	5 €	**Silber**
2018	Kochendorfer Muskateller, QbA	🟢	WSS	12	3-19	5 €	**Silber**

Weinkonvent Dürrenzimmern eG

Meimsheimer Str. 11, 74336 **Brackenheim,** Tel. +497135/95150, Fax +497135/9515039, info@weinkonvent-duerrenzimmern.de, www.weinkonvent-duerrenzimmern.de

DLG-Bundesweinprämierung 2019: 3 x Gold Extra, 24 x Gold, 6 x Silber, 3 x Prämiert – Auswahl prämierter Weine:

Jahrgang	Lage, Rebsorte, Qualitätsbezeichnung		Wein-Art	Vol%*	AP-Nr.	Preis*	DLG-Prämierung
2016	Cabernet Sauvignon „Divinus", QbA	🟡	ROTB	15	18-19	22 €	**Gold Extra**
2016	Portugieser „Divinus", QbA	🟡	ROTB	15	16-19	18 €	**Gold Extra**
2015	Cabernet Sauvignon „Divinus", QbA	🟡	ROTB	14	5-18	18 €	**Gold Extra**

🟡 Trocken 🟢 Halbtrocken 🔴 Lieblich/Mild 🟣 Edelsüß *Alkoholgehalt + Preisangabe gerundet a.A.: Preis auf Anfrage

Jahrgang	Lage, Rebsorte, Qualitätsbezeichnung	Wein-Art	Vol%*	AP-Nr.	Preis*	DLG-Prämierung

Birkert Weingut GbR

Unterheimbacher Str. 28, 74626 **Bretzfeld,** Tel. +497946/484, Fax +497946/3378, info@weingut-birkert.com, www.weingut-birkert.com

DLG-Bundesweinprämierung 2019: 3 x Gold, 3 x Silber, 3 x Prämiert – Auswahl prämierter Weine:

Jahrgang	Lage, Rebsorte, Qualitätsbezeichnung	Wein-Art	Vol%*	AP-Nr.	Preis*	DLG-Prämierung
2016	Adolzfurter Schneckenhof, Rotwein „Cuvée CM“, QbA	ROTB	14	8-19	20 €	**Gold**
2016	Adolzfurter Schneckenhof, Syrah „Roburis“, QbA	ROTB	14	36-18	17 €	**Gold**
2018	Adolzfurter Schneckenhof, Muskat Trollinger, QbA	WH	11	34-18	7 €	**Gold**

Weingut Karl Busch · Markus Busch

Greuthof 1, 74626 **Bretzfeld-Dimbach,** Tel. +497946/2465, Fax +497946/1217, info@karlbusch-wein.de, www.karl-busch.com

DLG-Bundesweinprämierung 2019: 1 x Gold, 5 x Silber, 1 x Prämiert – Auswahl prämierter Weine:

Jahrgang	Lage, Rebsorte, Qualitätsbezeichnung	Wein-Art	Vol%*	AP-Nr.	Preis*	DLG-Prämierung
2018	Riesling feinherb **, QbA	WSS	12	4-19	a.A.	**Gold**
2013	Spätburgunder ****, QbA	ROT	14	23-18	19 €	**Silber**
2013	Rotweincuvée ****, QbA	ROT	13	24-18	29 €	**Silber**

Felsengartenkellerei Besigheim eG

Am Felsengarten 1, 74394 **Hessigheim,** Tel. +497143/81600, Fax +497143/816029, info@felsengartenkellerei.de, www.felsengartenkellerei.de

DLG-Bundesweinprämierung 2019: 5 x Gold, 25 x Silber, 12 x Prämiert – Auswahl prämierter Weine:

Jahrgang	Lage, Rebsorte, Qualitätsbezeichnung	Wein-Art	Vol%*	AP-Nr.	Preis*	DLG-Prämierung
2018	Grauburgunder „Fels“, QbA	WSS	13	41-19	9 €	**Gold**
2018	Muskateller „Schwarzer Rappe“, QbA	WSS	13	50-19	10 €	**Gold**
2017	Besigheimer Felsengarten, Trollinger mit Lemberger, QbA	ROT	12	35-19	5 €	**Gold**

Lauffener Weingärtner eG

Im Brühl 48, 74348 **Lauffen,** Tel. +497133/1850, Fax +497133/18560, service@wg-lauffen.de, www.lauffener-wein.de

DLG-Bundesweinprämierung 2019: 10 x Gold, 36 x Silber, 23 x Prämiert – Auswahl prämierter Weine:

Jahrgang	Lage, Rebsorte, Qualitätsbezeichnung	Wein-Art	Vol%*	AP-Nr.	Preis*	DLG-Prämierung
2018	Samtrot „Junge Linie“, QbA	ROSÉ	11	22-19	5 €	**Gold**
2017	Lauffener Katzenbeißer, Trollinger mit Lemberger, QbA	ROT	12	30-19	5 €	**Gold**
2015	Rotwein Cuvée „vinitiative“, QbA	ROTB	13	180-17	30 €	**Gold**

Privatkellerei Rolf Willy GmbH

Schafhohle 26, 74226 **Nordheim,** Tel. +497133/95010, Fax +497133/950119, juergen@rolf-willy.de, www.rolf-willy.de

DLG-Bundesweinprämierung 2019: 4 x Gold Extra, 26 x Gold, 16 x Silber, 5 x Prämiert – Auswahl prämierter Weine:

Jahrgang	Lage, Rebsorte, Qualitätsbezeichnung	Wein-Art	Vol%*	AP-Nr.	Preis*	DLG-Prämierung
2017	Nordheimer Heuchelberg, Lemberger „Nummer Eins“, QbA	ROTH	14	71-19	24 €	**Gold Extra**
2018	Nordheimer Heuchelberg, Lemberger, Kab	ROT	13	52-19	6 €	**Gold Extra**
2016	Nordheimer Heuchelberg, Spätburgunder „Nummer Eins“, QbA	ROTH	14	66-19	24 €	**Gold Extra**

Teilselbstvermarkter der Rolf Willy GmbH:

JupiterWeinkeller GmbH

Kelterstr. 2, 74336 **Brackenheim-Hausen,** Tel. +497135/974210, Fax +497135/9742190, info@jupiterweinkeller.de, www.jupiterweinkeller.de

DLG-Bundesweinprämierung 2019: 1 x Gold, 8 x Silber, 2 x Prämiert – Auswahl prämierter Weine:

Jahrgang	Lage, Rebsorte, Qualitätsbezeichnung	Wein-Art	Vol%*	AP-Nr.	Preis*	DLG-Prämierung
2017	Lemberger „Gaius Edition“, QbA	ROT	14	53-18	7 €	**Gold**
2017	Weißburgunder mit Riesling „Creation Cuvée Blanc“, QbA	WSS	12	20-18	9 €	**Silber**
2016	Merlot - Syrah - Lemberger „Optimum“, QbA	ROTH	15	26-18	18 €	**Silber**

Trocken · Halbtrocken · Lieblich/Mild · Edelsüß · *Alkoholgehalt + Preisangabe gerundet · a.A.: Preis auf Anfrage

Jahrgang	Lage, Rebsorte, Qualitätsbezeichnung		Wein-Art	Vol%*	AP-Nr.	Preis*	DLG-Prämierung

Weingut Katzer

Ochsenbacher Str. 46, 74343 **Sachsenheim-Hohenhaslach,** Tel. +497147/272035, Fax +497147/272038, info@weingut-katzer.de, www.weingut-katzer.de

DLG-Bundesweinprämierung 2019: 1 x Gold, 2 x Silber:

Jahrgang	Lage, Rebsorte, Qualitätsbezeichnung		Wein-Art	Vol%*	AP-Nr.	Preis*	DLG-Prämierung
2016	Hohenhaslacher Kirchberg, Cuvée Rot „Goldener Tropfen", QbA	🟡	ROTH	12	14-17	13 €	**Gold**
2018	Hohenhaslacher Kirchberg, Chardonnay „Goldener Tropfen", Spl	🟡	WSS	13	19-18	8 €	**Silber**
2018	Hohenhaslacher Kirchberg, Cuvée Weiß „Goldener Tropfen", Spl	🟡	WSS	13	21-18	8 €	**Silber**

Weingut Weihbrecht GbR

Hauptstr. 20, 74626 **Schwabbach,** Tel. +497646/2788, Fax +497946/2727, info@weingut-weihbrecht.de, www.weingut-weihbrecht.de

DLG-Bundesweinprämierung 2019: 2 x Silber, 1 x Prämiert:

Jahrgang	Lage, Rebsorte, Qualitätsbezeichnung		Wein-Art	Vol%*	AP-Nr.	Preis*	DLG-Prämierung
	Schwabbacher Himmelreich, Weißweincuvée „Ceres", QbA	🟡	WSS	14	17-17	14 €	**Silber**
2015	Schwabbacher Himmelreich, Spätburgunder „Donar", QbA	🟡	ROTB	13	16-17	a. A.	**Silber**
2013	Schwabbacher Himmelreich, Lemberger „Primus S", QbA	🟡	ROTB	13	11-17	18 €	**Prämiert**

Heuchelberg Weingärtner eG

Neipperger Str. 25, 74193 **Schwaigern,** Tel. +497138/970248, Fax +497138/944012, florian.seber@heuchelberg.de, www.heuchelberg.de

DLG-Bundesweinprämierung 2019: 5 x Gold, 13 x Silber, 3 x Prämiert – Auswahl prämierter Weine:

Jahrgang	Lage, Rebsorte, Qualitätsbezeichnung		Wein-Art	Vol%*	AP-Nr.	Preis*	DLG-Prämierung
2016	Merlot „Weinpalais Nordheim", QbA	🟡	ROTH	14	177-18	10 €	**Gold**
2015	Cuvée Cabernet, QbA	🟡	ROTB	14	183-18	18 €	**Gold**
2016	Acolon „Black Edition", QbA	🟡	ROT	13	35-19	5 €	**Gold**

Weingut Sonnenhof

Sonnenhof 2, 71665 **Vaihingen-Gündelbach,** Tel. +497042/818880, Fax +497042/818886, info@weingutsonnenhof.de, www.weingutsonnenhof.de

DLG-Bundesweinprämierung 2019: 16 x Gold, 2 x Silber, 1 x Prämiert – Auswahl prämierter Weine:

Jahrgang	Lage, Rebsorte, Qualitätsbezeichnung		Wein-Art	Vol%*	AP-Nr.	Preis*	DLG-Prämierung
2017	Chardonnay „HADES", QbA	🟡	WSSB	12	44-18	20 €	**Gold**
2016	Syrah „S", QbA	🟡	ROTH	11	40-17	12 €	**Gold**
2015	Rotwein „AGNATUS HADES", QbA	🟡	ROTB	14	16-18	28 €	**Gold**

Remstalkellerei eG

Kaiserstr. 13, 71384 **Weinstadt,** Tel. +497151/690821, Fax +497151/690814, j.bolte@remstalkellerei.de, www.remstalkellerei.de

DLG-Bundesweinprämierung 2019: 4 x Silber – Auswahl prämierter Weine:

Jahrgang	Lage, Rebsorte, Qualitätsbezeichnung		Wein-Art	Vol%*	AP-Nr.	Preis*	DLG-Prämierung
2018	Schnaiter Wartbühl, Kerner „Lerche", Kab	🟢	WSS	12	182-18	5 €	**Silber**
2017	Muskattrollinger, QbA	🔴	ROT	12	94-18	6 €	**Silber**
2017	Riesling mit Muskateller feinherb, QbA	🟢	WSS	12	112-18	6 €	**Silber**

Weingut Kuhnle

Hauptstr. 49, 71384 **Weinstadt-Strümpfelbach,** Tel. +497151/61293, Fax +497151/610747, info@weingut-kuhnle.de, www.weingut-kuhnle.de

DLG-Bundesweinprämierung 2019: 1 x Gold, 2 x Silber:

Jahrgang	Lage, Rebsorte, Qualitätsbezeichnung		Wein-Art	Vol%*	AP-Nr.	Preis*	DLG-Prämierung
2015	Lemberger, QbA	🟡	ROTB	13	52-17	19 €	**Gold**
2018	Sauvignon Blanc, QbA	🟢	WSS	12	15-19	8 €	**Silber**
2018	Muskattrollinger, QbA	🟢	ROSÉ	12	16-19	6 €	**Silber**

🟡 Trocken 🟢 Halbtrocken 🔴 Lieblich/Mild 🟣 Edelsüß * Alkoholgehalt + Preisangabe gerundet a.A.: Preis auf Anfrage